中央高校基本科研业务费专项资金资助（课题编号：0910KYXJ10）
Supported by *the Fundamental Research Funds for the Central Universities*

汉语国际传播与国际汉语教学研究丛书　总主编：吴应辉
Series of Chinese Language Globalization & International Chinese Language Teaching Studies　Chief Editor: Wu Yinghui

基于空间布局的
孔子学院发展定量研究

Quantitative Research on Confucius Institutes' Development Based on Space Distribution

◎ 袁 礼 著
By Yuan Li

中央民族大学出版社
China Minzu University Press

图书在版编目（CIP）数据

基于空间布局的孔子学院发展定量研究/袁礼著．—北京：中央民族大学出版社，2013.12

ISBN 978-7-5660-0603-5

I.①基… II.①袁… III.①中华文化—文化传播—研究　②汉语—对外汉语教学—教育组织机构—研究　IV.①G125　②H195-40

中国版本图书馆CIP数据核字（2013）第299649号

基于空间布局的孔子学院发展定量研究

作　　者	袁礼
责任编辑	戴佩丽
封面设计	布拉格
出 版 者	中央民族大学出版社
	北京市海淀区中关村南大街27号　邮编：100081
	电话：68472815（发行部）传真：68932751（发行部）
	68932218（总编室）　　　68932447（办公室）
发 行 者	全国各地新华书店
印 刷 厂	北京宏伟双华印刷有限公司
开　　本	710×1000（毫米）　1/16　印张：22.25
字　　数	280千字
版　　次	2014年1月第1版　2014年1月第1次印刷
书　　号	ISBN 978-7-5660-0603-5
定　　价	48.00元

版权所有　翻印必究

摘　　要

　　孔子学院已成为中国新形势下发展中外人文交流的主渠道，是支撑外交、服务外宣、增强国际影响力的重要力量之一。以孔子学院为龙头的国际汉语教学体系，促使全球汉语学习规模大规模增长，仅用了几年时间，就走完了一些发达国家几十年甚至更长时间走过的历程：实现了语言、教育"走出去"以及有效传播文化和广泛开展民间外交、公共外交、人文外交。另一方面，孔子学院并非传统教育制度下的学校，根据英语、西班牙语、法语、德语等国际语言推广的普遍经验，语言教育培训机构的规模化建设所带来的边际正效应，势必达到饱和后呈边际递减态势，其空间布局和发展规划需要合理明确的定位布点，不能重复建设、无限扩展。

　　孔子学院如何布局设点，发挥好国际汉语教学、中华文化传播的示范、辐射和带动作用，利用有限的中国财政资金与人力资源最大限度地满足全球汉语学习需求，促进海外汉语教学和服务市场供需发展趋于成熟，是一个重要课题。对于未来孔子学院发展来说，首要应评估预测汉语学习的全球总需求，以确定孔子学院规模和布局。目前，还没有学者开展关于这方面的定量研究。本研究通过对汉语学习的需求影响要素进行评估，建立相关数学模型，以预测汉语学习需求总量和孔子学院建设规模的上限，并确定其空间布局。具体工作主要体现在以下几个方面：

　　第一，提出了使用 Logistic 模型来预测未来的孔子学院的规模。通过利用孔子学院各年的招生人数、分地区的人数等数据，形成时间序列，建立汉语学习的总量需求预测模型，即采用时间序列的统计预测方法，来预测未来的孔子学院的学习人数。

第二，首次使用成分数据的建模方法对未来孔子学院的全球分布结构进行了分析和预测。根据2005年至2011年孔子学院在各大洲的招生人数建立了汉语学习需求的分地区需求预测模型，以此预测未来几年各大洲孔子学院入学人数比例，并得到学院入学人数各大洲结构变化趋势预测结果以及各大洲孔子学院入学人数。

第三，采用了指数的方法，以中国为基国，计算各样本点的政治、经济和文化影响指数，以测度各样本点的关联度。建立了影响汉语学习需求的政治、经济和文化维度的指标体系。在此方法下，首次测算了影响各国汉语学习需求的政治、经济和文化维度的得分，并在各大洲以及全球范围内进行了排名。这种方法的建立填补了关于影响汉语学习需求维度测算方面的空白。

第四，首次使用Theil–Tornqvist指数（简称为TT指数）将影响汉语学习需求的各国的政治、经济以及文化等因素得分进行整合，并根据指数的高低，确定了孔子学院（孔子课堂及汉语教学点）在各国（已与中国建交）布点数量。

第五，初步创立"汉语学习圈理论"，阐释孔子学院建设与发展的战略构想。

应当指出，通过孔子学院这么短的历史数据来判断其规模发展趋势，确实是很难的，本研究是在假设孔子学院的发展规模会同其他组织的发展规模类似基础上，预测孔子学院招生规模，采用了较为新颖的方法（使用Logistic模型预测总体规模，运用成分数据模型进行区域结构预测和分析）。尽管如此，但是还存在一些不足之处。一是数据缺乏，在一定程度上影响预测模型的精确性。本文只能获得2005年至2011年这7年的招生规模数据，在本文中仅是对孔子学院发展及空间布局研究给出了一个初步结果：从历史数据来研究孔子学院的发展，体现了一个组织成长的生命历程，在现有数据情况下，给出关于孔子学院的大体成长方向。二是在

Logistic 模型中设置的招生人数上限是根据经验而获得的,在进一步研究中可以通过科学的模型来进行预测。因此,在未来进一步的研究中,可以扩大样本点,使预测结果更加精确;将孔子学院的在校总人数作为研究对象,进行分析;使用更为科学合理的数据模型对招生规模上限进行预测。

作 者

2013 年 1 月 5 日

汉语国际传播与国际汉语教学研究丛书总序
吴应辉

目前来华学习汉语人数的不到全球学习汉语人数的 1%,而在中国境外学习汉语的人占 99% 以上。国际汉语教学已成为学术界关注的一个热点,然而从目前出版和发表的有关论著来看,研究对外汉语教学的很多,但研究国际汉语教学的很少。汉语国际传播及国际汉语教学的实践已经超前于理论,或者说我们的汉语国际传播及国际汉语教学理论滞后于实践。作为国际汉语教学的从业者,应肩负起历史使命,对汉语国际传播及国际汉语教学进行研究,深入探讨相关的理论和实践问题。

中央民族大学在 20 世纪 50 年代就开始了对越南学生的汉语教学,成为当时中国最早接收外国留学生的八所院校之一,但在对外汉语教学学科建设方面起步较晚。近年来,中央民族大学国际教育学院调整了学科建设方向,将研究力量集中于汉语国际传播和国际汉语教学。在学校的大力支持下,我们的国际汉语教学学科建设已经取得初步成果。我们在全国高校中率先在语言学及应用语言学专业博士研究生培养中设立汉语国际传播研究方向;我们是全国第一个明确把"国际汉语教学"列为重点培育学科加以建设的汉语教学机构;我们创新性地设计并组织实施了"汉语国际教育硕士"的"1+2+X"培养模式;我院绝大部分专职教师和 20 多位中外博士生都把研究方向集中到了国际汉语教学及其重要组成部分汉语国际传播上,研究领域包括向泰国、马来西亚、缅甸、韩国、美国、越南等国家的汉语传播问题,内容涵盖国际汉语教学宏观和微观层次的诸多问题;我们已承担了包括两项国家社科基金课题、教育部新世纪优秀人才支持计划项目和教育部人文社会科学项目在内的多项汉语国际传播纵向和横向课题;我们正在进行国际汉语教学案例库和汉语国际传播数据库建设……

　　我们才刚刚起步,我们愿不断努力,与各兄弟院校一起在汉语国际传播和国际汉语教学领域拓荒、播种,并愿意与国内外同行分享我们的收获。我们将以全球化的视野、国际化的思维和创新务实的行动,努力开展汉语国际传播和国际汉语教学研究,推动国际汉语教学学科建设,为汉语和中华文化走向世界尽一份绵薄之力。

　　经过中央民族大学国际教育学院两年多的策划和研究,汉语国际传播与国际汉语教学研究丛书陆续开始出版了。希望这套丛书能从各个侧面对国际汉语教学学科的形成和建设起到支撑作用,能为国际汉语教学的专家学者带来另一种清新的学术空气,给青年学者和博士、硕士研究生选择未来的研究领域提供新的视野,并为汉语国际传播有关机构提供决策参考。这套丛书虽为中央民族大学国际教育学院策划,但我们的作者并不限于本院师生,我们热忱欢迎国内外有志于汉语国际传播和国际汉语教学研究的专家学者加入我们的队伍,我们也愿意将符合丛书主题的学术成果列入丛书出版。

　　鉴于广大读者甚至很多业内学者和学生对汉语国际传播与国际汉语教学的认识尚不够深入,谨以本人在《语言文字应用》2010年第3期上发表的论文"国际汉语教学学科建设及汉语国际传播研究探讨"作为代序,对汉语国际传播与国际汉语教学作一些学术探讨,以增进学界对国际汉语教学学科的认识。

国际汉语教学学科建设及汉语
国际传播研究探讨[①]
(代序)

随着汉语快速走向世界,对外汉语教学时代正在转型为国际汉语教学时代,传统的对外汉语教学正在转型为国际汉语教学,因此,有必要努力建立与之相适应的国际汉语教学学科。国际汉语教学学科应该包括传统的对外汉语教学和汉语国际传播两大部分。汉语国际传播是指建立在世界各国对汉语需求的基础之上、汉语遵循语言传播规律、从中国走向世界的语言传播现象。汉语国际传播研究是国际汉语教学研究的重要组成部分。鉴于此前很少有人讨论过相关问题,本文将探讨建立国际汉语教学学科的必要性,国际汉语教学与传统的对外汉语教学、汉语国际传播研究的关系,对外汉语教学向国际汉语教学的转型,国际汉语教学研究的理论基础和研究内容,国际汉语教学的学科建设,当前汉语国际传播研究的领域等问题,以期抛砖引玉,并希望有更多的同行参与到国际汉语教学及汉语国际传播的研究中来,不仅可以推动转型后的国际汉语教学学科建设,而且通过汉语国际传播研究可以为汉语国际推广工作提供更多的智力支持和决策参考。

---

① 吴应辉:国际汉语教学学科建设及汉语国际传播研究探讨,《语言文字应用》2010年第3期,作者对文章进行了部分删节和小的改动。本文获"新世纪优秀人才支持计划资助"(Supported by Program for New Century Excellent Talents in University,"NCET")。

一、国际汉语教学时代已经到来

随着中国综合国力的迅速增强，尤其是经过金融危机之后，中国与世界发达国家的经济实力对比发生了很大的改变，差距正日益缩小。不久前，世界银行副行长兼首席经济学家林毅夫甚至指出，到2020年中国可能成为世界第一大经济体①。中国国际地位的快速上升，使世界各国人民了解中国的需要快速增强，汉语热正在世界各地悄然兴起，汉语国际传播的新时代已经到来。国家汉办主任、孔子学院总部总干事许琳说，世界学习汉语的人数也远超中方预期。据介绍，目前全世界有109个国家、3 000多所高等学校开设了汉语课程。特别是中小学开设汉语课的热情越来越高。世界各国学习汉语的人数，很多国家以50%甚至翻番的速度增长。全世界现在学习汉语的人数已经超过了4 000万②。世界范围的汉语需求增长迅速，从2004年到2009年，应世界各国有关机构的要求，国家汉办派出汉语教学志愿者达6 000多人。仅2008年一年，国家汉办就派出汉语教学志愿者1 700多人，分布在46个国家。2008年全国共派出汉语教师2 000余人，分布在105个国家。截至2008年底，应世界各地有关机构的请求，全球已建立孔子学院249所，孔子课堂56个③。周边国家的汉语热尤为突出，"日本有200万人在学习汉语。韩国学习汉语的人数超过100万，现有的142所大学全部开设了汉语课程。韩国教育部计划在全国中

---

① 中国新闻网3月22日：http://www.chinanews.com.cn/cj/gncj/news/2009/03-19/1608221.shtml

② 新华网：世界"汉语热"远超预期，学习人数已超4 000万，2009-03-13。http://news.xinhuanet.com/edu/2009-03/13/content_11002421.htm

③ 以上数字引自前教育部部长周济"在2008年孔子学院大会上的工作报告"。

小学普遍开设汉语课。印尼目前有1 000所中学正式开设汉语课"①。"泰国作为汉语热的新兴国家,开设汉语课的中小学已达千所以上,学习汉语的人数10年间增长了20多倍,2007年泰国学习汉语的中小学生超过20万人(206 134人)。泰国接收中国汉语教学志愿者人数列各国之首"②,2008年接收了870名来自中国的汉语教学志愿者,2009年仅新派志愿者就达800人③,加上留任的志愿者,在泰国的汉语教学志愿者人数已达上千人。泰国孔子学院建设也卓有成效,一个只有6 000万人口的国家建立了11所孔子学院和孔子课堂。在泰国,学习汉语已经成为一种时尚,泰国汉语传播速度在当今汉语国际传播中是一个奇迹。在美国、欧洲,汉语教学的发展势头也非常好,美国大学理事会的调查结果显示,全美有2 400多所中小学有意向在近几年开设汉语课④,美国出于国家安全的考虑,投入巨资开展"关键语言"(Critical Languages)教学,而汉语就是六种关键语言之一。在英国、法国、德国、俄罗斯等国家,开设汉语课的学校也在快速增加。这些事实说明,国际汉语教学的时代已经到来。

二、国际汉语教学时代需要有与之相适应的国际汉语教学学科

对外汉语教学正快速向国际汉语教学转变,对外汉语教学学

---

① 中国网:孔子学院影响力独特:4000万洋人学习汉语,2007-03-20。http://www.china.com.cn/international/txt/2007-03/20/content_ 7987819. htm
② 吴应辉,杨吉春:泰国汉语快速传播模式研究,《世界汉语教学》2008年第4期。
③ 国家汉办志愿者中心提供数据。
④ 新华网:国外学中文成时尚,美2400学校愿开中文课,2006-07-06。http://news.xinhuanet.com/edu/2006-07/06/content_ 4800553. htm

科也应该与时俱进，转型为国际汉语教学学科。自20世纪80年代对外汉语教学学科建立以来，我国对外汉语教学学科取得了快速发展，已形成一套自己的理论体系、研究方法，推出了大批研究成果，建立起了本科、硕士和博士三个层次完整的人才培养体系，为中国的对外汉语教学事业作出了应有的贡献。2003年国家汉办推出的"汉语桥工程"①开始实施，对外汉语教学开始向国际汉语教学转型。2004年，"国务院批准了国家对外汉语教学领导小组制定的对外汉语教学事业2003年至2007年发展规划——《汉语桥工程》，明确提出了'集成、创新、跨越'作为对外汉语教学和汉语国际推广工作的发展战略，也就是：集成一切资源要素，采取创新的举措，实现对外汉语教学事业的跨越式发展"②。2005年7月在北京举办的首届世界汉语大会实为汉语国际推广的首次动员大会，来自五大洲66个国家的300多位代表出席了这次大会。此次大会之后，汉语国际推广工作进入了高速发展阶段。

"六大转变"的推出，进一步加快了从对外汉语教学向国际汉语教学的转型。2006年，对外汉语教学向国际汉语教学的转变得到国家汉办等有关部门在政策层面的推动，"针对我国多年来对外汉语教学的主战场在国内，以来华留学生为主要教学对象的传统汉语教学模式不适应国外对汉语的需求状况，提出了转变观念和工作重点，实施六大转变：一是发展战略从对外汉语教学向全方位的汉语国际推广转变；二是工作重心从将外国人'请进来'学汉语向汉语加快'走出去'转变；三是推广理念从专业汉语教学向大众化、普及型、应用型转变；四是推广机制从教育系统内推

---

① 汉语桥工程主要包括孔子学院，中美网络语言教学、教材、音像和多媒体制作，国内外汉语教师队伍建设，对外汉语教学基地建设，汉语水平考试，世界汉语大会和"汉语桥比赛"，"汉语桥"基金与援助国外中文图书馆和基本建设九个方面的内容。

② 章新胜：加强汉语的国际传播，促进多样文化的共同发展，《求是》2005年第16期。

进向系统内外、政府民间、国内国外共同推进转变；五是推广模式从政府行政主导为主向政府推动的市场运作转变；六是教学方法从纸质教材面授为主向充分利用现代信息技术、多媒体网络教学为主转变。六个转变实际包含了三个层面：体制和机制，对象和教学类型，教材和教法。换言之，从过去的'请进来'、对有一定学历的成年人进行面对面教学，发展到'走出去'、对社会上各式各样的人进行多种方式的教学，需要全方位的改进和改革"①。这一政策的推出，更加快了传统的对外汉语教学向国际汉语教学的转型。

目前的汉语教学除了我国国内的对外汉语教学之外，还有100多个国家都在开展汉语教学。据教育部公布的数据，2008年共有来自189个国家和地区的22万多名（223 499名）各类来华留学人员②，与世界各国学习汉语人数相比，仅占不足1%（0.56%，按全世界4 000万人学汉语的数字计算）。我国2008年派出的汉语教学志愿者和汉语教师达3 000多人，但他们只占世界各国汉语教师中的极小的一部分。这些数据已经充分说明，汉语教学的主体不在国内而在国外。国际汉语教学时代已经到来。因此，我们有必要在传统的对外汉语教学学科的基础上扩充改造，形成与汉语国际传播形势相适应、更有利于学科发展的国际汉语教学学科。对外汉语教学的内涵是"对外国人的汉语教学"，隐含着"老师是中国人，中国老师教外国学生"之意。但进入国际汉语教学时代，当千千万万的外国人就在自己的国度学习汉语的时候，教授他们汉语的老师可能绝大多数都是本国人，对外汉语教学这一名称在中国以外的其他国家就显得不太合适。作为一个学科，其内涵已

---

① 许琳：汉语国际推广的形势和任务，《世界汉语教学》2007年第2期。
② 教育部2009年第6次新闻发布会：介绍2008年中国教育对外开放总体情况及出国留学、来华留学事业发展情况。见教育部网站：http://www.moe.gov.cn/edoas/website18/02/info1237941653766102.htm。

发生了巨大变化,甚至已变化到原有的学科名称不能涵盖的程度,因此,非常有必要用"国际汉语教学"替代"对外汉语教学"。这样,国际汉语教学学科就能很好地涵盖国际汉语教学时代的学科内涵发展需要。尽管形式上对外汉语教学这一名称的使用仍然居主导地位,但现实中对外汉语教学学科已进入了国际汉语教学学科时代。从这个意义上讲,国际汉语教学这一能够充分反映此变化的新的学科名称替代"对外汉语教学"这一传统学科名称实属必然。

此外,现实中,"国际汉语教学"这一术语已在汉语教学界广泛使用,如由世界汉语教学学会定期召开的学术会议的名称确定为"第×届国际汉语教学讨论会",由美国中文教师协会与中国大学联合定期举办的学术会议的名称确定为"第×届国际汉语教学学术研讨会",国家汉办2009年4月与北京语言大学合作建立了"国际汉语教学研究基地",其中使用的都是"国际汉语教学",北京外国语大学出版的学术辑刊叫"国际汉语教学动态与研究"(2009年开始更名为"国际汉语教育"),国家汉办制定的一套汉语课程大纲叫"国际汉语教学通用课程大纲",其他使用较多的还有"国际汉语教学创新奖"、"国际汉语教学资源展"、"国际汉语教学图书展"等。总之,"国际汉语教学"这一术语在没有任何人刻意把它作为学科名称推出的情况下,在现实中已被无声无息地广为接受了。

当然,也有专家认为,应该使用"国际汉语教育"、"汉语外语教学"、"汉语作为外语教学"、"汉语作为第二语言教学"等名称,但笔者认为,"教育"有既教书又育人之意,隐含道德说教之嫌,中国教育特色太明显,毕竟这一学科名称是要涵盖全球汉语教学的,主要任务是"教书","育人"之功能宜弱化为佳。而"汉语外语教学"实为"汉语作为外语教学"的缩写,在人们对"汉语作为外语教学"和"汉语作为第二语言教学"两个术语争论不休的今天,"汉语作为外语教学"强调的是汉语在非汉语环境中作为外语的教学,也就是汉语在中国以外的其他国家自己的语言环境下的汉语教学,而"汉语作为第二语言教学"这一术语的内涵存在两种主要争议,一种意见认为,主要指在汉语环境下对外国人或母语不是汉语的其他人的汉语教学,其中也包括对母语非汉语的少数民族的汉语教学,如在中国对外国人进行的汉语教学或对母语为某种民族语言的少数民族的汉语教学;另一种意见认为,"第二语言是根据习得先后顺序来定义的。因此,对于那些汉语为非母语者,无论是在美国还是在中国学习汉语,按照时间顺序,汉语都是他的第二语言,只是学习的环境不同。在中国,汉语是在"第二语言环境"(second language context)习得的,在美国,汉语是在"外语环境"(foreign language context)习得的。换句话话说,第二语言与习得环境无关"[①]。由此可见,汉语作为第二语言教学不仅存在其内涵方面的争议,而且还存在把"对中国国内少数民族的汉语教学"包括进去的情况,将其作为国际汉语教学时代的反映国际汉语教学现实的学科名称显然不太恰当。综上所述,"国际汉语教育"、"汉语外语教学"、"汉语作为外语教学"、"汉语作为第二语言教学"等名称均存在明显的不足,相比之下,"国际汉语教学"这一名称既能反映汉语走向世界的现实,又能充分反映学科的内涵,而且不带任何道德说教之嫌,显得比较中性,兼顾到了各个方面,作为一个学科名称,应该是最佳选择。当然,也有意见认为,这个学科名称国际接轨程度不够,主要理由是,以英语为例,就没有"国际英语教学"之说。但是,中国应该有自己的创新,中国人应该有勇气创造出一个响亮的学科名称"国际汉语教学",难说"国际汉语教学"这一名称使用

[①] 王建勤:汉语国际传播标准的学术竞争力与战略规划,《云南师范大学学报》(对外汉语教学与研究版)2010年第1期。

后,世界各国会不会效仿创造出"国际××语教学"等一批学科名称。

三、汉语国际传播研究是国际汉语教学学科的两大组成部分之一

（1）汉语国际推广、汉语国际传播、国际汉语教学的区别与联系

汉语国际推广、汉语国际传播和国际汉语教学是一组既有联系又有区别的概念。三个概念的共同点是,都与汉语走向世界有关。汉语国际推广主要是作为一项事业的名称来使用,反映汉语的母语国中国努力把自己国家的语言汉语推广到世界的主动行为。这一术语曾一度被官方广泛使用,它能充分反映有关机构要把汉语推向世界的主动性、积极性和美好愿望,但会带来"文化侵略"之嫌的负面效应。本人注意到,此术语在正式重要场合,尤其是国际性重大活动中的正式讲话或报告很少使用。汉语国际传播是一个较为中性的学术术语,它能反映汉语走向世界的时代特征,同时也能涵盖与其相关研究领域当前和未来相当长一个时期的学科内涵,同时能为学科发展拓展更广阔的学术空间,是学术界普遍公认并广泛使用的一个国际汉语教学分支学科的学术术语。教育部副部长、国家语委主任郝平2009年5月指出,"当前,要优先发展当代社会急需的分支学科,如语言规划学、语言教学、计算机语言学、法律语言学、播音语言学、汉语国际传播等等。"① 汉语国际传播被国家语委主任列入当前应该优先发展的分支学科,

---

① 郝平:大力促进应用语言学发展,为国家的繁荣昌盛作贡献,中国语言文字网,http://www.china-language.gov.cn/

说明发展这个分支学科的必要性和紧迫性。国际汉语教学则是反映全球汉语教学与研究的学科名称，在学科目录中至少应该列为二级学科，是汉语国际传播的上位学科，汉语国际传播是其分支学科，也是国际汉语教学最重要的组成部分。

（2）国际汉语教学与对外汉语教学的关系

国际汉语教学应包括传统的对外汉语教学和汉语国际传播两大部分。之所以把对外汉语教学列为国际汉语教学的两大部分之一，是因为对外汉语教学不论过去、现在还是未来，都是汉语走向世界的重要途径，只不过开展汉语教学的地域不在国外而在国内，开展汉语教学的语言环境是目的语环境而已。国际汉语教学和传统的对外汉语教学的关系是：对外汉语教学是国际汉语教学的前身和重要组成部分，国际汉语教学是对外汉语教学的继承和发展，它拓宽了对外汉语教学的研究视野，使对外汉语教学的交叉性特征更加明显，研究方法更加多样化。国际汉语教学和对外汉语教学是同一个学科，是一脉相承的，但国际汉语教学具有更强的多学科交叉性。之所以使用"国际汉语教学"这个名称，是因为它更能反映汉语国际传播的现实、当前和未来相当长一个时期的学科内涵，同时能为学科发展拓展更广阔的学术空间，总之，更有利于学科的持续健康发展。

从学科归属的角度说，对外汉语教学和国际汉语教学都应该属于语言学及应用语言学，都是一个以汉语言文字教学为基础、关涉到其他许多学科的交叉性学科；对外汉语教学作为国际汉语教学的前身和重要组成部分，经过20多年的努力，已经建立起了一套初具规模的理论体系，这些理论体系也是国际汉语教学的重要支撑，但国际汉语教学除传统的对外汉语教学理论体系部分外，汉语国际传播方面的理论体系尚处于草创阶段。也有观点认为，对外汉语教学应该属于教育学科，但笔者认为，该学科的基础、主干课程和教学内容均属于语言学，教育学相关内容仅为其中的很小部分，所以，还是应该归入语言学及应用语言学。

从理论基础来看，传统的对外汉语教学以语言学、教育学、心理学、文化学等学科理论为基础，但国际汉语教学除以上学科外，由于汉语国际传播还涉及外交、项目管理、国别文化等方方面面，因此其理论基础还应该包括管理学、文化人类学、传播学、外交学、社会学、历史学、地理学、统计学、计算机科学与技术等。

从研究内容来看，国际汉语教学比对外汉语教学更宽、更广。传统的对外汉语教学，主要研究中国的汉语教师对到中国来学习汉语的外国留学生的汉语教学相关的各种问题，主要侧重于"汉语语言学、汉语习得理论、汉语教学理论和研究方法学等基础理论和总体设计、教材编写、课堂教学、测试评估、教学管理和教师培养等应用研究"①。但国际汉语教学则不仅要研究上述问题，还要研究汉语国际传播相关的各种问题，如世界各国的汉语需求，本土化教材的研发，国别化汉语教师的培养，国别化教学理论与方法，孔子学院管理机制、办学模式、布局、评估体系及个案，汉语教学志愿者项目和外派汉语教师项目相关的标准、程序、大纲、教材、管理机制、文化适应等问题，国别语言政策与汉语传播、国别文化与汉语传播、国别政治经济与汉语传播、地缘政治与汉语传播、国际关系与汉语传播、汉语国际传播史等研究领域。由此可见，国际汉语教学的研究内容主要包括两个部分，一是传统的对外汉语教学的研究内容；二是汉语国际传播相关的各种问题。

国际汉语教学主要包括中国国内的对外汉语教学和主要研究汉语走向世界相关问题的汉语国际传播两大组成部分，而国别汉

---

① 刘珣：对外汉语教育学引论，北京语言大学出版社，2001年1月第1版第396页。

语教学是汉语国际传播的一部分。

国际汉语教学学科建设应该主要抓好以下几个方面：一是学科理论建设，二是学科队伍建设，三是学科人才培养。学科理论建设是最为重要的方面，在继续重视汉语教学研究的同时，要特别重视汉语国际传播理论体系建设和汉语国际传播实践研究，它是国际汉语教学不可或缺的研究领域，可以说，没有汉语国际传播研究，国际汉语教学学科就不完整。因此，开展汉语国际传播研究是国际汉语教学学科建设的需要。目前发表汉语国际传播研究成果的期刊寥寥无几，我们应该努力创办新的专业期刊，或在更多的学术期刊上开辟汉语国际传播研究专栏，以推动这一领域的研究。此外，学科队伍建设是学科建设的另一重要方面。目前研究对外汉语教学的队伍已初具规模，但研究汉语国际传播方面的学者却屈指可数，因此，有必要吸引更多的业内人士参与到汉语国际传播研究的工作中来，力争五到十年内形成一支汉语国际传播研究队伍。人才培养对于一个基础薄弱的学科来说十分重要，除继续加大力度培养对外汉语教学硕士、博士研究生和汉语国际教育专业硕士以外，有必要在硕士和博士层次开设汉语国际传播研究方向，以培养高层次汉语国际传播方面的教学、研究和管理人才，确保国际汉语教学学科后继有人，并能持续健康稳步发展。

四、汉语国际传播研究的主要领域

实践需要理论指导，目前汉语国际传播研究严重滞后于汉语国际推广实践[①]。汉语国际传播对于国际汉语教学工作者来说，既

---

① 吴应辉：加强研究，指导实践，让汉语又好又快地走向世界——汉语国际传播笔谈前言，《云南师范大学学报》（对外汉语教学与研究版）2007年第5期。

是艰巨而光荣的任务，也是难得的机遇。既然时代呼唤理论，我们就有责任、有义务研究汉语国际传播相关的各种问题，让汉语又好又快地走向世界。可以预言，未来很长一个时期内，世界范围的汉语学习需求将持续快速增长并拉动汉语持续快速地走向世界。汉语国际传播实践亟需汉语国际传播研究的支撑，汉语国际传播研究将具有广阔的空间。鉴于汉语国际传播蓬勃发展的形势，笔者认为汉语国际传播研究的主要领域应该包括以下几个方面：

一是汉语国际推广战略研究，包括对中国汉语国际推广的总体战略、国别战略、孔子学院布局战略等方面的研究，同时还应包括各国关于自己国家汉语推广战略的研究。汉语国际推广的总体战略应该成为国家战略的重要组成部分，尤其要配合国家的整体外交战略和国际经贸战略，最好有一定的超前性，因此，汉语国际推广战略研究对汉语国际推广实践具有重要指导意义。

二是汉语国际传播国别问题研究，包括国别教育体制、国别语言政策、国别文化与汉语国际传播等相关问题以及国别汉语教学需求研究。汉语国际传播的成功程度，主要体现在汉语进入国民教育体系的程度，因此，我们应该加强汉语国际传播与不同国家教育体制相关问题的研究，努力促成汉语教学进入所在国的国民教育体系。汉语国际传播必须与所在国的语言政策和当地文化相协调。我们应该把所在国语言政策和文化研究透彻，才能做到知己知彼，顺利传播。各国汉语需求的调查研究对于制定汉语国际传播战略十分重要，我们应该加强各国汉语教学需求的调查研究，定性与定量相结合，为制定长期战略提供科学依据。

三是汉语国际传播体制、机制与科学发展研究。汉语国际传播是新生事物，其管理体制与这项事业的整体可持续发展密切相关，项目的运行机制也直接关系到具体项目的可持续发展，如孔子学院及孔子课堂的发展问题研究，汉语教学志愿者项目、公派汉语教师项目的管理机制研究等，因此，有必要及时研究体制和运行机制面临的新情况和新问题。

四是汉语教学的本土化问题研究。在各国汉语教学中，本土化教材、教师、教学法相关问题的研究制约着日常汉语教学的各个方面。国别语言和文化的不同决定了对汉语教材、教师和教学法的不同要求。随着不同国家汉语需求的增长，本土化汉语教材、教师、相关教学法及教学模式等领域的研究必将成为汉语国际传播研究的重要领域。

五是汉语国际传播与国家软实力建设研究。语言传播对提升国家软实力会起到积极作用，但是，通过什么途径、影响力如何测定等都是十分值得探讨的问题。这一领域的量化研究成果对争取国家对汉语国际传播事业的投入将产生积极作用。

六是汉语国际传播典型个案研究。汉语在世界各国的传播模式各具特色，传播效果有所不同，及时总结不同个案的经验与教训，对于其他国家和地区的汉语传播有借鉴意义。

七是汉语国际传播的有关标准研究。标准对于一个国家或地区的汉语传播来说十分重要，没有标准，无所适从，要制定标准，就必须科学规范。因此，有必要开展适合不同国家和地区的各种汉语教学相关标准研究，如汉语教师标准、不同阶段的汉语课程标准和汉语能力标准、汉语教学大纲、汉语水平测试等方面的研究。

八是汉语国际传播的项目评估体系研究。项目评估有利于确保项目效益，汉语国际传播项目众多，有必要研发相应的指标体系，用于有关项目的评估，以确保汉语国际传播项目的效益。如孔子学院评估指标体系，志愿者及公派汉语教师的离任考评指标体系等。

九是现代教育技术与汉语国际传播研究。汉语国际传播必须与现代教育技术紧密结合，汉语和中华文化教学的多媒体化已非常普及，中国汉语教学技术产品的本土化、网络汉语教学、广播汉语教学、电视汉语教学等相关课题非常有研究和应用价值，对汉语国际传播将产生巨大的推动作用。

十是汉语国际传播史的研究。据张西平教授的观点，汉语和汉字在域外的传播始于商末周初①，对几千年的汉语国际传播史的研究既具有很好的学术价值，同时将为我们揭开一幅汉语走向世界的历史画卷，将激励更多的汉语教学工作者投身到汉语国际传播事业，并增强其自豪感和使命感。

结　　语

汉语走向世界既是中国发展的必然结果，同时也是中国和世界的共同需要。在汉语教学的主要场所已经从中国国内转到世界各地的今天，建立国际汉语教学学科已显得非常迫切。然而，长期以来，由于汉语教学主要在国内开展，人们的研究主要集中在对外汉语教学领域，甚至相当一部分研究属于汉语本体研究，与目前国际汉语教学需求和汉语国际传播形势存在较大差距。在对外汉语教学时代快速转型为国际汉语教学时代的今天，我们的学科需要与时俱进，更多地研究世界各地与汉语教学相关的各种问题，"国际汉语教学"这一名称既能反映汉语走向世界的时代特征，又能涵盖当前和未来相当长一个时期的学科内涵，同时还能为学科发展拓展更广阔的学术空间，且学术界已普遍习惯并广泛使用。我们应该顺应时代的要求，使用"国际汉语教学"这一新的学科名称替代"对外汉语教学"这一传统的学科名称。全面启动国际汉语教学学科建设，加强汉语国际传播研究，推动汉语又好又快地走向世界。

---

① 张西平：在世界范围内书写中国学术与文化，《世界主要国家语言推广政策概览》，外语教学与研究出版社2008年8月版。

目 录

第一章 导论 …………………………………………………… 1
  1.1 选题背景及研究意义 ………………………………… 2
  1.2 国际汉语教学与学习需求研究综述 ………………… 10
    1.2.1 国际汉语教学发展研究 ………………………… 10
    1.2.2 汉语教学与学习需求发展态势 ………………… 13
    1.2.3 孔子学院与对外汉语教学 ……………………… 16
    1.2.4 汉语学习需求的研究现状 ……………………… 17
    1.2.5 人才需求预测方法 ……………………………… 19
    1.2.6 教育机构空间布局的研究现状 ………………… 22
    1.2.5 孔子学院可持续发展问题研究现状 …………… 23
  1.3 研究方法 ……………………………………………… 23
第二章 孔子学院综述与世界多语言分布 …………………… 27
  2.1 孔子学院综述 ………………………………………… 28
    2.1.1 孔子学院基本定位 ……………………………… 28
    2.1.2 孔子学院办学与贡献度 ………………………… 30
    2.1.3 孔子学院组织行为与功能分析 ………………… 38
  2.2 世界多语言分布 ……………………………………… 41
  2.3 孔子学院现状 ………………………………………… 47
  2.4 孔子学院与孔子课堂案例 …………………………… 49
    2.4.1 内罗毕大学孔子学院 …………………………… 49
    2.4.2 昊济思学校(Hotchkiss School)孔子课堂 …… 53
    2.4.3 广播孔子课堂 …………………………………… 55
    2.4.4 网络孔子学院 …………………………………… 57

第三章 汉语学习需求影响因素分析及需求预测模型 ………… 58

3.1 孔子学院空间布局与汉语学习需求的关联分析 …… 61

3.2 汉语学习需求的影响因素 ……………………… 62

    3.2.1 政治因素 ……………………………………… 62

    3.2.2 经济因素 ……………………………………… 65

    3.2.3 文化因素 ……………………………………… 68

    3.2.4 公共外交 ……………………………………… 73

    3.2.5 人文交流 ……………………………………… 81

3.3 汉语学习需求总量的预测模型——以孔子学院为基础 ……………………………………………………… 84

3.4 汉语学习的分地区需求预测模型 ……………… 89

    3.4.1 成分数据的预测建模方法介绍 ……………… 89

    3.4.2 预测结果及其分析 …………………………… 93

第四章 汉语学习需求的政治影响因素测度 …………… 97

4.1 政治维度的因素分析 …………………………… 98

    4.1.1 中外建交时间 ………………………………… 98

    4.1.2 中外友好条约份数 …………………………… 99

    4.1.3 中外军事互信 ………………………………… 100

    4.1.4 边界与地缘 …………………………………… 104

    4.1.5 民间交往 ……………………………………… 105

4.2 政治维度测度的指标体系 ……………………… 109

4.3 政治影响维度的分析 …………………………… 111

第五章 汉语学习需求的经济影响因素测度 …………… 116

5.1 经济维度的因素分析 …………………………… 116

    5.1.1 国际贸易额(进出口总额) …………………… 117

    5.1.2 企业对外经济行为 …………………………… 119

    5.1.3 对外经济援助 ………………………………… 128

5.2 经济维度测度的指标 …………………………… 130

5.3　经济影响维度的分析 …………………………… 132

第六章　汉语学习需求的文化影响因素测度 …………… 136
6.1　文化维度的因素分析 …………………………… 136
　　6.1.1　文化差异的表现 ……………………………… 137
　　6.1.2　文化差异对语言学习的影响 ………………… 138
6.2　文化维度测度的指标 …………………………… 139
6.3　文化影响维度的分析 …………………………… 144

第七章　孔子学院空间布局的样本点研究 ……………… 146
7.1　汉语学习需求的 TT 指数构建 ………………… 146
　　7.1.1　数据来源与原始数据的处理 ………………… 146
　　7.1.2　汉语学习需求的 TT 指数 …………………… 147
　　7.1.3　汉语学习需求的 TT 指数构建步骤 ………… 148
　　7.1.4　与中国建交的 172 个国家的汉语学习需求 TT
　　　　　 指数 …………………………………………… 149
7.2　汉语学习圈的区域布点 ………………………… 150
　　7.2.1　孔子学院全球布局方法 ……………………… 150
　　7.2.2　孔子学院布局现状和预测的比较 …………… 151

第八章　基于孔子学院布局的汉语学习圈理论 ………… 154
8.1　基于政治地理的汉语学习圈 …………………… 157
8.2　基于经济地理的汉语学习圈 …………………… 161
8.3　基于文化地理的汉语学习圈 …………………… 163
8.4　汉语学习圈的地理区位及样本点国家需求分析 … 164
　　8.4.1　大中华学习圈 ………………………………… 165
　　8.4.2　地缘区位学习圈 ……………………………… 167
　　8.4.3　欧盟—G20 国家学习圈 ……………………… 171
　　8.4.4　北美—大洋洲学习圈 ………………………… 174
　　8.4.5　拉美—非洲学习圈 …………………………… 176

结　论 ……………………………………………………… 179

参考文献	…………………………………………………	187
附录一	孔子学院开设的国家基本情况 ……………………	203
附录二	与中国建交的国家以及建交时间 …………………	215
附录三	2007—2010年与中国签订主要双边条约的国家以及条约份数 …………………………………………	222
附录四	各大洲内各国政治维度得分排名结果 ……………	227
附录五	全球范围内各国政治维度得分排名结果 …………	234
附录六	2003—2010各年中国对外直接投资流量情况表（分国家地区）…………………………………………	241
附录七	2003—2010各年中国对外直接投资流量情况表（分国家地区）…………………………………………	248
附录八	各大洲内各国经济维度得分排名结果 ……………	257
附录九	全球范围内各国经济维度得分排名结果 …………	264
附录十	全球范围内各国文化维度得分排名结果 …………	271
附录十一	各国总体TT指数以及孔子学院的全球布点 ……	274
附录十二	孔子学院章程 ………………………………………	281
附录十三	孔子学院发展规划（2012—2020年）……………	287
附录十四	全球孔子学院名录 …………………………………	294
附录十五	全球孔子课堂名录 …………………………………	310
后　　记	…………………………………………………………	331

汉语加快走向世界是件大好事[①]

——胡锦涛

第一章 导 论

改革开放以来，我国经济高速增长，目前 GDP 已突破 50 万亿元[②]，正成为世界第二经济大国、第一经济出口和外汇储备大国。中国正再次走向世界舞台的中央。当今中国，特别是中国历史与中华传统文化、中国社会主义发展的道路、执政理念与社会管理模式、中国和世界的关系与未来，正吸引着越来越多的世界目光。世界各国了解中国、学习中国文化的需求不断增长。特别是中国成功的经济发展模式、尤其是快速增长的经济实力和持续提升的国际地位，以及由此引起的中外经济、科技、文化、教育交流合作的迅猛发展，加之奥运会、世博会先后在中国的成功举办，都在不同程度上引发了世界范围的"汉语热"。

伟大的时代孕育伟大的事业，伟大的事业成就伟大的时代。

---

① 2005 年 9 月，胡锦涛总书记对汉语国际推广工作作出重要批示："汉语加快走向世界是件大好事。存在问题需引起重视，并研究解决的具体措施。"——引自国务院学位办公室《汉语国际教育硕士专业学位设置方案》说明。

② 2013 年 1 月 18 日，中国国家统计局公布，根据初步核算，2012 年 GDP 为 519322 亿元，首次突破 50 万亿元大关。

汉语这一承载着中华民族五千年灿烂文化的瑰宝，正在以其崭新的面貌，闪耀出更加绚丽的光芒。据孔子学院总部/国家汉办[①]（2012）在"中法语言政策与规划比较研究国际会议"上介绍，已有40多个国家将汉语教学纳入国民教育体系，形成了面向各国大中小学生以及幼儿和社会人士开展汉语教学服务的良好格局，汉语推广的潜力巨大，前景开阔，是一件中外双赢的大好事。

1.1 选题背景及研究意义

汉语作为世界上使用人口最多的语言，走向世界是一个必然的趋势。进入21世纪，全球"汉语热"已经成为一个引人瞩目的话题。这是一个新的国际教育时代的征兆。随着中国经济持续快速增长，国际地位逐步提升，各国民众学习汉语，了解中华文化的热情不断高涨，为汉语"走出去"提供了前所未有的大好机遇。据教育部、国家汉办和新华网媒体（http：//www.xinhuanet.com）资料介绍，2002年，中国开始酝酿在海外设立汉语推广机构。时任国务委员陈至立提议，以中国儒家文化代表人物孔子的名字将汉语推广机构命名为"孔子学院"[②]。2004年11月21日，第一所孔子学院在韩国首尔市挂牌。自此，孔子学院作为教育机构，在海外正式开展汉语教学和中华文化传播工作，但其并非传统意义上的学校。

孔子学院建设与汉语国际推广既是中国政府的工作和职责，

---

① 国家汉办是中国教育部直属事业单位，致力于为世界各国提供汉语言文化的教学资源和服务，最大限度地满足海外汉语学习者的需求，为携手发展多元文化，共同建设和谐世界做贡献。国家汉办与孔子学院总部同为一个实体。

② 孔子学院与孔子课堂，分别是面向大学和中小学及社区教育等不同层次开展汉语教学的机构设置名称。孔子课堂与孔子学院相衔接，主要培养低龄少年儿童学习汉语的兴趣，起到为孔子学院储备优质生源的作用。

也是社会各界承担的义不容辞的责任，它是中国和中华民族伟大复兴事业的重要部分。2004年9月，时任国家主席胡锦涛亲自出席塔吉克萨坦孔子学院签约仪式，并对办好孔子学院提出了明确要求。2005年7月，中国政府在北京召开了首届世界汉语大会，来自65个国家和地区的政府官员、大学校长、专家学者聚集一堂，共商汉语国际推广大计。2006年，中国国务院从国家战略的高度，对孔子学院和汉语国际推广工作在"十一五"期间进行了全面部署，同年7月，陈至立国务委员在全国汉语国际推广工作会议上指出，要树立新的汉语国际推广观，从发展战略、工作重心、推广理念、推广机制、推广模式和教学方法实现"六大转变"：一是发展战略从对外汉语教学向全方位的汉语国际推广转变；二是工作重心从将外国人"请进来"学汉语向汉语加快"走出去"转变；三是推广理念从专业汉语教学向大众化、普及型、应用型转变；四是推广机制从教育系统内推进向系统内外、政府民间、国内国外共同推进转变；五是推广模式从政府行政主导为主向政府推动的市场运作转变；六是教学方法从纸质教材面授为主向充分利用现代信息技术、多媒体网络教学为主转变（许琳，2006）。在发展思路上实行"六大转变"将有助于解决以下三方面问题：一是定位问题，就是要明确孔子学院和汉语推广在弘扬中华文化、扩大中国国际影响力中的战略定位和重大作用；二是目标问题，就是要明确今后5至10年的发展目标和战略部署；三是条件保障问题，就是要改革体制机制，包括加强孔子学院立法，建立稳定、长效的国家财政保障机制，在市场运作上要有大的政策性突破。在十七届三中全会上，胡锦涛又指出，"稳步推进孔子学院建设，促进汉语推广"（新华网，2009）。在2009年驻外使节会上，胡锦涛再次强调，孔子学院建设是一项"增强中华文化在世界上的吸引力和感召力，提高国家软实力"（新华网，2009）的事业。截至2010年12月31日，中国领导人胡锦涛、温家宝、贾庆林、李长春、习近平、李克强、贺国强、刘延东等利用首脑会晤、外交出访、国际会议、全球孔子学院大会等时机，出席孔子学院有关活动百余次，支持和指导孔子学院建设和发展工作（国家汉办，2010）。

　　孔子学院建设为推广汉语、树立中国的良好国际形象多有贡献，在国际舞台上不断得到国际机构和有关国家首脑、高层领导人及地方政府的高度重视和大力扶持。据媒体公开报道，2008年2月8日，联合国秘书长潘基文先生曾到访芝加哥孔子学院。中国国家领导人都曾在出访期间出席过孔子学院的协议签字仪式（或挂牌仪式），慰问当地汉语教师及志愿者。孔子学院所在国政府领导人、高官也应邀亲自出席孔子学院的签字仪式和挂牌仪式。中国驻各国使领馆有110多位大使和总领事出席了孔子学院揭牌仪式等活动。另据报道，巴基斯坦总统穆沙拉夫对伊斯兰堡孔子学院给予了高度评价，他说，孔子学院不仅可以促进巴中教育交流，而且还可以促进巴中在文化、科技、艺术和经济等多个领域的交流与合作，进一步增进两国人民之间的了解和友谊。新西兰总理克拉克亲自参加奥克兰孔子学院揭牌仪式并发表讲话称，奥克兰孔子学院的建立是加强新中关系的又一重要举措，有利于促进两国人民相互了解。法国普瓦提埃市夏普大区副区长马丁·达邦说，孔子学院通过语言、文化和教育来促进人们对中国的了解，将为法国培养大批了解并热爱中国的优秀汉语人才。美国芝加哥市市长戴利说，中国经济发展强劲，已成为世界上最有影响力的国家之一，美国人民应该更加关注、了解中国的语言和文化，他还呼吁"联邦政府也能像中国政府这样来支持我们的中小学外语教育"。有些国家政府及有关公益机构还对孔子学院发展给予了一定的经济资助。如美国阿拉巴马州政府曾于2008年拨款800万美元，资助该州的特洛伊大学孔子学院；芝加哥市政府也于2008年拨款443万美元，资助该州的孔子学院。

　　2004年以来，孔子学院作为新生事物，从小到大，从单一模式到多姿多彩，在世界各地蓬勃发展，是汉语走向世界的成功范例，成为增强中华文化国际影响力的响亮品牌，对于开辟中国公共外交和人文交流新渠道，推动中外教育文化交流，增进与各国人民的理解和友谊，提升国家"软实力"具有重要的现实意义。

——从当前国际形势看，孔子学院已成为新形势下中外人文交流的主渠道和中坚力量，是支撑中国政府外交、推动国际公共外交的综合平台。中国已成为世界第二经济体、第一外贸进出口大国、第一外汇储备大国，同时还是世界有影响的政治大国、军事大国和旅游大国，在国际事务中已经被推到世界舞台的中央。在这种背景下，世界各国对中国政治、经济的兴趣必然扩展到文化领域，必然对学习中国语言提出要求。美国亚洲协会[①] 2005年写了《扩大美国的中文教学设施》的报告，提出学习汉语涉及美国的国家安全，并提出希望到2015年，美国高中生中的5%要学汉语。此外，加拿大、德国、澳大利亚、日本、韩国、泰国等都已把汉语作为大学生选修外语课程之一。这充分说明全世界掀起了"中国热"和"汉语热"。教育部前副部长章新胜认为，国家发展，国际形势的变化、力量对比的变化，以及中国和平、发展、合作的外交方针受到各国的理解，以及中华文化传统——"和""合"文化提倡和谐。而孔子学院、中华传统文化就体现着和谐这样一个最重要的核心内涵。此外，孔子学院办学模式的一个重要特点是中外合作，本着自愿和平等互利的原则，它的办学方针走了一条有中国特色、从中国国情出发、满足世界各国迅速增长的需求的办学模式。但是，中国在很多方面只是大国而不是强国。一个突出的表现就是，在国际舞台上的话语权与大国地位不相称、不匹配，语言和文化的国际影响力较弱。中国以语言为载体的文

[①] 美国亚洲协会（Asia Society），1956年由约翰·D.洛克菲勒三世创办，目前已成长为美国最权威的亚洲政策民间研究机构。

化"软实力"严重滞后，瑞士语言社会学家乔治·韦伯（George Weber）于20世纪90年代中期根据语言评价体系的相关标准，对世界语言的前十名的国际地位进行排名。汉语在世界主要语种综合地位排名中，位居英语（37分）、法语（25分）、西班牙语（20分）、俄语（18分）、阿拉伯语（14分）之后，仅列第六位（13分）。若按将汉语作为非母语的第二语言人口数统计，汉语仅列国际主要语种第七位，这与中国的经济、政治地位极不相称。由于历史和政治等诸多因素，一些国家对中国语言文化"走出去"心存戒备，甚至偏见。特别是美国等国家有人认为中国在利用孔子学院输出意识形态，亦有美国学者把孔子学院看作"中国大外宣格局的重要组成部分"，认为美国高校不应对它敞开大门。2004年以来，孔子学院顺应时代之需，采取中外合作的方式，满足世界各国人民学习汉语的愿望与热情，增进了中国与世界各国人民之间友谊合作，受到各国政府和民众的广泛欢迎。

——从世界发展大环境看，汉语加快走向世界，是增强中国文化软实力和促进和谐世界建设的迫切需要。当今世界正处在大变革、大调整、大发展的时期，世界多极化、经济全球化、文化多元化深入发展，开放合作、互利共赢成为国际社会的广泛共识。在共同应对国际金融危机、气候变化、能源和粮食安全、核扩散威胁等一系列全球性挑战的背景下，加强对话，增进互信已成为世界各国的普遍共识。语言作为人们交流与沟通的工具和桥梁，在其中发挥着不可替代的重要作用，并且越来越成为提升一国文化"软实力"的重要手段。当今全球化语境中，中国已经不再是被动卷入世界的中国，而正成为一个面向未来、面向国际化的中国。这不仅表现在经济格局上的积极参与、国际事务上的主动担当、政治版图上的举足轻重，还更为关键地表现在语言安全、文化问题上的自我觉醒。随着经济全球化深入发展，世界各国文化软实力的竞争日趋激烈，很多国家都十分重视本国语言的推广，把语言输出作为国家战略，千方百计提高本国语言的国际地位，提升各自的国家形象。英国、法国和德国是这方面做得非常成功的代表。英国文化委员会在海外有230家分支机构、138家教学中心；美国则通过民间基金会如卡耐基基金会、福特基金会、洛克菲勒基金会来进行英语和美国文化的国际推广；法语联盟①则在138个国家和地区设立了1 140个法语中心，加大力度抗衡英语，宣传法国文化；德国歌德学院②更不甘示弱，在76个国家设立128所歌德学院分院；俄罗斯、巴西、印度等新兴国家也在奋起直追。此外，西班牙的塞万提斯学院③也设立了38所分院，尽管规模不大，但却具有很大的影响力。除此之外，一些国家也通过一些基金会，来推广本国的语言，传播自身文化。如日本通过国际交流基金的支持，在世界各地设立了日本研究中心。英国文化委员会的首席执行官马丁、歌德学院的主席雷曼等人都说，孔子学院仅用了短短的八年，就走完了英、法、德、西等国语言推广机构几

---

① 法国法语联盟创建于1883年，是一个非盈利性的组织，旨在传播法语及法国文化。法语联盟具有悠久历史，所有的法国总统都自动成为法语联盟的名誉主席。法语中心都坚持采用不同的形式介绍法国文化，并致力于与所在国的文化交流。他们制定的办学章程须得到法国法语联盟的认可。法国法语联盟则监督法语中心执行，如理事会的工作不取报酬，不介入当地的政治、宗教和种族争议等条款。

② 歌德学院是德国在世界范围内积极从事文化活动的文化学院。它的工作是促进国外的德语语言教学并从事国际文化合作。除此之外，通过介绍有关德国文化、社会以及政治生活等方面的信息，展现一个丰富多彩的德国。建立于1951年的歌德学院发展迅速，目前已遍布78个国家和地区，共有分支机构144个，其中国外分支机构128家。50多年来，通过歌德学院、歌德中心、阅览室、考试中心和语言学习中心组成的网络，它一直在全球从事着以对外文化及教育交流为中心的工作。歌德学院的工作是合作与交流。并且，对于所有从事与德国和德语工作相关的人们来说，它是他们的服务者和合作者。歌德学院的工作是独立负责的，是不附有政治义务的。歌德学院支配的总预算高达2.8亿欧元，其中大部分是每年由外交部和联邦新闻局拨款的。拨款比例由一个框架协议调整。

③ 塞万提斯学院是西班牙于1991年创办的非盈利性官方机构，以西班牙文豪、名著《堂吉诃德》的作者塞万提斯的名字命名，其宗旨是与以西班牙语为官方语言的二十几个国家合作，共同推动全世界的西班牙语教学和西班牙其他官方语言的教学，传播西班牙语文化。塞万提斯学院在30多个非西语国家设有机构，分院遍及世界4大洲。

十年甚至上百年的路，和中国经济发展一样堪称世界奇迹。然而，根据国家汉办的数据，我国本土外学习汉语的人数大约是5 000万，远远低于全球本土外英语学习者12亿人、西班牙语4亿人、法语2亿人的规模，与我国的经济实力严重不相适应。随着经济不断发展和经济领域影响力的逐步扩大，这种语言、文化影响力及国际事务话语权与经济地位不相匹配的反差愈发突出。

——从汉语国际教育发展战略看，办好孔子学院，加快汉语走向世界，使越来越多的外国人学习汉语、了解中国，是抵制西方价值观念渗透，维护中国文化安全的重要手段，对于提高国家文化"软实力"具有重要的战略意义。当前，中国正处于从大国向强国迈进的重要战略机遇期，孔子学院和国际汉语教育与推广也站在了新的发展起点上。2010年颁布的《国家中长期教育改革和发展规划纲要》和2011年发布的《国家"十二五"发展规划纲要》都把支持孔子学院建设作为重要内容。党的十七届六中全会和《中共中央关于深化文化体制改革，推动社会主义文化大发展大繁荣若干重大问题的决定》明确提出，要加强孔子学院建设，把这项工作纳入了推动中华文化走向世界，建设社会主义文化强国的总体战略，为孔子学院发展提供了重大机遇，提出了更高要求。这对办好孔子学院和国际汉语教育均具有重要指导意义。

——从近十年来的发展大局看，孔子学院从语言入手，用文化交融，办学规模稳步扩大，办学质量日益提高，品牌项目（汉语桥世界大学生、中学生中文比赛、汉语水平考试、孔子学院奖学金等等）广受欢迎，交流合作日趋深入，已成为中华文化与世界多元文化交融的平台，增进中国人民与各国人民友谊的桥梁，赢得了世界各国人民的热烈欢迎，得到了国际舆论的广泛好评。孔子学院和汉语国际推广给中国改革发展与对外合作带来了正效应。但是，与此同时，汉语学习需求与供给之间还存在着很大矛盾，如孔子学院的布局规模、汉语教师的数量和质量、汉语教材的种类和内容以及教学方法等，还不适应世界各国的迫切需求。同时，我们也必须看到孔子学院这项工作面临的困难与挑战：一是世界各大国在语言和文化上的竞争日趋激烈；二是中国语言文化对外传播的孔子学院的基础还需要进一步加强；三是国际上"中国威胁论"，各种敌对中国的势力、法轮功、"藏独"分子的干扰和破坏，试图阻止孔子学院健康发展。

中国政府高度重视孔子学院事业，并将其作为"文化走出去"的重要途径，服务于国家对外开放（政治、经济、文化、外交等）各个领域，并纳入到国家若干发展战略的重要部署。孔子学院总部理事会指导全球孔子学院的规划发展，由中国国务院领导及教育部、发展与改革委员会、财政部、外交部、文化部等12个部委负责人组成。从教育经济学角度看，孔子学院规模的不断增长，由于其非盈利性，必然增加了教育公共财政经费和人力资源成本的支出。当前，基于中国政府财政和中国公派教师支持的全球孔子学院所带来的边际正效应，应该是逐渐达到饱和之后呈边际递减态势。因此，孔子学院的建设规模应该是有上限的，需要有合理的布局及明确的空间定位，不能无限扩展。

汉语学习需求决定汉语国际推广的市场空间，决定孔子学院的布局和发展。从孔子学院未来发展的方向看，问题是如何利用有限的资金与资源建设孔子学院（孔子课堂、汉语教学点），培育不同层次、不同类别的汉语学习需求与供给市场，如何在不同国家配置孔子学院（孔子课堂、汉语教学点）。因此，对于孔子学院来说，在未来发展中，首要应评估预测汉语学习的全球总需求，以此确定孔子学院的规模定位和空间布局。目前，国内外还没有学者开展关于这方面的定量研究。本研究通过对汉语学习的需求预测，以预测孔子学院建设规模的上限，并据此确定其在全球孔子学院（孔子课堂、汉语教学点）的空间布局。

1.2 国际汉语教学与学习需求研究综述

据统计[①]，中国期刊全文数据库中以孔子学院为篇名的文献总计 838 篇（截止到 2012 年 12 月 31 日），其中硕士论文 68 篇，博士论文 1 篇，国内学术会议论文 5 篇，国际会议论文 12 篇。主要研究方向是：孔子学院的发展现状、问题、对策及汉语言本体教学。总的看国内外对孔子学院发展和汉语学习需求的定量研究尚属起步阶段，研究成果空白。相应地，英语、法语、德语等国际语言推广的空间布局和发展研究也无文献可考。

1.2.1 国际汉语教学发展研究

世界上有华人华侨居住的地方，就有不同形式的汉语教学活动。新中国成立后，对外汉语教学事业起步于 20 世纪 50 年代初。进入 20 世纪 90 年代，中国国际地位日益提高，汉语在国际交往中的地位越来越重要。汉语分别在海外华人群体和各国主流社会中进一步受到关注，更多的华裔和外国人选择学习汉语，这使得国内外汉语教学市场进入了一个新的发展阶段。

部分中国学者研究表明，对外汉语教学，孔子学院和国际汉语教育及推广是引导、服务于汉语教学市场需求的主要方面。崔希亮（2010）回顾了对外汉语教学与汉语国际推广事业的历史，指出了对外汉语教学与汉语国际推广之间的逻辑联系，分析了对外汉语教学与汉语国际推广的动因，并在此基础上展望了对外汉语教学与汉语国际推广的前景。该项研究表明，对外汉语教学与汉语

---

① 根据 CNKI 数据库（中国知网，http://www.cnki.net）期刊学术文献资料进行检索统计。

国际推广是一个有机整体。对外汉语教学经过60年的发展，发生了很多变化：一是由1978年以前的政府奖学金生为主变为以自费生为主。二是生源结构发生了根本变化，由非洲东欧少数几个国家为主到世界180多个国家和地区。三是教师队伍越来越专业化，教学机构分布越来越广，教育层次和教育体系也发生了变化，由语言预科教育为主发展出完整的学历教育体系和非学历教育体系，在学历生中，研究生数量在增长。四是专门为来华留学生设立了汉语言专业，并探索实施海内外合作办学及联合培养项目。汉语国际教育以孔子学院为龙头，汉语教学因地制宜，没有统一的教学模式，真正是有教无类，在孔子学院学习的人有小学生、中学生、大学生、家庭妇女、政府工作人员、公司职员、大学教授，教学方式灵活多样，不拘一格。孔子学院走进社区，组织中国文化周活动，把语言教学与文化推介结合起来。袁礼（2011）研究了孔子学院和汉语国际教育制度建构问题，认为国际汉语教育可分为两个层次：狭义的国际汉语教育（是指对华侨华人进行中华语言及中华传统优秀文化的教育）和广义的国际汉语教育（是指对外国人进行中华语言、文化、宗教、民俗、经济、政治、社会、科技等直接或潜移默化的教育）[1]。国际汉语教育最早起源于华侨教育，目前约有4 800万华侨华人分布于100多个国家和地区。[2] 该项研究表明，国际汉语教育与孔子学院相互关联，相互促进，共同促进汉语国际推广、文化的国际交流与传播。

除汉语教学本体研究外，关于汉语作为第二语言或外语教学的市场调查，并非外国语言学者的研究领域，乏人问津。各国政府和行业机构也没有正式的官方数据。加拿大学者达夫Duff, P.

---

[1] 袁礼：试论孔子学院和国际汉语教育的制度化建构，华侨大学学报（哲学社会科学版）2011年第1期。彭文平：中国—东盟高等教育合作中的孔子学院——发展现状及其面临的问题，东南亚纵横，2013年第1期。

[2] 张向前：世界华文教育发展研究，中国言实出版社，2010年4月。

(2006), Li, D. (2008) 分别采集了北美地区汉语学习者调查数据，研究了汉语作为家庭语言或第二外语的情况，其结果显示，汉语在加拿大是排在英语、法语之后最广泛使用的外语，在美国是排在英语、西班牙语之后最广泛使用的外语。例如，仅在加拿大温哥华，每年就有2 000至3 000名学生进入不列颠哥伦比亚大学（the University of British Columbia）学习汉语课程，中小学中英双语学校也越来越多。英国著名语言学家David Graddol（2006）预测未来几年汉语学习者人数将达到1亿人。美国学者Everson, M. & Xiao, Y.（2009）研究提出，2 400所美国高中都愿意提供AP（Advanced Placemeat 大学先修课）中文课程，但尚缺乏经过认证的汉语教师。

为推进汉语教学在各国的普及，国内外有部分学者和专家进行了相关实践和研究。据世界汉语教学学会主办的第9届国际汉语教学研讨会介绍，法国教育部汉语总督学白乐桑（2010）正在领导相关工作小组，基于《欧洲语言教学与评估共同参考框架（CEFR）》制定汉语教学标准，以纳入CEFR框架体系，推进欧洲汉语教学进程。美国夏威夷大学姚道中（2010）研发的中美合作的AP中文项目于2006年正式实施，当年有2 500多所中学选用。2009年参加AP汉语测试的人数达到AP测试整体规模的29%。加拿大埃德蒙顿公立教育局谢绵绵（2010）介绍了北美地区兴起了包括汉语在内的双语教学活动。英国培生教育集团（Pearson Group）高倩倩（Elizabeth Knup）（2010）面向英国普通中等教育证书（GCSE）考试大纲组织编写出版了《Chinese for GCSE》，已成为英国专长学校联合会（SSAT）上百所中学指定教材。刘英林、马箭飞（2010）研究提出将汉语音节引入国家标准，首创音节、汉字和词汇三维基准新模式，倡导国际汉语教学的通俗化和普及化，为改革口语教学,降低汉语教学难度奠定了学术基础。①

1.2.2 汉语教学与学习需求发展态势

随着近年海外孔子学院数量的不断增加,越来越多的海外学生在学习汉语和中国文化的过程中增进了对中国的好感和认同,选择来华留学深造。据中国政府有关统计资料②和权威人士信息,外国学生来华留学人数逐年攀升,其中学习汉语类的人数占到60%左右(见表1-1),韩国、美国、日本列前三位。2010年在华学习人数接近30万人。按洲别统计,来自亚洲的留学生人数占首位,占全年来华留学生总数的67.84%;欧洲占15.06%;美洲占10.73%;非洲为占5.22%;大洋洲占1.14%。按国别统计,来华留学生人数名列前10位的国家是韩国、美国、日本、越南、泰国、俄罗斯、印度、印度尼西亚、哈萨克斯坦、巴基斯坦。此外,来华留学生数量超过4 000名的国家还有蒙古、法国、德国。据了解,新中国成立60年来,中国共累计接受来华留学人员200万人次。到2020年,中国将争取全国当年外国留学生数量达到50万,成为亚洲最大的国际学生流动目的地国家。③

表1-1 2005-2010年来华留学人数

年份	总人数	年增长率	汉语类人数	所占比例
2005	141 087	0	86 679	61.4%
2006	162 695	15%	98 701	60.7%
2007	195 503	20%	119 147	60.9%
2008	223 449	14%	124 574	55.8%
2009	265 090	19%	146 149	55.1%
2010	292 611	10%	161 964	55.4%

(数据来源:《中国教育年鉴》2005—2010年)

---

① 世界汉语教学学会:第9届国际汉语教学研讨会论文集,2010年8月。
② 教育部国际司来华留学工作处,留学中国网,http://studychina.moe.edu.cn
③ 数据来源:中华人民共和国教育部《中国教育年鉴》(2005-2010年)。

据国家汉办负责人披露及官方数据，汉语教学已逐渐进入外国国民教育体系、大学学分或选修课程，特别是中小学开设汉语课的热情越来越高。许琳（2009）在十一届全国人大二次会议新闻中心"孔子学院的发展情况"专题采访介绍了汉办在推进汉语教学的概况。情况表明，全世界有109个国家、3 000多所高等学校都开设了汉语课程。世界各国学习汉语的人数，很多国家都是以50%甚至是翻番的速度增长。华人社团开的华文补习班或培训班等更是数不胜数。截至2012年，中泰双方在泰国合作成立了12所孔子学院和11个孔子课堂，近3 000所学校开设汉语课程，学习汉语的学生人数达80多万。从2012年第5届全美中文大会上获悉，目前美国48个州已设立81所孔子学院和299个孔子课堂，其中更将学习汉语的桥梁搭建到斯坦福大学、哥伦比亚大学、芝加哥大学等一批一流名校。2011年，美国开设汉语课的公立大中小学超过5 000所，学习汉语的学生人数突破20万人，相当于5年前的10倍；同时，1 000多所大学开设了汉语专业，招生规模达5.2万人。美国孔子学院共开设汉语课程6 127班次，注册学生近16万人，举办文化活动2 800多场次，共有147万人参加。英国私立中小学开设汉语教学课的，2010年已经达到40%，2012年这个比例上升到了45%。而公立学校中，大概也有17%左右开了汉语课。俄罗斯从2004年的50所增加到现在的150所，学生从5 000人增加到1.5万人。德国200所公立中学开设了中文课，学习汉语的人数已经达到了1万多人。

《国家汉办/孔子学院总部2011年度报告》显示，国家汉办2011年共向123个国家派出教师3 343人，比2010年增加11.43%。向81个国家派出汉语教师志愿者3 472人，比2009年增加11%，已累计向91个国家派遣志愿者14 125人次。截至2012年底，通过孔子学院奖学金项目共招收1.2万名外国学生、学者或本土汉语教师来华攻读汉语国际教育专业学位或进修汉语教学。

国家汉办已完成45个语种主干教材和工具书翻译,每年向110个国家数千个机构赠送教材文化读物、音像制品及工具书数百万套,与若干国家签署了优质教材本土化开发与版权输出合作协议。

总的来看,汉语教学初步实现了从外国人单向来中国学汉语向汉语教学"走出去"的转变,汉语推广需要制定中长期发展目标。中共中央政治局委员、国务委员、孔子学院总部理事会主席刘延东(2010)指出,在"十一五"期间,孔子学院的规模在全球得到了极大发展。2010年,孔子学院已在96个国家和地区开设了322所孔子学院和369个孔子课堂,形成4 000人的专兼职教师队伍;累计派出汉语教师和志愿者1.7万人,比2004年增长近80倍,为80个国家短期培训汉语教师达10万人次;赠送和销售总数达1200多万册,基本满足各国孔子学院的教材需求;举办了9届"汉语桥"世界大学生中文比赛、3届世界中学生及在华留学生汉语竞赛,吸引60多个国家近20万人参加。五年来,在孔子学院的积极运作下,世界各国"汉语热"持续升温,汉语学习规模取得了极大增长。英、法、德、澳、瑞典、西班牙、阿根廷、智利等很多国家都颁布政令,鼓励大中小学开设汉语课。美国已有4 000多所中小学开设了汉语课,学生超过16万人,是2004年的8倍;法国中小学学习汉语人数近年来平均增长40%;德国学汉语人数比6年前增长了10倍;日本、韩国、蒙古和上海合作组织成员各国等周边国家以及非洲各国,汉语学习人数也都有较大幅度增长。据不完全统计,全世界学习汉语的人数已超过4 000万人。袁贵仁(2010)指出,英国文化委员会公开宣布要在今后10年内使全球学英语人数达到30亿人。目前,除本土外,学习和使用英语的有14亿人,学习和使用法语的有2.2亿人,学习和使用西班牙语的有4.2亿人。他强调,要与强势语言的竞争相比较,抓住孔子学院发展的战略机遇期,对汉语推广进行论证研究,确定一个科学可行的目标,制定好今后10年特别是"十二五"时期的发展规划。

1.2.3 孔子学院与对外汉语教学

对外汉语教学是中国改革开放大局中的一个组成部分。发展对外汉语教学事业，对于向世界推广汉语，传播中华民族的优秀文化，增进中国和世界各国人民的相互了解和友谊，扩大中国与世界各国的经济、文化等各方面的交流与合作，具有重要的战略意义。

中国的对外汉语教学事业始于 1950 年。当年，清华大学筹建东欧交换生中国语文专修班，接待了新中国第一批外国留学生。这是我国第一个专门从事对外汉语教学的机构。1952 年，根据政府间协议，著名语言学家朱德熙等人首次赴保加利亚教授汉语，这是解放后我国向海外派遣教师教授汉语的开始。"文化大革命"期间，我国对外汉语教学事业遭到了严重挫折，留学生纷纷回国，北京语言学院解体。被派往外国任教的教师也大部分撤回。1978 年以后，随着我国改革开放政策的实施和综合国力的提高，中国对外汉语教学事业进入了一个蓬勃发展的新阶段。1987 年 7 月，经国务院批准，成立了国家对外汉语教学领导小组。2006 年 3 月经国务院批准，"国家对外汉语教学领导小组"更名为"国家汉语国际推广领导小组"。领导小组下设办公室，简称"国家汉办"。最近几年，随着世界各国对汉语教学需求的持续扩大，学习汉语人数迅速增加，"国家汉办"所领导的汉语国际推广工作取得长足、全面的发展。其中最为突出的是其所承办的孔子学院（Confucius Institute）的建立和迅速发展。

自中国国务院（2004）批准"汉语桥工程"（汉语对外推广五年行动计划）以来，"孔子学院"建设是其中的重要内容之一。第一所孔子学院在韩国首尔市挂牌，被《人民日报》（2008）评价为"中国改革开放 30 年科教十件大事"之一。2007 年 4 月 9 日，孔子学院总部（Confucius Institute Headquarters）在北京挂牌，它与

"国家汉办"为一个机构两块牌子，境外的孔子学院（独立设置的孔子课堂）都是其分支机构。据第七届孔子学院大会（2012）交流材料[①]显示，部分孔子学院和孔子课堂还根据当地的需求，下设汉语教学点。

申办孔子学院的程序是：一是申办机构依据《孔子学院章程》、《孔子学院中方资金管理办法》、《关于合作建设孔子学院的协议（草案模版）》等相关文件，审查自身是否具备申办孔子学院的条件，即申办机构所在地有学习中国语言和文化的需求，有符合办学需要的人员、场所、设施和设备；有必备的办学资金和稳定的经费来源。二是向孔子学院总部或中国驻当地使（领）馆教育处（组）或文化处（组）提交申请材料（附汉语文本），内容包括：机构负责人签发的申请函；申办计划书，内容需包括：（a）申办机构简介；（b）用于孔子学院的教学场所、设施和设备；（c）市场需求预测、管理机制及运营计划；（d）经费筹措及管理；（e）孔子学院总部要求提供的其他材料。申办机构可自行联系中方合作院校并在申办计划书中说明，也可委托孔子学院总部推荐。

1.2.4 汉语学习需求的研究现状

到目前为止，国内还没有关于汉语教学市场的研究，只是王永德（2003）论述了安徽省对外汉语人才的需求，没有具体预测国际汉语学习的需求数量。另外，袁礼、柏满迎（2004）建立了中国空间科技行业人才教育培训需求量预测模型，这是与世界各地不同类型的汉语学习需求预测不属于同一范畴的教育需求预测。

但是，在这个领域之外，有许多学者和组织进行了人才需求预测。比如叶家康、岳家俊（1989）提供了很多人才预测的方法。

---

① 资料来源：孔子学院总部，第七届孔子学院大会。www.chinese.cn/conference/71. 2012 年 12 月 11 日。

张彦通（1997）在其博士后论文《市场经济条件下专门人才需求预测研究及工程人才素质培养和教育改革研究》中，以山西省为例详细阐述了区域人才需求预测的办法，并预测了山西省的人才需求量和结构需求量。该研究提供了宏观层次上的人才需求预测方法，比如投入产出法。类似的，还有许多关于区域人才需求预测的文献，它们都相应的预测了各个省份的人才需求量和需求结构。这些方法跟教育行业内的人才需求预测有很大差别。

杨桂桦、蒋南平（2002）研究了音乐人才的需求预测模型。交通部科技教育司（2000）在其研究报告《2015年交通专门人才需求预测及交通教育发展战略研究》中，采用四种方法预测了交通行业的专门人才需求量。全国化工高教学会（1997）预测了化工行业的专门人才需求量，他们采用了时间序列预测法，包括几何平均法、移动平均法和指数平均法，这些方法需要完整的样本数据，如果缺少这些数据，这些方法都适用。汤伟伟和况敏（2010）运用回归分析法、时间序列法、灰色系统预测法和组合预测法四种方法，得出江苏省技能人才需求总量。曹希绅（2010）系统分析了影响地质人才总量需求的诸多因素，研究提出了地质人才需求机理的框架模型，运用人工神经网络模型以及灰色模型等对中国地质人才需求总量和地质人才结构需求进行了研究。类似地，还有很多关于行业人才需求预测的研究。这些方法都可以借鉴。

在方法论方面，肖健华（2007）指出人才的需求预测是一个复杂的问题，造成其复杂性的原因主要是因为与之相关的各种数据存在高度的非线性与不精确性，他发展了人才需求预测的支持向量机[①]模型。孙晋众和林健（2007）确定影响人才需求的各个影

[①] 支持向量机（Support Vector Machine，SVM）是 Corinna Cortes 等在 1995 年首先提出的，它在解决小样本、非线性及高维模式识别中表现出许多特有的优势，并能够推广应用到函数拟合等其他机器学习问题中。

响因素并加以量化，提出了一套用以模型预测的指标体系。

上述是国内具有代表性的研究文献。在国外，Bartholome、Andrew 和 Sally（1991）系统建立了人才需求预测的统计方法。Kwak，Walter，Sam Barone（1977）是比较早开始人才需求预测研究的，他们建立技能人才需求的统计模型。另外，其他国外学者也开展了类似的研究，这些研究所采用的方法都能在国内研究中找到对应。

1.2.5 人才需求预测方法

汉语的学习需求实际上是对汉语人才的需求，因此人才需求预测的方法都可以为本研究所借鉴。根据有关资料统计，各种人才预测已达200余种，按其是否量化，人才预测方法大致可分为定性和定量两类。如图1-1，是常见的人才预测方法的分类图。从该图可以详细了解进行人才预测的方法。

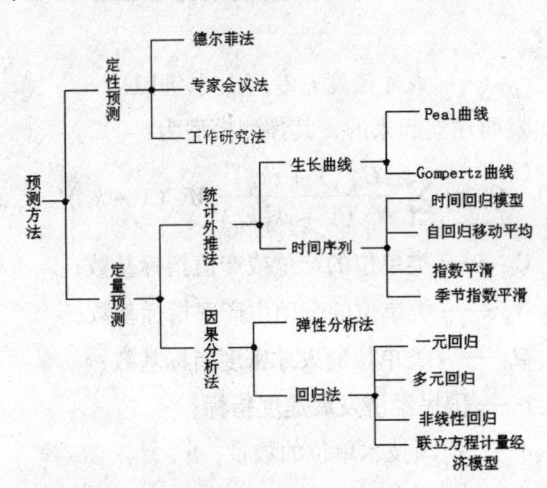

```
                 ┌─ 德尔菲法
        ┌ 定性预测 ┼─ 专家会议法
        │         └─ 工作研究法
        │                         ┌─ Peal曲线
        │         ┌─ 生长曲线 ────┤
        │         │               └─ Gompertz曲线
        │         │               ┌─ 时间回归模型
预测方法 ┤  统计外推法┤─ 时间序列 ──┼─ 自回归移动平均
        │         │               ├─ 指数平滑
        └ 定量预测 ┤               └─ 季节指数平滑
                  │   ┌─ 弹性分析法
                  └ 因果分析法    ┌─ 一元回归
                      └─ 回归法 ──┼─ 多元回归
                                  ├─ 非线性回归
                                  └─ 联立方程计量经济模型
```

图1-1 常见的人才预测方法的分类图

（1）人才密度的灰色预测模型

灰色预测通过数据处理的方法，从杂乱的原始数据中去开拓、发现、寻找一种现实的内在规律。它是基于灰微分方程、灰导数等观点，建立了微分方程模型，又叫做 GM 模型。GM（1,N）表示 1 阶 N 变量的微分方程模型，而 GM（1,1）表示 1 阶 1 个变量的微分方程模型，它是预测本身数据的模型。

假设有变量 $x(0) = \{x(0)(1), x(0)(2), \cdots, x(0)(n)\}$

其相应的微分模型为：$dx(1)/dt + ax(1) = u$。

在人才系统中，人才总数、结构等一些信息是已知的，而人才流动影响因素，人才使用状况等又是未知的，因此人才系统是灰色系统。人才密度是一个综合指标，影响它的因素很多，但它又有规律。因此，本研究认为人才密度的性质基本符合灰色预测的条件，可以对其建立灰色预测模型。

(2) 综合指标法

此预测模型是从

$$劳动生产率 = 产值/劳动力（职工）$$

与

$$人才密度 = 专门人才/职工$$

公式出发而建立起来的，其预测模型为：

$$Q_i = \sum_{j=1}^{n} \frac{C_{0j}(1+rk_{1j})^i}{N_{0j}(1+rk_{1j}k_{2j})^i} M_{0j}(1+k_{3j})^i$$

式中：C_{0j}——j 类单位的产量或产值指标基数；

N_{0j}——j 类单位的劳动生产率指标基数；

M_{0j}——j 类单位的人才密度指标基数；

r——国民经济发展速度指标；

n——空间技术单位的数量；

j——j 型单位；

i——预测年数；

k_{1j}——j 类单位经济发展速度系数；

k_{2j}——j 类单位生产率加权系数；

k_{3j}——j类单位人才密度增长率；

Q_i——第i年人才拥有量。

(3) 多元回归分析法

汉语学习的需求受社会、经济、科技和教育等多种因素的影响和制约，要确定多种因素对预测对象的影响及影响程度的大小，选用多元回归模型是可行的。可以在实际预测中选用的指标（或者说影响因素）依赖于汉语学习需求的影响因素分析。对这些指标收集时间序列数据，然后利用逐步回归的方法来建立多元回归方程。

(4) 组合预测法

组合预测是将几种预测方法所得到的预测结果，选取适当的权重进行加权平均的一种预测方法。设某一预测对象 f 利用 k 个预测方法得到 k 个模型的预测值为 f_i ($i=1, 2, \cdots, k$)，利用这 k 个预测值构成一个对 f 的最终预测结果，即 $f = \varphi(f_1, f_2, \cdots, f_k)$，特别可取：

$$\varphi(f_1, f_2, \cdots\cdots, f_k) = \sum_{i=1}^{k} w_i f_i \quad \text{其中，} \sum_{i=1}^{k} w_i = 1$$

这就是一种组合预测方式。组合预测方法是建立在最大信息利用的基础上，它集结多种单一模型包含的信息，进行最佳组合，以达到改善预测结果的目的。

组合预测的关键是确定权重 w_i。学术界提出了很多确定权重的方法，常见的有等权平均法、方差－协方差法等。本研究拟采用等权平均法进行组合预测。其基本原理是：

设 f_i ($i=1, 2, \cdots, k$) 为第 i 个模型的预测值，如果用 f_c 代表组合预测值，则用等权平均法得到的组合预测值为：

$$f = \frac{1}{k} \sum_{i=1}^{k} f_i$$

1.2.6 教育机构空间布局的研究现状

空间布局的研究属于经济地理的研究范畴，而这里需要研究的是与教育相关的经济学，两者的交叉就是有的学者称谓的教育地理学（罗明东，1997；王秋玲，1995）。因此，教育机构的空间布局属于经济地理与教育经济学的交叉研究领域，即教育地理学，它研究教育领域里的地理问题，如教育的区域差异；教育的地域分工、协作；教育空间布局与教育发展、经济振兴等一系列问题。王秋玲（1995）提出了建立教育地理学的理论体系，他初步构建了教育地理学的学科轮廓并给出了教育地理学的基本范畴。

在教育的空间布局方面，很多学者开展了相关理论与实证研究。晓虹（2005）从教育地理学中"教育—地理"关系角度出发，采用文献法、资料分析法、对比研究法，运用地理学、教育地理学和区域发展中的主要理论和观点，以区域高等教育空间布局为主线对它与区域、区域高等教育均衡发展的相关性进行探讨，并对高等教育均衡发展的内涵、边缘区域高等教育发展以及云南区域高等教育空间布局及区划进行了论述。许士荣（2002）指出高等教育的空间布局受政治、经济、文化、人口等多种因素的影响和制约。谢安邦，赵文华（1998）阐述了高等教育空间布局的系统观。在具体的实例研究方面，高书国（2001）、代蕊华，沈玉顺（1998）、王薇（2008）等针对不同的省市给出了各省市的教育空间布局。这些研究都是基于现行教育系统内下，对教学环境和教学机构等资源进行计划和调配的一种制度性布局，考虑了中国高等教育和省市教育空间布局的不同变量和约束条件，这对孔子学院的全球空间布局方法研究有一定的启发。

此外，在其他经济领域，很多学者也开展各种空间布局研究，这都将为孔子学院的空间布局研究提供广泛的方法论基础。比如陈建东（2010）就讨论了城市零售商业的空间布局问题。胡志毅，张兆干（2002）对商业设施与饭店的区位因素（市场、设施的集聚、地价水平、消费者因素）的具体影响机制进行了比较，并以南京市为例，对饭店空间布局的相关因素及其对饭店住宿率的影响进行了实证分析。经济因素是考量空间布局是否合理的一个重要方面，城市零售商业和饭店业的布局研究从经济学的角度，以利益最大化为目的来研究空间布局是非常合理的，但要考虑随着时间长远带来的规划效益的局限性。

1.2.7 孔子学院可持续发展问题研究现状

宁继鸣（2006）根据对语言推广收益的定性分析及孔子学院模式的可行性研究，阐释了汉语推广重要价值和现实意义，提出了孔子学院建设中的高校选择模型，以及孔子学院的治理、评估和契约建设。吴应辉（2009）从课程与学分设计，产业集团架构与管理体制等方面入手，阐述了构建以孔子学院总部为龙头的全球孔子学院教育产业集团的战略设想（关于孔子学院整体可持续发展的战略设想。吴萌（2009）按照科学发展观的方法论梳理了若干方面议题，主要包括孔子学院需要考虑"大国是关键，周边是首要，发展中国家是基础"的中国总体外交战略，体现布局的全面性；需要统筹传播对象、传播内容、传播手段，注重发展的可持续性。这些研究都为孔子学院的可持续发展提供了相关的借鉴。

1.3 研究方法

本文的总目标是在分析全球汉语学习需求影响因素的基础上，确定适合国际汉语教学可持续发展的的孔子学院（孔子课堂、汉语教学点）总量规模和空间布局，构建汉语学习圈理论。具体来说，研究目标有两个：一是预测孔子学院（孔子课堂、汉语教学点）的总量规模。二是确定孔子学院（孔子课堂、汉语教学点）的空间布局。

本项研究一方面将结合世界语言分布地图，当前孔子学院分布现状及汉语学习需求进行归纳和分析，在理论分析与实证分析相结合、定性分析与定量分析相结合等方法的基础上，按照孔子学院布局取决于汉语学习需求的客观规律，收集数据，试图利用多元统计的方法确定影响政治维度、经济维度及文化维度的主要因素，并采用指数方法，以中国为基准，计算各样本点的影响指数，再应用专家评分法，确定各类学习圈各项影响因素的权重，建立各学习圈的学习需求预测模型。另一方面，在国际比较研究、调研的基础上，用时间序列分析模型预测学习需求的趋势，可能使用到的方法有计算机仿真及实地调查等。再一方面是依据孔子学院布局和中外交往格局等因素，设定提出汉语学习圈理论——依托于孔子学院的汉语学习圈。

归纳起来，本研究通过分析国际汉语学习需求的影响因素，建立汉语学习的需求预测模型，然后将孔子学院的定位与需求预测相结合，确定孔子学院的空间布局。主要的研究内容包括：

第一章 导论

从命题的研究背景和研究意义入手，通过分析汉语教学市场发展的动态及孔子学院现状，结合汉语学习需求，探究多种人才需求预测方法及教育机构空间布局研究的路径，凸显实现孔子学院可持续发展的理论基础与现实意义。

第二章 孔子学院综述及世界多语言分布

本章主要通过对世界语言分布情况与孔子学院分布现状进行对比分析研究，利用汉语学习圈概念实证研究构建适合汉语教学可持续发展的孔子学院布局；同时，通过对孔子学院发展政策、空间布局理论、可持续发展理论以及脱钩理论的应用研究，探求新时期汉语学习圈理论的创新，为孔子学院和国际汉语教育十年发展规划的制定提供理论依据。

第三章　汉语学习需求影响因素分析及需求预测模型

首先强调孔子学院的空间布局取决于汉语学习需求，所以重点研究汉语学习需求的影响因素。本章从孔子学院的定位出发，研究影响汉语学习需求的主要影响因素，包括政治、经济、文化、外交等中外交流需要考虑的关键因素。然后根据各个汉语学习圈的学习需求特征，确定各个学习圈内的孔子学院样本布局的国家或地区（实际上是确定分析样本点），然后再应用专家打分法确定各个学习圈内各项影响因素的权重，建立各汉语学习圈的学习需求预测模型。

第四章　汉语学习需求的政治影响因素测度

首先，分析产生政治维度的各项因素，并收集数据，采用多元统计的方法确定政治维度的主要影响因素，然后，采用指数的方法，以中国为基国，计算各样本点的政治影响指数，以测度各样本点的政治维度。

第五章　汉语学习需求的经济影响因素测度

首先，分析产生经济维度的各项因素，并收集数据，采用多元统计的方法确定经济维度的主要影响因素，然后，采用指数的方法，以中国为基国，计算各样本点的经济影响指数，以测度各样本点的经济维度。

第六章　汉语学习需求的文化影响因素测度

首先，分析产生文化维度的各项因素，并收集数据，采用多元统计的方法确定文化维度的主要影响因素，然后，采用指数的方法，以中国为基国，计算各样本点的文化影响指数，以测度各样本点的文化维度。

第七章　孔子学院空间布局的布点研究

首先，根据第四章至第七章的测度计算，应用第三章的需求预测模型，测算学习圈内的各样本点的汉语学习需求指数。然后根据指数的高低，再确定孔子学院在各学习圈的区域布点。

第八章 构建汉语学习圈理论

本研究的技术路线示意图如下：

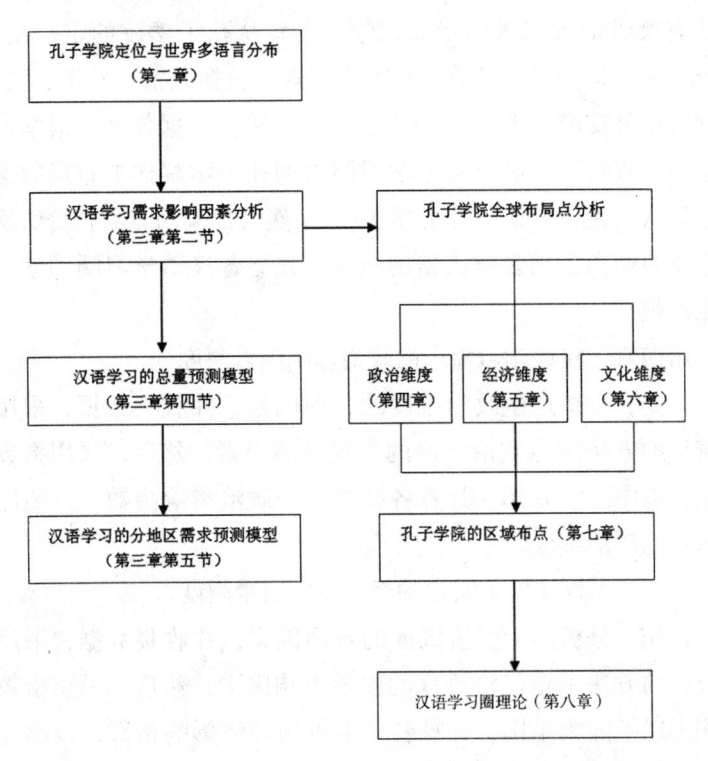

```
                    ┌─────────────────────┐
                    │ 孔子学院定位与世界多语言分布 │
                    │      （第二章）       │
                    └──────────┬──────────┘
                               │
                    ┌──────────▼──────────┐      ┌─────────────────────┐
                    │ 汉语学习需求影响因素分析 │─────▶│ 孔子学院全球布局点分析 │
                    │   （第三章第二节）     │      └──────────┬──────────┘
                    └──────────┬──────────┘                 │
                               │              ┌─────────────┼─────────────┐
                    ┌──────────▼──────────┐  ┌─▼────┐   ┌───▼───┐   ┌────▼───┐
                    │ 汉语学习的总量预测模型  │  │政治维度│   │经济维度│   │文化维度 │
                    │   （第三章第四节）     │  │(第四章)│   │(第五章)│   │(第六章) │
                    └──────────┬──────────┘  └──────┘   └───────┘   └────────┘
                               │
                    ┌──────────▼──────────┐    ┌─────────────────────┐
                    │ 汉语学习的分地区需求预测模型 │    │ 孔子学院的区域布点（第七章）│
                    │   （第三章第五节）     │    └──────────┬──────────┘
                    └─────────────────────┘               │
                                                ┌─────────▼─────────┐
                                                │ 汉语学习圈理论（第八章）│
                                                └───────────────────┘
```

图 1-2 基于空间布局的孔子学院发展定量研究技术路线图

"中国将在未来10年向上海合作组织成员国提供3万个政府奖学金名额，邀请1万名孔子学院师生赴华研修。"①

——习近平

第二章　孔子学院综述与世界多语言分布

　　国强，语言强。随着中国经济社会高速发展，汉语国际传播事业发生了显著变化。汉语国际传播的主阵地已经从中国国内转移到世界，从来华留学生的对外汉语教育，转移到世界范围内展开的汉语国际教育，后者已经成为今天汉语国际传播事业的主体。孔子学院则是汉语国际传播事业的海外生力军，是传播汉语和中华文化的窗口和基地。

　　孔子学院的快速发展和汉语国际传播已经成为国家文化"软实力"增强的重要标志。美国哈佛大学教授、国际问题专家约瑟夫·奈（Joseph Nye）说，中国的"软实力"（Soft Power）近年来提升很快，采取提升"软实力"的政策对中国而言是明智之举。中国在世界各地建立孔子学院，越来越多的外国人学习中国语言

---

① 习近平在纳扎尔巴耶夫大学的演讲，人民网：http://cpc.people.com.cn, 2013年9月8日.

和文化，这也是"软实力"的一种具体体现。美国《新闻周刊》(News – Week) 评论指出，"通过建设孔子学院来向世界介绍中国是一个好主意"。①

2.1 孔子学院综述

2.1.1 孔子学院基本定位

据孔子学院总部/国家汉办颁布的《孔子学院章程》（见附录十二）明确规定，孔子学院作为非营利性教育机构，其宗旨是增进世界人民对中国语言和文化的了解，发展中国与外国的友好关系，促进世界多元文化发展，为构建和谐世界贡献力量。其主要职能是：面向社会各界人士，开展汉语教学；培训汉语教师；开展汉语考试和汉语教师资格认证业务；提供中国教育、文化、经济及社会等信息咨询；开展当代中国研究。《孔子学院章程》的第十一条亦明确指出，孔子学院提供下列服务："（1）开展汉语教学；（2）培训汉语教师，提供汉语教学资源；（3）开展汉语考试和汉语教师资格认证；（4）提供中国教育、文化等信息咨询；（5）开展中外语言文化交流活动。"

从《孔子学院章程》可看出，孔子学院将自己的工作范围定位于对外汉语教学及其相关的活动，这明显有重语言、轻文化之嫌。但是，从世界各国设立的驻外文化机构来看，比如美国的各类基金会、英国的英国文化委员会、法国的法语联盟、德国的歌德学院、西班牙的塞万提斯学院等等，他们都具有语言教学和文

---

① 郭扶庚：孔子学院：给世界一个积极温暖的中国，光明日报，2007年4月10日第4版。

化传播的双重功能。与这些西方机构的复合功能相比,孔子学院的功能无疑显得过于单一了。恰如一些了解汉语教学特点的海外汉学家指出的,汉语国际化仅仅依靠语言的功利性推广是远远不够的。事实上,不仅仅将汉语教学视为一种工具性教学,还要将其视为一种重要的文化推广活动,并不仅仅是对孔子学院的要求,它还是由语言教学的内在特点所决定的。

语言首先是人们彼此交流时最重要的工具,包括西方人在内的外国人学习汉语大多带有实用的目的。"想挣钱就得学汉语",这些说法都具有普遍的代表性,但语言具有的另一个重要特点却不可忽略,那就是语言还是重要的文化载体。"它是思想的结晶、身份的象征、认同的工具乃至民族的纽带,是文化变迁的指示器。也就是说,语言不仅是一个符号体系,而且是该民族认识世界、阐释世界的意义体系和价值体系。符号因意义而存在,离开意义,符号就不成其为符号。这就是说,语言不但有自然代码的性质,而且有文化代码的性质;不但有鲜明的工具属性,而且有鲜明的人文属性"[①]。

因此,孔子学院是在海外以教授汉语和传播中国文化为宗旨的教育机构,其基本定位在于汉语教学和传播中国文化。孔子学院以汉语教学为渠道推动中国文化走向世界,让世人更直接地接触到原汁原味的中国文化。孔子学院迅速发展无疑扩大了中国在世界上的影响力,这样的文化影响力也是国家"软实力"的体现。以孔子为代表的儒家文化以其"和而不同"的独特魅力,向世界展示了一个积极的中国形象。从这一点上说,孔子学院的最终目标不仅仅是一个教育汉语的合作机构,而更是一个推广中华优秀文化艺术的协调者,一个中外综合文化交流平台。

---

① 张文联:是语言的更是文化的——从语言的双重功能看孔子学院的定位,《海南师范大学学报(社会科学版)》,2008,21(03):132-135。

今天看来，各地孔子学院已成为当地民众学习汉语言文化、了解当代中国的重要场所。孔子学院充分利用自身优势，开展丰富多彩的教学和文化活动，逐步形成了各具特色的办学模式，受到当地社会各界的热烈欢迎。

下面，本文将结合全球孔子学院（孔子课堂）的实践情况，简要分析孔子学院对中国汉语国际教育及推广工作的贡献度，并从孔子学院的组织行为角度讨论孔子学院的功能定位。

2.1.2 孔子学院办学与贡献度

（一）办学模式及主要特点

孔子学院（孔子课堂）分布在五大洲一百多个国家和地区，拥有共同的目标和宗旨，有章程的共同约束，有统一的品牌标志，有规范的合同协议文本以及中外合作共享孔子学院无形资产这一基本的办学方式。由于各国国情不同，各地文化背景不同，孔子学院在统一性的基础上，因地制宜，不断创新办学模式、管理方式，目前已经形成了四类各具特点的运营模式。一是由中外高等学校合作举办，且这种模式占多数。如厦门大学与英、法、德、泰、波兰、南非、土耳其、尼日利亚等国大学合作建设了15所孔子学院，内容涉及各层次汉语教学、汉语师资培训、汉语考试和辅导、汉语比赛、来华留学咨询、当代中国介绍、中国文化体验和对华商贸知识等，体现了骨干和示范作用。二是由外国社团机构和中方高校合作举办。如美国华美协进社孔子学院是美国最早成立的孔子学院之一，它的主要活动是满足纽约曼哈顿地区从小学到大学的汉语教学的需求。三是由外国政府和中国高校合办。如山东大学与法国布列塔尼大区、雷恩市政府合作建设的布列塔尼孔子学院，开设面向不同群体的五种汉语培训班以及中国书法讲座等中华文化推广活动；四是由中外高校联合跨国公司合办。如由孔子学院总部与英国石油公司（BP）、德勤会计师事务所

(Deloitte)、汇丰集团（HSBC）、太古集团（Swire）、渣打银行（Standard Chartered）等英国企业资助成立，由伦敦经济学院和清华大学合作建设的伦敦商务孔子学院，服务于英国商界中高级管理人员及所有对商务往来感兴趣的人士，对增进中英经济、技术、文化交流发挥着重要作用。

（二）国际汉语教学资源体系建设

孔子学院总部鼓励各地孔子学院（孔子课堂）创新运营模式，开发汉语教学的新媒介，发展合作推广的新伙伴。先后开发设立网络孔子学院（http://www.chinesecio.com）与广播电视孔子学院（与中国国际广播电台、中国中央电视台合作，在世界各国落地），编研出版了英、法、西、俄、日、泰、韩、阿拉伯语等多语种院刊《孔子学院》，支持出版《汉语世界》（Chinese World）杂志等等，其受众面达149个国家如图2-1所示。

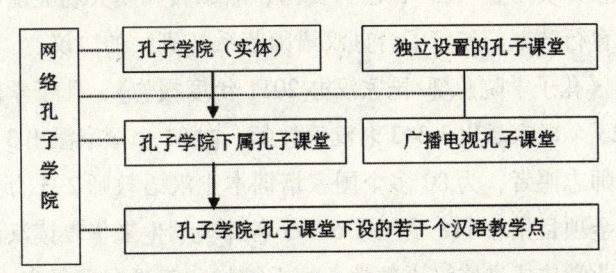

图2-1 孔子学院-孔子课堂-汉语教学点-网络孔子学院

目前，在全球孔子学院教学资源体系的支持与辐射下，英、法、德、俄、韩、泰、越南、印尼、马来西亚等国已将汉语纳入国民教育体系，全球有3500所大学开设汉语课。孔子学院开发了英、法、德、俄、日、韩、西班牙、阿拉伯等世界主要语言注释的汉语教材及出版物，以及适用所有不同教学课型，满足课堂、业余等不同学习形式的汉语多媒体制品。

孔子学院总部不断加快支撑孔子学院（孔子课堂）发展的教

学资源体系建设。一是依托国内若干所知名大学、中小学合作建设了一批汉语国际推广基地，启动了一系列国际汉语文化交流、教学研究、教师培训、教材研发项目。二是凝聚了世界各地2 000多名语言专家、汉语教学学者和一线教师以及汉语推广机构加入世界汉语教学学会，如中国第十届全国人大常委会副委员长许嘉璐被推选为会长，北京语言大学校长崔希亮、国家汉办副主任马箭飞、美国英语教师协会（TESOL[①]）前任主席刘骏，日本大阪外国语大学教授古川裕、意大利罗马大学东方学院院长马西尼当选为副会长。三是根据《国际汉语教师中国志愿者计划》，派出数千名经过培训的志愿者奔赴世界各地孔子学院任教。四是国务院学位委员会批准设置汉语国际教育硕士专业学位，着力提高对外汉语教师的学术水准。五是注意加速外国本土教师培养，设立"外国汉语教师奖学金项目"；已与美国、加拿大和澳大利亚的有关大学及教育行政部门签订了合办汉语师范系（班）的协议。

据《孔子学院总部/国家汉办2011年度报告》，孔子学院总部共向123个国家派出3 343名汉语教师，向81个国家派出3 472名汉语教师志愿者，为80多个国家培训本土汉语教师2.3万人，通过奖学金项目招收118个国家6 895名外国学生来华攻读汉语国际教育专业学位或进修汉语教学；主干教材和工具书翻译完成20个语种，全年向110个国家1767个机构赠送教材文化读物、音像制品及工具书逾272万套，与若干国家签署了优质教材本土化开发与版权输出合作协议。

（三）贡献程度评价

近年来，孔子学院在汉语国际推广中起到了骨干作用，已成为中华文化走向世界的重要品牌之一，体现了较高的贡献度（贡

[①] TESOL全称是"Teaching English to Speakers of Other Languages"的缩写，中文翻译是"对外英语教学"

献程度）。所谓"孔子学院贡献度"，主要体现在三个方面，一是汉语国际推广转化为教育国际合作的效益（教育发展力）；二是国际汉语教学对国际交往的促进作用（合作亲和力）；三是"汉语加快走向世界"对于中华民族复兴、构建和谐世界的重大价值（文化感召力）。

从客观上看，孔子学院建设与运营，对中外教育、经济、社会文化乃至公共外交至少有六个方面的贡献：

一是孔子学院（总部）通过合作办学与项目资助，既满足了当地民众的汉语学习需求，又减少了当地政府对汉语（作为第二语言）教育投入（人员、经费、场地）的压力。孔子学院主要采用中外合作的形式开办。虽然中国设立孔子学院借鉴了德国、西班牙、英国和法国等国家的经验，但却形成自己独特的办学模式。首先，从一开始，孔子学院坚持中外合作办学和自愿的原则。根据《孔子学院章程》规定，世界各地的孔子学院首先由外方自愿提出申请，中外双方在充分协商的基础上签署合作协议。其次，世界各地的孔子学院根据各国（地区）特点和需要，采用灵活多样的办学模式，进行丰富多彩的汉语学习和中国文化推广活动。在世界各地所开办的孔子学院中，有的以在中小学的汉语教学为主，有的以在大学的汉语教学为主；有的以课堂教学为主，也有的利用互联网络技术以远程教学；有的以中国戏剧、电影、武术、中医、旅游为特色；有的以学校学生为主要学员来源，也有的主要是满足社区各界人士对汉语学习的要求。最后，中外方的共同投入成为孔子学院成功运行的保障。例如，2012年，在美国缅因州孔子课堂缺乏合适的对外汉语教材和教学用具的情况下，其对口学校的浙师大附中汉语教师积极与国家汉办/孔子学院总部联系，为孔子课堂成功申请价值5万元（人民币）的孔子课堂赠书（包括近千册对外汉语教材、文化书籍和相关教学用具、音像制品等），有效缓解了教材与教学用具紧缺问题，保证了孔子课堂的教学质量和正常运行。同时，为了更加有效地利用赠书，经过与美国校方协商，该孔子课堂拟建立中文图书室并在学区内定期举办中文图书展，以营造更浓厚的汉语学习和中国文化推广氛围。

　　二是创办孔子学院的合作方大多是国际知名高校，这对推进国际教育交流、深化校际合作无疑起到积极的促进作用。例如，北京师范大学与英国曼彻斯特大学等高校签订共建孔子学院协议的同时，还签订了学生交换项目，每年互派学生到对方学校学习一学年。在北京师范大学党委书记刘川生看来，孔子学院不仅打开了学术交流的窗口，还搭建了互动的桥梁，有助于培养具有国际视野的新型人才。其他世界著名高校还有美国加州大学洛杉矶分校、澳大利亚墨尔本大学、俄罗斯莫斯科大学、日本早稻田大学、英国爱丁堡大学等。

　　三是孔子学院倡导的汉语国际推广事业，必将为所在国家及地区发展汉语教育教学起到引导、借鉴作用。"引入孔子学院之后，一个好处就是改变了我们的中国语言教学方式。"澳大利亚阿德莱德大学副校长约翰·泰伯林对大学国际化有着独到见解，他认为引入国际化教学的副产品，就是大学越来越多地依赖英语教学，而孔子学院对于这种状况是个很好的平衡，让学生有机会学习到另外一种非常重要的国际性语言。"在澳大利亚许多中学里，中文都是很时髦的第二外语，但他们以前的教学质量并不高。"约翰·泰伯林说，"在汉办和对口高校山东大学的直接帮助下，教材、师资水平的提升，极大促进了学校汉语教学质量的提高。"约翰·泰伯林还高兴地说，"现在，我们的学生和教师都非常享受中国语言学习的过程。"

　　四是孔子学院面向世界、面向社会的教师培训、选拔、招聘、录用（派出）及师资涵养一体化的工作机制，既开拓了对外汉语教师和外国本土汉语教师的职业发展空间，又培养和发展了一大批适应跨文化交际、适应工作转移的新型国际化人才。在吉尔吉斯斯坦首都比什凯克，无论是路上能脱口说出"你好"的行人，还是农贸市场上讨价还价的商人，甚至是大学校园里打太极拳、扭秧歌的大学生，都充满了浓浓的"汉味"。2009年，时任吉尔吉斯国立民族大学孔子学院院长王哲在座谈中谈到，随着中吉两国经济贸易的交往，大学里教汉语的老师要比教英语的老师工资高出1/3。大学期间，学中文的大三、大四学生就可以到市场上去当翻译。因为需求量非常大，中国人来比什凯克做生意的不少，据当地大使馆的统计有5万人左右。帮助中国老板卖货，生意好的时候每个月有400美元，淡季时每月有200多美元，而大学老师的薪酬是100美元。王哲说，"很明显的经济利益，使得学汉语的需求非常大，当地政府也很重视汉语教育。"

汉语国际推广是走出国门的文化传播与交流事业，面对不同国家和地区、不同人群和需求，如何在跨文化交际中更好地实现文化传播与交流的任务？这就要求教师不仅要有国际化的视野和思维，而且要有过硬的心理素质和具体实施运作的能力技巧；既要有"各美其美"的责任，也要有"美人之美"的胸怀；既要"顺其自然"，符合对方的接受习惯，更要"有所作为"，才能使传播和交流取得成效。目前，在国家汉办以及各方的努力下，通过多种形式的学习、培训，具备以上优秀素质的汉语教师队伍逐渐壮大。

五是孔子学院在当地已成为中国之窗、中国之家，把汉语学习与世界了解中国、认识中国的需要结合在一起，积极影响着教育、文化、经贸、投资、旅游等需求。为了让孔子学院学生更好地了解中国的文化，组织他们到中国各大学院进行交流学习，是孔子学院学习的一种方式。例如美国普渡大学孔子学院除了在普渡大学（Purdue University）及拉法耶特（Lafayette）地区举办文化和语言课程等推广活动以外，每年还定期组织普渡大学生赴中国参加相关交流项目，像2008年组织的"美国大学生奥运新闻志愿者"项目和2010年的"普渡大学孔子学院上海世博"项目。在乌克兰，孔子学院中方院长高玉海除了给学生讲授《中国文学》和《中国古典诗词鉴赏》课程，还和同事们一起在课余举办"我眼中的中国"摄影比赛等活动，每周六举办"汉语角"活动，每月到当地中小学开展"中国日"活动，每年的春节、中秋节、国庆节，也都会开展中国文化宣传活动。汉语角的"中国传统节日"、"中国民族舞蹈"、"中国棋类游戏"、"中国传统菜肴"等系列讲座。2006年泰国孔敬大学孔子学院成立后，来自中方合作院校西南大学的中方教师除了中文教学外，还牵线搭桥，利用西南大学设有"蚕学"和生物技术学院的优势，派出技术人员到泰国帮助指导蚕茧丝生产；针对泰国汽车和摩托车消费量巨大的市场情况，孔敬大学孔子学院还规划在孔敬地区举办中国工业展览，邀请中国的汽车、摩托车生产厂家展示最新产品，为中国汽车企业打开泰国市场奠定了坚实的基础。这些活动无疑促进了其他国家人民对中国的认识，有助于他们进一步深入了解中国历史以及当代中国的政治、经济和社会制度，了解中国的国内政策和对外政策。

六是"孔子学院"办学模式使中外各方交往在公共外交领域的手段更加灵活，内容更加丰富，空间更加广阔，开始尝试到彼此坦然接受的政府主导、文化传播和商业运作相结合的方式。中国政府支持的教育文化交流活动虽然从20世纪50年代开始就已经存在，但长期以来中国外交的重点一直是外国政府和官员，对外国公众尤其是普通公众的关注严重不足。以汉语教学活动为主的孔子学院的设立，大大拓展了中国外交的空间，为中国与其他国家的双边外交提供了新的舞台。近几年来，孔子学院成为中国领导人出国访问的重要日程之一。例如，2011年1月，时任中国国家主席的胡锦涛同志访美期间参观了芝加哥孔子学院。2013年3月26日，在习近平主席和南非总统雅各布·祖马的共同见证下，孔子学院总部总干事、国家汉办主任许琳与南非德班理工大学校长艾哈迈德·巴瓦在南非首都比勒陀利亚共同签署了双方合作设立德班理工大学孔子学院的协议。这是中国新一任最高领导人首次外交出访见证签约的第一家孔子学院，也是祖马总统家乡夸祖鲁·纳塔尔省首家孔子学院。同日发表的《中华人民共和国和南非共和国联合公报》声明：中方欢迎和支持南方申办孔子学院，加强汉语培训。

孔子学院建设取得如此巨大的成绩，主要得益于以下四个原因：

一是宗旨明确。孔子学院旨在适应国家和平发展战略以及世界各地不断增长的学习汉语需求，增进世界人民对中国语言和文化的了解，发展中国与外国的友好关系，促进世界多元文化的发展，为构建和谐世界贡献力量。

二是服务面广。面向社会各界人士，开展汉语教学，培训汉语教师，开展汉语考试和汉语教师资格认证业务，提供中国教育、文化、经济及社会等信息咨询，开展当代中国研究等，开创了国际社会易于接受的提升汉语影响力、传播中华文化以及促进人文外交、公共外交、民间外交的新型途径。

三是模式独特。以孔子学院为龙头的汉语国际推广坚持"外方申办，双方自愿，平等合作，互利共赢"的原则，高校、中小学、政府、社团及企业结合，学历教育与非学历教育结合，语言教育与文化传播结合，充分调动了外方积极性，吸引了一批国内外世界一流大学参与，孔子学院已被国际社会和许多国家广为接受。其中，中外高校合作模式占绝大多数，使全球孔子学院网络迅速布点，支持和推动了全球学习汉语者规模实现跨越式的发展。

四是中外共建。汉语国际推广注重探索、建立和完善中外共同管理的体制机制及规章制度。有10多位外国大学校长先后进入由各界人士组成的孔子学院总部理事会。已形成的《孔子学院章程》、《国际汉语能力标准》等一批规章制度，为孔子学院在全球进一步发展和提高质量提供了有力保障。各国孔子学院实行理事会领导下的院长负责制，理事会由中外双方合作单位共同组成，双方共同筹措和管理办学资金，中外投入比例为1:1。

需要指出的是，所有孔子学院（孔子课堂）的设立，都是由外方主动提出申请，中外双方在充分协商的基础上签订的合作协议。

2.1.3 孔子学院组织行为与功能分析

（一）组织架构及其联动机制

孔子学院并不是传统意义上的学校，而是中外教育机构合作设立的非政治性、非盈利性的教育、文化交流机构，其主要任务是推广汉语、传播中华文化。全球孔子学院由设在北京的国家汉办/孔子学院总部（以下简称"总部"）负责管理和指导。国家汉办对外需要服务和管理全球所有的孔子学院和课堂，联络中国驻外各使馆、领事馆，对内要协调中国国务院10多个部委以及各省教育厅。根据《孔子学院章程》，孔子学院总部设立理事会，由主席、副主席、常务理事和理事组成。其中，主席1名，副主席和常务理事若干名，具体人选由中国国务院教育行政部门提出建议，报国务院批准。理事15名，其中10名由海外孔子学院的理事长担任，第一届理事由总部聘任，以后选举产生或按孔子学院成立时间顺序轮流担任；其余5名由中方合作机构代表担任，由总部直接聘任。理事任期为两年，可连任1次。理事会成员任职期间不从孔子学院总部获取任何报酬。理事会设立总干事、副总干事。总干事为总部法人代表，由常务理事担任。由此，总部形成了由教育、外交、财政、宣传、侨务、出版与学界等各方紧密联系的中外联席会议领导体制，孔子学院形成了中外合作、多方并举、联动发展的工作协调机制，传统意义上的"对外汉语教学"格局则由来华留学("请进来")向汉语国际推广("走出去")转变。

(二)汉语国际推广的组织行为范式

在国家汉办的管理与指导下,孔子学院合理匹配中外合作权益(中方提供启动费、外方提供场地;运行经费由中外按1:1对等投入),形成了较为规范的组织建设程序:外方申请、中外教育机构签订合作协议并组建理事会、选任中外双方院长分别负责孔子学院日常管理与教学工作等。作为汉语国际推广的"龙头",孔子学院主动满足国际需求,自觉适应国际环境、国际惯例,不断创新学院体制机制,由此区别于德国歌德学院、法国法语联盟、西班牙塞万提斯学院,形成了较为典型的语言推广机构新模式,形成了资源挖掘、资源结合、资源共享的组织关系网络(见图2-2孔子学院(总部)组织行为及功能模型图)。

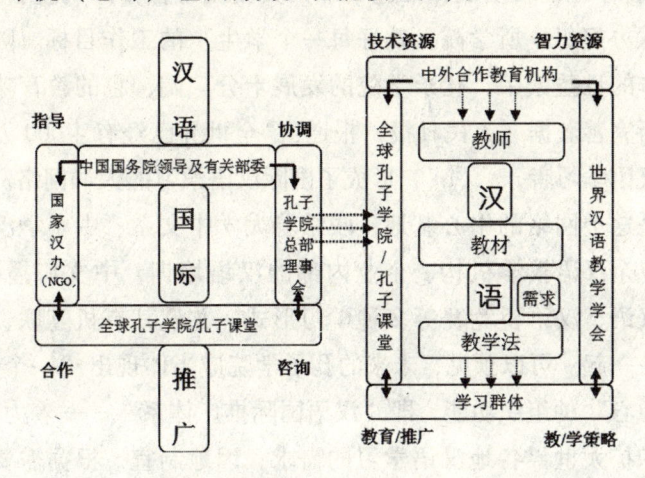

图2-2 孔子学院(总部)组织行为及功能模型图

作为总部的分支机构,孔子学院与总部上下一体,依靠中外教育资源,依托中间协调机构(政府、企业、社区、社团等)合作资源,在满足不同群体学习需求的同时不断推广汉语教学,形成推广与需求互动发展的良好态势。汉办定期为孔子学院培训、输送合格的中方院长和对外汉语教学(汉语国际教育)专业教师;

定期向有需求的国家派出志愿者担任汉语教师；定期召开国际汉语教学研讨会，邀请世界各地专家、教师代表及支持合作单位共同研讨、咨询、解决汉语教学实际难题；定期召开全球孔子学院大会，总结部署汉语国际推广工作。在融入全球一体化的进程中，汉语推广进行了基于共同利益的战略调整，并与有关国家的部门、机构及组织达成了以共同利益为导向的建设性合作。可以说，这是典型的互利共赢范式。

（三）组织功能分析

时任中国国务院国务委员、孔子学院总部理事会主席的刘延东同志（2009，2010）先后出席了第三、四届孔子学院大会，分别发表了题为《共同参与，平等合作，把孔子学院越办越好》和《平等合作，创新发展，推进中外人文交流与合作》的主旨演讲，阐述"办好每一所学院，教好每一个学生"的工作目标。随着中外合作的日益繁荣，孔子学院的发展十分广阔，它的教育功能正在不断完善。据《人民日报》报道，"全世界已经有4 000万非母语的汉语学习者……"，形成了国际汉语学习的人群网络。孔子学院是这个网络的中心基地，联结着大学中文系、中小学汉语课程，业余汉语教学机构、企业内部的汉语培训、中文广播电视、网上汉语、汉语桥竞赛等多种学习形式，并使其有机互联、相互交织在一起。可以预见，未来的孔子学院应当体现出"一个体系、两个中心"的组织功能，即"汉语国际推广体系"——着力挖掘、发现和扩大世界各地汉语学习的需求，因地制宜，根据需要与各种形式的汉语学习机构、汉语传播机构、汉语产品实体建立伙伴关系；"国际汉语教育培训中心"——积极提供师资和技术的支持，组织开发和提供各种形式的汉语课程；"国际汉语教育研究中心"——着眼于不同国家和地区的实际情况，推动汉语学习策略的咨询研究、组织各类汉语考试的开发与推广。由此，孔子学院可以积极把握发展方向，明确未来目标，选择和确定实现目标的途径和策略，充分发挥中心基地的作用，不断提高国际影响力和社会地位。

2.2 世界多语言分布

根据最新版的《世界知识年鉴》的介绍，目前对全球一共有多少国家的统计并没有统一数据，但大致来说世界六大洲中，除南极洲外，都有国家分布。目前共有232个国家和地区，其中联合国会员国共有192个。各大洲的国家分布是不均衡的，非洲的国家和地区最多，达57个，其次是美洲（52个）以下依次为亚洲（48个）、欧洲（46个）、大洋洲（29个）。

1. 亚洲（48个国家）

（1）东亚（5个）：中国、蒙古、朝鲜、韩国、日本；

（2）东南亚（11个）：菲律宾、越南、老挝、柬埔寨、缅甸、泰国、马来西亚、文莱、新加坡、印度尼西亚、东帝汶；

（3）南亚（7个）：尼泊尔、不丹、孟加拉国、印度、巴基斯坦、斯里兰卡、马尔代夫；

（4）中亚（5个）：哈萨克斯坦、吉尔吉斯斯坦、塔吉克斯坦、乌兹别克斯坦、土库曼斯坦；

（5）西亚（20个）：阿富汗、伊拉克、伊朗、叙利亚、约旦、黎巴嫩、以色列、巴勒斯坦、沙特阿拉伯、巴林、卡塔尔、科威特、阿拉伯联合酋长国（阿联酋）、阿曼、也门、格鲁吉亚、亚美尼亚、阿塞拜疆、土耳其、塞浦路斯。

2. 欧洲（43个国家/1个地区）

（1）北欧（6个）：芬兰、瑞典、挪威、冰岛、丹麦、法罗群岛（丹）；

（2）东欧（7个）：爱沙尼亚、拉脱维亚、立陶宛、白俄罗斯、俄罗斯、乌克兰、摩尔多瓦；

（3）中欧（8个）：波兰、捷克、斯洛伐克、匈牙利、德国、奥地利、瑞士、列支敦士登；

（4）西欧（7个）：英国、爱尔兰、荷兰、比利时、卢森堡、法国、摩纳哥；

（5）南欧（16个）：罗马尼亚、保加利亚、塞尔维亚、马其顿、阿尔巴尼亚、希腊、斯洛文尼亚、克罗地亚、波斯尼亚和墨塞哥维那、意大利、梵蒂冈、圣马力诺、马耳他、西班牙、葡萄牙、安道尔。

3. 非洲（53个国家/6个地区）

（1）北非（8个）：埃及、利比亚、苏丹、突尼斯、阿尔及利亚、摩洛哥、亚速尔群岛（葡）、马德拉群岛（葡）；

（2）东非（10个）：埃塞俄比亚、厄立特里亚、索马里、吉布提、肯尼亚、坦桑尼亚、乌干达、卢旺达、布隆迪、塞舌尔；

（3）中非（8个）：乍得、中非、喀麦隆、赤道几内亚、加蓬、刚果共和国（即：刚果（布））、刚果民主共和国（即：刚果（金））、圣多美及普林西比；

（4）西非（18个）：毛里塔尼亚、西撒哈拉（注：未独立，详细请看:)、塞内加尔、冈比亚、马里、布基纳法索、几内亚、几内亚比绍、佛得角、塞拉利昂、利比里亚、科特迪瓦、加纳、多哥、贝宁、尼日尔、加那利群岛（西）；

（5）南非（15个）：赞比亚、安哥拉、津巴布韦、马拉维、莫桑比克、博茨瓦纳、纳米比亚、南非、斯威士兰、莱索托、马达加斯加、科摩罗、毛里求斯、留尼旺（法）、圣赫勒拿（英）。

4. 大洋洲（14个国家/10个地区）

澳大利亚、新西兰、巴布亚新几内亚、所罗门群岛、瓦努阿图、密克罗尼西亚、马绍尔群岛、帕劳、瑙鲁、基里巴斯、图瓦卢、萨摩亚、斐济群岛、汤加、库克群岛（新）、关岛（美）、新喀里多尼亚（法）、法属波利尼西亚、皮特凯恩岛（英）、瓦利斯与富图纳（法）、纽埃（新）、托克劳（新）、美属萨摩亚、北马里亚纳（美）。

5. 北美洲（23个国家/13个地区）

（1）北美（4个）：加拿大、美国、墨西哥、格陵兰（丹）；

（2）中美洲（7个）：危地马拉、伯利兹、萨尔瓦多、洪都拉斯、尼加拉瓜、哥斯达黎加、巴拿马；

（3）加勒比海地区（25个）：巴哈马、古巴、牙买加、海地、多米尼加共和国、安提瓜和巴布达、圣基茨和尼维斯、多米尼克、圣卢西亚、圣文森特和格林纳丁斯、格林纳达、巴巴多斯、特立尼达和多巴哥、波多黎各（美）、英属维尔京群岛、美属维尔京群岛、安圭拉（英）、蒙特塞拉特（英）、瓜德罗普（法）、马提尼克（法）、荷属安的列斯、阿鲁巴（荷）、特克斯和凯科斯群岛（英）、开曼群岛（英）、百慕大（英）。

6. 南美洲（12个国家/1个地区）

（1）北部（5个）：哥伦比亚、委内瑞拉、圭亚那、法属圭亚那、苏里南；

（2）中西部（3）：厄瓜多尔、秘鲁、玻利维亚；

（3）东部（1个）：巴西；

（4）南部（4个）：智利、阿根廷、乌拉圭、巴拉圭。

按语言来划分，可把世界划分为八大国家群。法国科学院推定为2 796种；国际辅助语协会①估计有2 500至3 500种语言。历史和现实表明，世界众多的国家和语言之间，不是彼此孤立的，而是有规律有联系的。首先，尽管世界有3 000多种语言，但每一个国家只有一种至多只有几种国语或官方语言，只要掌握这些普

---

① 国际辅助语是为帮助使用不同的民族语言的人们更好的进行语言交往而设计的一种辅助性语言。其目的并非是为了取代任何一个民族语言，而是起到一种"中介语"或"桥梁语"的作用。

遍使用的语言、就可与世界各国交流。再者，世界各种现代语言，基本上是由一些为数不多的古代语言衍生发展来的，因而许多现代语言之间，存在密切的亲缘关系，有一定相通相近之处。语言的亲属关系，不仅能说明语言本身及使用这种语言的国家在历史上的相互联系，而且由于信息传播的相对通畅，经过一段时期的互相交流，这些国家在政治、经济、法律、历史、民族、宗教、文化以至风俗习惯等方面都比较一致，形成具有多种共性的语言国家群。随着现代交通通讯条件的改善和国际交流的发展，在各个语言国家群中，往往有一个或几个经济文化发达国家的语言，成为国家群内部的通用语言。掌握这种通用语言，一是可同该国家群的主要国家进行交流，二是可以此为入门的钥匙，进而系统地掌握国家群内其它国家的语言，并与之深入交流。比如澳大利亚把掌握汉语作为了解东亚国家的捷径，也就是基于这种考虑。根据语言上的相互联系，可把全世界 200 多个国家和地区，3 000 多种语言划分为八个语言国家群。它们的基本概况如下：

1、英语国家群。指以英语为第一语言的国家群，主要分布在西欧、北美和大洋洲，有英国、美国、加拿大、澳大利亚、新西兰等国。英语国家数量不多，但在世界居重要地位，其土地面积占世界陆地（南极洲除外，下同）面积 20%，人口占世界 7 %，国民生产总值占世界 30%，是经济技术最发达、实力最雄厚的国家群。英语是使用最广泛的国际语言，有 70 多个国家和地区不同程度地通用英语，占世界总数 1/3。

2、拉丁语国家群。分布在西南欧和拉丁美洲，主要使用法语、西班牙语、葡萄牙语等，这些语言均由古拉丁语演变而成，故有许多相通相近之处。拉丁国家有法国、意大利、西班牙、葡萄牙、巴西、墨西哥、阿根廷等 30 多个，土地面积占世界 16%，人口占 12%，国民生产总值占 16%。拉丁国家一般是发达国家或中等发达国家，在经济实力方面，2010 年，法国居世界第 6 位，意大利居第7位，巴西、墨西哥、西班牙均在前15名之列。法语和西班牙语均是重要的国际语言，通用拉丁系语言的国家和地区共有80多个，占世界总数1/3强。

3、斯拉夫语国家群。分布在东欧和亚洲北部，主要有俄罗斯、白俄罗斯①、波兰、捷克斯洛伐克、保加利亚，南斯拉夫等国。这些国家的语言都是由古斯拉夫语发展而来的。为数不多的斯拉夫语国家，在世界上具有较大影响，土地面积占世界17%，人口占9%，国民生产总值占15%。俄语是斯拉夫国家群主要语言。

4、北欧日耳曼语国家群。指使用除英语外的日耳曼语言的国家和地区，主要分布在欧洲阿尔卑斯山以北地区和北美格陵兰岛，有德国、荷兰、奥地利、瑞典、丹麦、挪威等约20个国家和地区。土地面积占世界3%，人口占2%，国民生产总值却占14%，是世界人均国民生产总值最高的地区之一。其中德国经济技术实力居世界前列。德语是该国家群主要语言，也是重要的国际科技文化语言。

5、阿拉伯语国家群。分布在西亚和北非，有沙特阿拉伯、伊拉克、叙利亚、埃及、苏丹、阿尔及利亚等约30个国家和地区。主要使用阿拉伯语，一般以伊斯兰教为国教。土地面积占世界13%，人口占6%，国民生产总值占5%。阿拉伯国家群拥有世界60%以上的石油资源，也是世界主要的资金输出地区和劳务市场。

6、南亚（梵语）国家群。分布在南亚次大陆，有印度、巴基斯坦、孟加拉、斯里兰卡、尼泊尔等国，其主要语言都是古梵语的派生语言，因此又可称之为梵语国家群。土地面积占世界3%，人口众多，占世界21%，但国民生产总值只占2%，是第三世界最不发达的地区之一。印地、乌尔都、孟加拉语是该国家群的主要

---

① 这里国家包括前苏联解体后的所有国家。

语言，英语是这里普遍使用的国际语言。

7、撒哈拉以南非洲（苏丹—班图语）国家群。分布在撒哈拉沙漠以南的非洲，有尼日利亚、扎伊尔、坦桑尼亚、安哥拉、津巴布韦等约50个国家和地区，主要使用苏丹—班图系语言。土地面积占世界15%，人口占9%，国民生产总值占2%，除少数国家达到或接近中等发达水平外，大多数为不发达国家，但自然资源十分丰富。主要语言有斯瓦希里语等，但多以英、法、葡语为官方语言或通用语言。

8、东亚（汉藏—日本、朝鲜—马来语）国家群。分布在亚洲东部，有中国、日本、朝鲜、缅甸、印度尼西亚等约20个国家和地区。在东亚大陆和中南半岛，主要使用汉藏系语言，在马来半岛和南洋群岛，使用马来—玻利尼西亚系语言，在东北亚部分地区还使用日本语和朝鲜语。土地面积占世界13%，人口最多，占34%，国民生产总值占16%。近年来，这一地区经济发展迅速，为世界各国瞩目，主要语言有汉、日、朝鲜、马来语等。

上述八大语言国家群，包括了世界绝大多数国家和地区。有少数国家的语言属于独立的语种，如芬兰、希腊、土耳其等，但受到邻近语言—国家群多方面的强烈影响，因此，可把它们相应地归入到北欧日耳曼国家群、拉丁国家群、阿拉伯国家群中。此外，还有太平洋和加勒比海上大约50个岛国或政治单位，它们基本上通用英语或法语。由于语言在世界各国相互联系中历史的和深层的作用，作这样的划分，各个语言国家群内部在地理、政治、经济及其它许多方面，也都有很大的一致性。[①] 如图2-3，展示了世界语言分布地图。

从人口使用情况来说，根据"世界观察"组织及美国"夏季

---

① 汪海：世界语言分区和中国开放体系——有关系统化开放的构想，管理世界，1989，(1)：1-7。

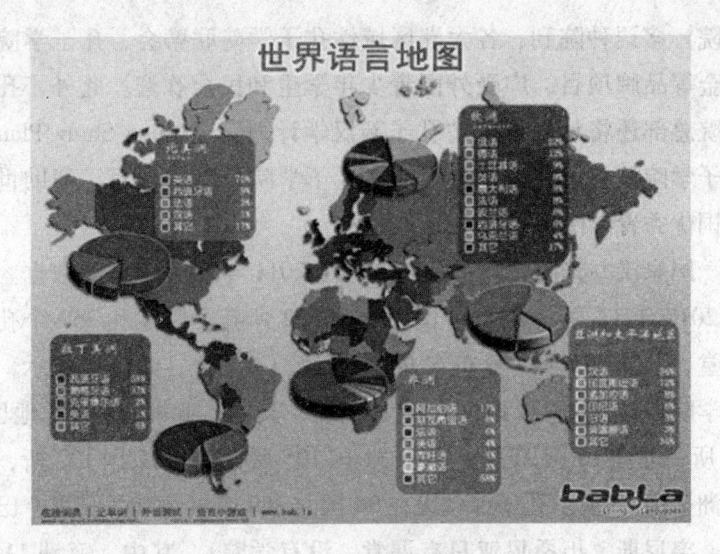

第二章 孔子学院综述与世界多语言分布　　**47**

图 2-3　世界语言分布地图

语言学研究所"的估计,全世界最通行的母语是中国的普通话,其次是西班牙语,使用人数达 33 200 万人,英语第三名,全世界能说英语者有 32 200 万人,接着是阿拉伯语,使用者有 22 000 万,然后是孟加拉语,18 900 万人使用。

2.3　孔子学院现状

中国政府有关部门、260 多所中国大学和 500 多所中小学及社会各界积极参与孔子学院建设,通力协作,由此,以孔子学院为龙头的国际汉语教育与推广事业实现了跨越式发展——办学规模稳步扩大,办学质量日益提高,师资队伍不断壮大,中外人文交流合作日趋深入,在推动汉语走向世界方面取得了历史性突破。特别是由孔子学院总部设立并组织的"汉语桥"比赛、文艺巡演、名家巡讲、教材巡展、汉语水平考试(HSK,YCT,BCT)、《孔子学院》多语种院刊、各大洲区域性孔子学院联席会、孔子学院奖学金等品牌项目，广受外国青少年学生和民众欢迎。此外，孔子学院总部还将计划设立"孔子新汉学计划"（China Study Plan）、孔子学院核心教师岗位、全球"孔子学院日"等项目，帮助世界各国优秀青年深入了解中国文化。

国家汉办先后公开了发布 2010、2011 年度孔子学院数据。截至 2010 年 12 月 31 日，各国已建立 322 所孔子学院和 369 个孔子课堂，共计 691 所，分布在 96 个国家（地区）。如图 4 所示，孔子学院设在 91 国（地区）共 322 所，其中，亚洲 30 国（地区）81 所，非洲 16 国 21 所，欧洲 31 国 105 所，美洲 12 国 103 所，大洋洲 2 国 12 所。孔子课堂设在 34 国共 369 个（缅甸、马里、巴哈马、突尼斯、坦桑尼亚只有课堂，没有学院），其中，亚洲 11 国 31 个，非洲 5 国 5 个，欧洲 10 国 82 个，美洲 6 国 240 个，大洋洲 2 国 11 个[①]。截至 2012 年 1 月，全球已有 358 所孔子学院，另有 500 个孔子课堂，共计 858 所，分布在 105 个国家和地区。其中，亚洲 31 个国家和地区共开设 85 所孔子学院、26 所独立设置的孔子课堂和 15 所下设孔子课堂；欧洲 34 个国家和地区共开设孔子学院 129 所，孔子课堂 104 个；非洲 26 个国家共开设了 31 所孔子学院和 5 个孔子课堂，还有 10 个国家正在申请开设孔子学院。美洲 13 国 111 所。大洋洲 3 个国家共开设 16 所孔子学院、5 所独立孔子课堂和 25 所下设孔子课堂。

同比分析，较 2010 年，孔子学院（孔子课堂）在 2011 年总量有了显著增多，其中孔子学院增加 36 所，9 个国别，孔子课堂增加 489 个（增幅一倍多）。但是，需要指出的是，这里的统计数字包含仅仅签订合作协议但未揭牌或尚未正式运营的孔子学院（孔子课堂）。因此，考虑到孔子学院有中外双方签约、揭牌、运

---

① 该数据来源于国家汉办/孔子学院总部 2010 年度发展报告.

营等各个阶段的工作状态，本文采用的2010年孔子学院数据较为妥当地反映了当前孔子学院的招生教学工作情况，同时也兼顾了研究中采用的其它政府部门发布的数据（2010年左右），尽量使其保持时间序列上的一致性。

根据孔子学院总部公开披露的最新数据，有关全球孔子学院、孔子课堂名录，详见附录十四、十五。

2.4 孔子学院与孔子课堂案例

2.4.1 内罗毕大学孔子学院

非洲肯尼亚内罗毕大学孔子学院于2005年12月19日正式揭牌，被誉为"中肯教育交流史上的里程碑"。学院以国际化合作和谐发展为重点，不断树立品牌意识，把好质量关，将专业建设与当地国民教育体系紧密衔接，注重典型学生的培养，服务于广大汉语学习爱好者，注重孔子学院内涵建设和可持续发展，充分运用各种有效资源和社会协作力量，认真落实年度工作计划的每一项工作和任务。

孔子学院教学和管理人员结构：肯方2名管理人员，中方2名教师，外方2名教师和9名教师志愿者。2012年已有6个本科班，和17个各种类型的汉语班，学生注册人数约400人，各种文化交流活动受益人数已超过6 000人次。

孔子学院的基础条件和教育环境不断得到改善。目前，学院自用教学场地面积400平方米。包括教室、办公室、语言实验室、图书室和中国文化体验中心。共享使用教学场地320平方米，包括：学术报告厅、阅览室和文化活动室以及用于图片展览的公用楼厅约80平方米。总面积约800多平方米。

孔子学院的建设完全融入大学总体规划，把汉语课程开发完全纳入大学课程管理体系，把汉语教学规模的发展面向为当地社区服务，形成了一套与大学和当地社区紧密结合的汉语教育模式。

1. 多类别多层次汉语教学，纳入大学课程体系

目前，学院汉语课程多样，规模不断扩大。汉语培训证书课程，专科汉语课程、本科汉语课程、超短期选修汉语课程、专项汉语课程及各类文化讲座等在大学课程管理框架下，已纳入大学课程管理体系。其中，包括汉语专业课程和汉语培训证书课程。2009 年，内罗毕大学孔子学院正式开设了汉语本科专业课程。2012 年又顺利完成了硕士汉语专业的课程设计，计划 2013 年招生。在此基础上，学院还设计在未来 2 年内开始建立 2～3 个研究型汉语言专业，开展汉学研究，为今后设立博士汉语专业课程打下基础。2012 年学院开设的各类汉语班 23 个，学生注册人数 400 人，各类文化活动受益人数已超过 6 000 人次。

2. 汉语作为外语选修课将纳入肯尼亚基础教育课程体系

目前，在肯尼亚中小学开设的外语选修课只有德语和法语。为了在肯尼亚能够进一步深入满足需求，促进汉语教学，2012 年学院多次走访直属肯尼亚教育部的课程管理机构（Kenya Institute Of Education Under The Ministry Of Education，Kenya），共同商讨汉语纳入肯尼亚中小学外语选修课的重要议题，经过多次协商，取得了有效的进展。目前，该机构已同意孔子学院的要求，4 月该机构草编制了一个从 2012－2015 年把汉语引入到肯尼亚中小学的项目书草案（Introducing Chinese Language In Primary And Secondary Schools Education In Kenya）。目前，内罗毕大学孔子学院已经开始对本土中小学汉语教师培训的试点工作，在内罗毕市选择了 16 所重点中学的 26 名外语教师来我院参加"本土汉语教师培训试点班"的汉语学习。

为了在肯尼亚中小学顺利实施"汉语选修课"计划，做好对"本土汉语教师培训试点班"的教育服务，学院成立了一个"本土

汉语教师之家俱乐部"。我们用俱乐部活动的形式向学员介绍中国文化，让本土教师更多地了解中国，力争培养合格的本土汉语教师。

3. 利用当地媒体的传播平台，创新开发汉语项目

多样化、多渠道开启汉语教学项目是 2012 年孔子学院创新发展的一大特点。在与新华社非洲总分社和当地媒体机构的合作模式下，学院利用当地媒体的传播平台，2012 年 9 月开启了"Capital"当地流行网站上的空中孔子课堂项目。用上传汉语口语会话和中国文化故事的形式，让更多的肯尼亚人学到汉语。孔子学院还计划借用当地最大的民族报（Nation）的平台，登载中国文化，文学等内容。另外，新华社总社，也将在新华社电视频道（CNC）播放在内罗毕大学孔子学院录制的汉语教学节目。

4. 为社区服务，支持中小学举办"汉语言和中国文化兴趣活动"

目前，与学院已建立友好合作关系的中小学有 20 所，这些点有汉语教学，也有文化活动。为了支持这些中小学举办各种类型的"汉语言和中国文化兴趣活动"，学院在完成校内的汉语教学工作外，同时还负责各种文化活动。中文合唱团、舞龙舞狮队等学生社团是学院文化宣传的亮点，为了配合大使馆和华人华侨协会的文化教育交流活动，学院经常应邀组织这些社团参与接待访问团组和各种文化庆典活动，其表演地道精致，得到当地社区，华人华侨社区和驻肯中资机构的好评，成为肯尼亚中华文化精品宣传队，享有很好的声誉。

5. 汉语专业（学位）课程

2009 年，内罗毕大学孔子学院正式开设了汉语本科专业课程。2012 年又顺利完成了硕士汉语专业的课程设计，计划 2013 年正式招生。目前汉语本科专业已招收 6 个班。

6. 汉语专科学历课程

专科汉语课程"初级汉语＋中级汉语＋高级汉语"学成四个

学期的汉语课程之后，可获得内罗毕大学孔子学院颁发的汉语专科毕业证书（Diploma）。内罗毕大学的学生也可以根据自己的汉语水平选修不同等级的汉语课程（每学期两学分）将选修课程与专科教育相结合，是孔子学院汉语构建教学模式的一种尝试。通过两年的实践，证明其效果好，适合汉语学习者的需求。

7. 汉语培训证书课程

汉语培训证书课程"初级汉语课程—中级汉语课程"（Level One – Level Two）普及型基础汉语课程招生对象是内罗毕大学生非汉语专业和来自社会各届对汉语感兴趣的学习者，课程其主要特点是以"实用为本，交际先行"，突出语言知识和技能的教学，加强语言交流能力的培训和提高。该课程设计为2个学期，学习结束经过结业考试学员可以获得孔子学院颁发的合格证书，同时也有资格参加 HSK2 级 – HSK3 级汉语水平考试。

8. 超短期汉语和专项目的汉语课程

超短期汉语和专项目的汉语课程是一种"短、平、快"以汉语口语形式为主的汉语培训班，开办条件完全为了满足那些平时没有时间学习，而又很想学了就用或是带有专项目的来学习汉语的学习者而开办的。

9. 特色汉语培训课程

特色汉语培训课程，如商务汉语、旅游汉语、饭店汉语等开班条件和特点是根据当地汉语热的需求情况并结合主客观形势发展的需要，抓住有利时机而举办的。例如，大学四年级商科学生，旅游系的学生等等。

2012 年接受各种短期和特色汉语学习的学生达到 200 人。除此之外，学院还关注与学院已建立友好合作关系的 20 所中小学，有汉语教学点，也有文化活动点。为了支持这些中小学举办各种类型的"汉语言和中国文化兴趣活动"，学院派专人负责这些学校的课程建设。这 20 所中小学校的参与者已超过 1 000 人。

内罗毕大学孔子学院从建院初始就特别重视学生培养方案及课程体系的建设,长期以来一直致力于"教学理念"探索及"课程建设"的发展与完善,学院正在积极开发多种多样的汉语课程,逐步完善内罗毕大学孔子学院的汉语课程的非洲模式。

10. 文化教育活动

内罗毕大学孔子学院始终重视学生的文化教育活动,以主题文化讲座和中国传统节日庆典为特点的文化教育活动深得当地年轻人和大学生们的欢迎。本年度举办各类文化教育活动58次,参加学生人数达5 000多人次。为激发肯尼亚学生学习汉语的热情和对中国文化的兴趣,内罗毕大学孔子学院采取了学生易于接受的活动方式,把文化和语言寓于讲座和活动之中,与常规语言课程相呼应。通过中国传统节日庆典活动,让学生感受人类有益的文化传承和中国文化中的"和谐"与"友善"。

2.4.2 昊济思学校(Hotchkiss School) 孔子课堂

2010年11月1日,昊济思学校董事会主席约翰·L·桑顿先生[①]代表学校与国家汉办/孔子学院总部签署了合建孔子课堂协议。按协议规定,国家汉办将在2011年初派1名汉语教师赴孔子课堂任教,并将向课堂提供汉语教材、中文软件及带中文键盘的电脑。中方合作院校最终确定为与昊济思学校之前有过交流合作的人大附中。2011年2月,昊济思学校孔子课堂开始正式运行。目前昊济思孔子课堂已经在全校学生和整个社区中产生了很大的影响,极大地促进了汉语和中国文化的学习。昊济思学校的助理校长兼全球项目主任,蔓朱拉·所罗门说:"作为一所国际知名的美国学校,我们的孔子课堂项目设立了一个标杆。现有110名学生学习中

---

① 约翰·L·桑顿先生是昊济思学校的校友,于1972年毕业。他任北京清华大学经济管理学院全球领导力项目教授及负责人并且是美国著名的布鲁金斯学会的董事会主席。

文和中国文化。孔子课堂的建立将促进中文课程的发展"。昊济思学校为孔子课堂所计划的工作：

——学校安排孔子课堂老师进行听课，以了解美国的教学方式和方法。孔子课堂老师所在系的系主任也常常和她讨论教学上的问题。学校也为孔子课堂老师安排了一个专业上的指导老师，使其开始慢慢组织一些班级活动并协助本土中文教师。学校将帮助孔子课堂老师彻底融入昊济思学校的生活视为自己的义务和责任。

——汉语教学：从一年级到四年级，每个年级包括了普通班和快班，还有一个 AP 中文班。在 AP 中文水平以上，还有 8 名学生分布在两个年级；其中三名学生是 3 年前才开始学习中文的。一名学生已经学完了所有的课程，并注册进行自主学习。作为汉语学习的延伸，每个星期还会有一节课向社区的孩子和家长介绍中国文化，开始向 3~5 岁的学前孩子教授中文，这个项目由本土中文老师以及孔子课堂老师进行指导，由中国学生进行实际教学。

——文化活动：一年一次的全校性活动（庆祝中国的传统节日，比如中秋节，特别是春节）。整个社区包括孩子们都穿上中国的传统服装，高兴地参与到这些活动中。每个月还会面向整个社区开展一些兴趣小组。包括中国菜烹饪、书法、中国象棋、手工、麻将、风筝、中国电影、炒菜比赛等等。每个星期，在餐厅还会有"中文桌子"。

——学校之外的活动（昊济思在中国）：春假中国行（始于2002 年）作为一个文化了解之旅，将让学生有机会了解中国的农村和城市，了解中国的年轻一代。目的在于促进两国之间的交流和相互了解。这种了解对于两国的关系有着很重要的作用。暑期语言文化学习（始于 2004 年）每隔一年会组织一次（除了 2004和 2005 年连续组织了两年，其他的暑期项目都是每隔一年）通过这个暑期班，学生不仅提高了语言运用能力，同时也进一步了解了中国文化。

——教师对教师项目：自从2008年开始规划对中国乡村教师英语教学的培训工作。这个项目已于2012年暑期在天津开始实施。

2.4.3 广播孔子课堂

中国国际广播电台为做好汉语国际推广工作，全面推进14所广播孔子课堂建设，作出了部署。一是在已建的海外孔子课堂中开展汉语教学，举办中国文化实践活动，加大中华文化推广力度；二是制作多语种汉语教学网络课件，形成广播在线互动教学；三是加大汉语教学师资培训力度，为广播孔子课堂外派汉语教师储备专业人才；四是继续依托海外听众俱乐部和落地节目合作伙伴，新建广播孔子课堂；五是推出多语种在线广播孔子课堂，提供远程网络汉语教学和互动服务。以下简介亚洲和欧洲广播孔子课堂案例各1个。

1. 蒙古育才广播孔子课堂

蒙古育才广播孔子课堂于2009年5月29日正式挂牌运行，是在蒙古国建立的第一家孔子课堂。目前，学习汉语的学生总数是972名在校生、远程汉语教学点有30名中学生、首都银行职员学员有30名。建立课堂以来发挥生源优势，成功举办全国第一、二、三届东方之韵中文歌曲大赛，第一、二、三届全国汉语演讲比赛等各类中国语言文化活动，取得良好的反响。根据当地需求，赴乡下中学开展了远程汉语教学，把汉办和中国国际广播电台联合开发的母语学汉语教材作为辅助教材取得了一定的效果。

目前，蒙古育才广播孔子课堂有中国汉办汉语教师2名，志愿者教师18名、自聘中国教师8名、汉语教导主任和行政秘书3人、财务主管1人。育才完全中文中学有普通教室30个（面积分别为35平米），文艺大厅1个（375平米），语音教室1个（35平米，20座位）电脑教室1个（35平米，20座位），图书资料室一个

(35平米，20座位），藏书20 000余册，学校总面积3 400平米。在远程汉语教学点前杭爱（Uvur – Hangai）省的祖勒（Zuil）苏木有教室一间（35平米），宿舍一间（15平米）

蒙古育才广播孔子课堂常规教学活动有中小学全日制常规教学、远程汉语教学、银行职员培训、HSK考前复习、本土夏令营。汉语和文化交流推广活动有中国茶文化体验、中蒙文翻译比赛、中国电影周、书法、剪纸讲座、汉语征文演讲大赛、汉语歌曲演唱大赛、赴乡下做教师短期培训。

对于孔子课堂的教学质量、社会效益以及建立孔子课堂开展的文化活动、各类中国文化活动的意义，蒙古国家电台少儿部、蒙古之声广播电台华语部、乌兰巴托电视台、TV – 5、TV – 9、《世纪新闻报》、《今日报》、《日报》、中国国际广播电台等中外新闻媒体进行了正面报道。

2. 意大利教育中心广播孔子课堂

2011年1月，意大利教育中心广播孔子课堂启动运营。本着"把汉语带进社区，将汉语融入生活"的理念，意大利教育中心广播孔子课堂将一批中文图书和音响制品捐赠给了罗马市政府图书馆管理局，这批中文图书和音像制品包括汉语工具书、汉语教材、汉英对照名著和中文电影等。罗马的市民将可以通过遍布全市的公立图书馆或是登陆"罗马图书馆在线"借阅到这些中文图书和音像制品。

目前，在意大利有越来越多的人希望了解中国和学习汉语，遍及城市各角落的公立图书馆是他们身边最便捷的资源。意大利教育中心广播孔子课堂携手罗马市政府图书馆管理局，将为罗马市民提供更多了解中国文化和学习汉语的机会。

在罗马，市民除了可以向图书馆借阅中文图书和音像制品外，还可以参加到由国际台意大利教育中心广播孔子课堂组织的"语你有约"汉语学习者俱乐部中来，来学习练习汉语、了解中国

第二章 孔子学院综述与世界多语言分布　57

文化。

2.4.4 网络孔子学院

网络孔子学院是由国家汉办/孔子学院总部主办的汉语教育类综合网站，致力于满足世界各国（地区）人民对汉语学习的需要，增进世界各国（地区）人民对中国语言文化的了解，加强中国与世界各国教育文化交流合作，发展中国与外国的友好关系，促进世界多元文化发展，构建和谐世界，如图2-4所示。

网络孔子学院负责向全球所有汉语及中国文化爱好者，提供与汉语及中国文化相关的交流、教学及内容资源服务。网络孔子学院办公地点设在中国北京。网址是http://www.chinesecio.com/.

图2-4　孔子学院全球分布图

"办好孔子学院，架起中外了解友谊沟通之桥"①

——刘延东

第三章 汉语学习需求影响因素分析及需求预测模型

世界上到底有多少人在学中文？潜在的汉语学习者有多少人？迄今没有全面权威的统计数据，但凡从事汉语（中文）国际教育的人，却能实实在在感受到中文热的升温。

2003年年底，美国大学理事会（College Board）与中国汉办共同宣布启动AP中文课程②与考试项目，这标志着中文开始进入美国国民教育体系。根据美国大学理事会初步调查了解，已经有2 500所中小学提出开设中文课程，要设立AP项目。5月25日，美国国会参议员利伯曼和亚历山大联合提出一项名为"2005美中文化接触法案"的议案，要求美国联邦政府拨款13亿美元，全面促进美中在教育、学术、商业等方面的交流与接触，并加强美国中小学的中文教育。

华人华侨学校众多的东南亚地区已有本土汉语教师2万名，但

---

① 刘延东在第七届孔子学院大会上的讲话，中国政府网，http：//www.gov.cn.2012年12月16日。

② AP是Advanced Placement的缩写，即大学先修课程。AP中文课程是美国学生高中阶段一门外语课程，它允许中学生选修，课程设计为两年，通过考试的考生可以获得大学学分，或能选修中文高级课程，或两者兼得。换言之，通过AP考试，成绩合格者，进入大学后可从第五个学期的中文课选读。

对汉语教师的需求远远高于这一数字。比如，印尼教育部决定自2007年起，在1.6万多所中学开设中文课程，让2 000万人学习中文，[①] 并于2011年6月成立汉语教学促进会，力争中文规范化。泰国教育部提倡学生学习泰语、英语以外的第三门语言，现在汉语已经超过法语、德语，成为最受学生欢迎的外语。2013年4月，泰国国会主席颂萨·革素拉暖在接受媒体采访时也透露，泰国将推出一项名为"你好，我爱你"的汉语工程，计划通过中泰双方的合作共同促进汉语在东盟国家的传播，目标是在4年内让东盟10国6亿人中的1亿人会说汉语。

韩国自2007年起中小学普遍开设汉语课程。在韩国，汉语水平考试成绩已经成为许多大企业用人、升职的标准之一。韩国开设中文课程或专业的大学，从20世纪80年代的20多所，已经增加到今天的347所。

在欧洲，中文已经成为德国许多州的中学会考科目，英国教育部支持制定了中学汉语教学大纲，法国教育部正在积极推动中学中法双语教育实验计划。在非洲，在南美，这种需求的增长都非常普遍。

目前各国对汉语学习需求已经从过去的汉学家在学术、教学领域里，走到了社会民间、走到了各国政府。同时，世界上不论是发展中国家，还是发达国家，都对中国的汉语教学提出了形式多样、不同层面的需求。

李宇明（2005）认为，语言学习的需求是语言学习的原动力。有需求就要有满足，满足语言学习需求的活动就是语言学习。对于语言学习者来说，语言学习需求就是他的学习动机。对于语言教育者来说，满足学习者的学习需求，就是语言教育目标。因此，研究语言学习需求对于发展对外汉语教学事业是异常重要的。外国人的汉语学习的需求，无论是需求的强度还是需求的方面，不

[①] 国务院侨务办公室．"华文热"再升温　印尼万余所中学拟开设华文课．http:// www.gqb.gov.cn/. 2007年6月6日．

同时期都会有不同的变化。总体而言，当今外国人的汉语学习需求大致来自如下六方面：了解新鲜事物、到中国旅游、就业、到中国学习、研究中国、欣赏并传播中国语言和中国文化。这些不同的汉语学习的需求，决定了学习者对自己汉语学习水平的不同期望，从而形成不同的汉语学习目标。

毋庸讳言，由于政治、经济、文化和社会制度的不同，受客观条件限制，世界各国人民还不能自由地实现个人的汉语学习意愿或学习动机。笔者通过实地访谈孔子学院学员、组织孔子学院中外方院长参与问卷调查（对本地区影响汉语学习需求的关键因素进行打分）等形式了解实际的影响汉语学习需求的关键因素，总的看，学员所在国和中国之间的政治、经济、文化交往（竞争、合作或对抗）的程度，往往关联着这个国家对中国开放及汉语教育学习政策，由此影响着个人的学习汉语的期望和学习后的价值体现，这是一个不可忽视的影响因素。

为全面了解不同语言国家的汉语学习需求与孔子学院建设的关系，我们需要具体分析孔子学员在不同语言地理圈的布局情况，阐释汉语学习需求的影响因素（语言与政治、经济和文化的关联性），并通过建立汉语学习需求的数学模型，预测孔子学院未来的招生人数。本章至第七章将重点介绍孔子学院未来几年全球入学人数的预测、各大洲入学人数预测以及孔子学院的全球布点和数量。即第一步运用 Logistic 模型预测全球孔子学院入学人数（本章第三节内容）；第二步运用成分数据模型分别预测五个大洲（亚洲、欧洲、美洲、非洲和大洋洲）的孔子学院入学人数（本章第四节内容）；第三步对影响汉语学习的政治维度、经济维度和文化维度的因素应用专家打分法[1]和 TT 指数法，最终确定各国家或地

---

[1] 孔子学院中外方院长参与问卷调查：对本地区影响汉语学习需求的关键因素进行打分。

区的孔子学院的空间布局以及数量（第四章至第七章内容）。

3.1 孔子学院空间布局与汉语学习需求的关联分析

第二章中的图2-4，具体描述了2010年年底孔子学院的全球分布图，但是，孔子学院的规模是否满足了汉语学习需求？全球布局是否合理？这是摆在孔子学院发展面前的基础问题。孔子学院的规模与全球布局取决于汉语学习需求的规模与全球分布，而这取决于汉语学习需求的影响因素，所以重点研究汉语学习需求的影响因素。

首先，本节继续分析孔子学院的空间布局现状与相关的因素。表3-1列出了开设孔子学院全球各语言地理圈的学院数、人口占比、人均GDP等。本研究通过下表分析孔子学院的空间布局现状。

表3-1　孔子学院在全球各语言地理圈开设的基本情况

语言国家群	国家数	孔子学院总数	人口占比	人均GDP（国际元①/人）
阿拉伯语国家群	16	21	3.50%	10833.67
北欧日耳曼语国家群	11	26	1.47%	37109.38
东亚语国家群	14	84	11.28%	10914.25
拉丁语国家群	21	78	8.29%	18163.22
南亚（梵语）国家群	5	9	22.19%	3065.88
撒哈拉以南非洲国家群	15	21	2.98%	4203.60
斯拉夫语国家群	13	38	4.03%	15397.99
英语国家群	7	412	6.34%	44232.00

数据来源：见附录一 孔子学院开设国家的基本情况。

---

① "国际元"的学名为 Geary – Khamis Dollar，是多边购买力平价比较中将不同国家货币转换为统一货币的方法。

通过表3-1数据我们初步认为，孔子学院已经初步达到了相当的规模，但孔子学院的规模并不充分，全球布局也不是十分合理，例如：

——从人口占比方面来看，南亚（梵语）国家群的人口占比最高，达22.19%，但其孔子学院开设总数却是最少的，仅有9所孔子学院（课堂），反而是人口占比较低的英语国家群开设孔子学院（课堂）的数量居最高，高达412所。

——从人均GDP的角度来看，北欧日耳曼语国家群的人均GDP高达37 109.38国际元/人，仅次于英语国家群的人均GDP，但是其开设的孔子学院为26所，远远少于人均GDP为10 914.25国际元/人的东亚语国家群所开设的孔子学院数，与GDP仅为4 203.60国际元/人的撒哈拉以南非洲国家群所开设的孔子学院数几乎持平。

孔子学院的规模与全球布局取决于汉语学习需求的规模与全球分布，而这取决于汉语学习需求的影响因素。因此，本研究要从政治、经济、文化等语言需求的各种因素出发，构建汉语学习需求的影响因素模型，优化孔子学院的空间布局，以最大化满足汉语的学习需求。

3.2 汉语学习需求的影响因素

根据孔子学院反馈的调查问卷和实地调查的信息，本节研究影响汉语学习需求的主要影响因素，包括政治、经济、文化、外交等中外交流需要考虑的关键因素。

3.2.1 政治因素
1. 语言与政治的关系

人的很多社会性活动都是一种语言化活动。政治作为一种以意识形态为导向的社会性活动更是高度语言化的活动。语言不仅仅是思想意义的表达，语言本身更是人的权力意志的体现。语言问题之于政治具有极为特殊的意义。在各种因素中，对语言影响最大的还是政治。

目前，国内学界对各国语言文化推广的政策法律研究并不多见。比较英、美、法、西、俄、日、韩等国的语言推广情况，其政府意志均在语言推广政策和法律中得到具体体现，并形成国家发展战略。如英国 1954 年《海外情报局独立委员会调查报告》（Report of Independent Committee of Enquiry into Overseas Information Service），这是英国的英语推广史上最重要的一份文件，实际上表明了英国政府公开、正式地将英语纳入国家发展战略的框架，英语推广成为英国政府工作的重要组成部分。美国政府制定的《关于语言权力的决定》、《授予英语作为第二语言的学分决定》等文件，为在美国本土向非英语国家的人推广英语提供政策保障。[1]

一种语言的地位直接反映着一个民族和国家的"硬实力"。在过去，语言传播与帝国的兴衰，殖民地的发展关系十分密切。罗马帝国的发展使拉丁语得到极大的传播，当时分布的范围包括地中海周围的欧、亚、非三洲。罗马帝国崩溃后，拉丁语也随之衰落，尽管它对拉丁语系的发展，基督教的传播，甚至对欧洲文艺复兴以后的科学与教育事业的发展都起过很大的作用。但是，现在拉丁语已变成死亡语言。阿拉伯语起初来自中世纪阿拉伯各穆斯林王朝的建立，得以传遍西亚和北非，成为今天阿拉伯国家通用的语言。西班牙语在拉丁美洲；葡萄牙语在巴西、非洲一些国家；法语在中非与西非一些国家；英语在美国与加拿大、澳大利亚、新西兰等国，都是由于在这些国家实行殖民而把语言传播到

---

[1] 雷莉、雷华：中美两国对外语言教学的比较与思考比较教育研究，2003 年第 11 期。

那里的。第二次世界大战后，由于德国的失败，领土的缩小，使德语在捷克境内及东普鲁士等地完全消失。日本在第二次世界大战中失败，朝鲜独立，台湾地区回归中国，使日语在其国土以外的分布区完全消失，也说明日本军国主义在这些地方实施的强迫日语教育遭到彻底失败。

政治的影响还表现在非洲各国目前面临的语言问题上。公元18至19世纪，一些西方国家为殖民地在非洲大陆你争我夺，对非洲实行瓜分。因此，现在许多非洲国家的边界是帝国主义强加的产物，使语言既成为国家间的问题，也是严重的国家内部问题。

在国家内部，有的有好几种语言，有的只有一种语言。例如，印度、尼日利亚、瑞士都是多语言国家。其实多语言现象比我们想象的更为普遍，如印度尼西亚、苏丹、扎伊尔和危地马拉也都是多语言国家。至于国内使用少数民族语言的人数达到多少才算是多语言国家？这很难确定。以巴西为例，很多人认为巴西是说单一语言（葡萄牙语）的国家，葡萄牙语使用的人数占99%。但是在亚马孙河流域内当地的印第安人语言则有几十种。所以，从巴西具有的语种数量上看，它是多语言国家，但实际上是单一语言的国家。

这些少数民族在政治上影响很小时，这种多语言现象往往被忽视。在南非历史上，少数白人在政治上处于垄断地位，但在语言上只有少数人说英语，英语没能处于垄断地位。在危地马拉，说西班牙语只反映了说西班牙语人的地位，说印第安语的人数虽超过一半，但在国家事务上，说话的权利并不多。

2. 国家外语政策与汉语学习需求

当今世界正处在大变革调整之中，综合国力竞争日趋激烈。综观之，综合国力竞争的一个突出特点，就是文化的地位和作用更加凸显。随着中国发展道路和发展模式得到越来越多国家的理解和认同，汉语和中华文化的作用和影响日益引起世界关注。中国政府 2004 年提出 "5 年在国外建立 100 所孔子学院"的目标后，不到 4 年，已有 200 多所孔子学院在数十个国家挂牌。显然，海外汉语学习的实际需求远远超出了中国政府的预期目标。

诸多国家通过各种外语教育政策鼓励本国人民学习汉语：

据实地调查，法国教育部设立"汉语总督学"一职，专门负责法国的汉语教育，法国 30 个学区中已有 27 个学区开设了汉语课；据媒体报道：新加坡总理李显龙的重要讲话及献辞等，除了英语外都要用中文演讲；英国政府提出建议，把汉语列入中学必修外语课程；泰国政府宣布将汉语作为第一外语，其境内所有 40 多所公立、私立大专院校基本上都设有中文系；美国通过一项联邦议会法案，5 年中拨出 13 亿美元，用于促进扩大公立学校的汉语教学及与中国的文化交流……①

2006 年 1 月，布什在全美大学校长教育峰会上提出的"国家安全语言倡议"中，明确鼓励美国公民学习八种关键语言，中文被列入第二位。目前，美国中小学阶段学习汉语（中文）有多种形式，如汉语选修课，AP 中文课程，过渡性双语教学，沉浸式双语教学，探究式外语教学等。

各国的外语学习政策在一定程度上掀起了本国的汉语学习热潮，成为汉语学习需求的一项重要影响因素。实践表明，一国政府出台鼓励学习汉语的政策或发表相关言论，将极大地促进该国人民学习汉语的热情。

3.2.2　经济因素

1. 语言与经济的关系

经济与文化相通，经济基础的发展必将带来文化的繁荣。随

---

① 易杳：国际"汉语热"观察：商业潮流下的文化期待，瞭望新闻周刊，2008 年 2 月 20 日。

着中国经济的快速发展和国际地位的不断提高，以汉语为工作语言的经济活动日趋增多，能娴熟恰当地运用汉语进行商贸活动已成为众多国际人士的需求。

语言是一种工具，在一个以经济来衡量个人成就甚至是衡量综合国力的时代，如果一种工具能带来丰厚的利润，那么自然会有人去掌握这种工具。如果一种语言能成为被热捧的语言，那必定是这种语言所在的国家已经有诸多的商业机会，其经济实力已经对其他国家产生了重要的影响。语言作为经济交往中一种重要的因素，如果掌握这个因素就能获得足够的收益，那么对此投入一定的时间和资本就是值得的。

2. 中国经济的发展与汉语学习需求

世界各国了解中国、沟通中国、理解中国、对话中国、研究中国、学习中国，以及与中国加强发展合作，都将极大地刺激对汉语学习的需求。

改革开放以来，中国经济发展取得了举世瞩目的成就，GDP年均增长率接近10%。国家统计局2012年1月17日发布的统计数据显示，2011年中国经济增速（GDP）比上年增长9.2%，全年国内生产总值已达47.1564万亿元。事实上，中国经济的强劲增长不仅仅只是一串枯燥的历史数据。当全球金融危机使得美国和欧盟等主要经济体均遭受重创时，中国经济在2009年不仅交出了GDP增长率9.1%的亮丽答卷，而且对全球经济复苏的贡献率超过了50%。根据国际知名会计师事务所普华永道的乐观预测，中国最早将于2020年超越美国成为全球最大经济体；至2030年，中国、美国、欧盟和印度占全球GDP的比例将分别为19%、16%、15%和9%。在经济高速增长的背景下，伴随着与全球经济深度交融的开放进程，中国的对外贸易也得到了飞速发展。自2002年正式加入WTO以来，中国的对外贸易增长速度连续多年保持在20%以上，进出口规模翻了两番。"中国制造"行销全世界，中国的贸易大国地位日渐稳固。目前，中国已是世界第一大出口国和第二大进口国。伴随贸易总量增长的是中国更加活跃和平衡化的多边贸易。2010年1月1日，中国—东盟自由贸易区正式启动，这是一个拥有19亿人口、GDP达6万亿美元、年贸易总额超过4.5万亿美元的大市场。得益于贸易成本降低、产业链优化以及区域经济整合，未来十年中国—东盟自由贸易区将保持25%的年均增长速度，并于2020年在GDP总量上超过欧盟成为全球最大的自由贸易区。以中国—东盟自由贸易区为核心，中国的多边贸易将进一步向蒙古、俄罗斯等国扩展深化，与此同时，中国与美国、欧盟、日本、韩国等国的贸易也将继续朝着更加平衡稳定的方向发展。

中国经济的崛起，意味着世界上除英语之外，多了一种新的国际通用语言——汉语。美国《时代》周刊亚洲版曾发表奥斯丁·瑞姆兹的专题报道，关注在世界各个国家和地区兴起的学汉语热潮。文章认为，正如掌握英语能够让人在20世纪占据优势一样，掌握汉语将能够使人在21世纪把握先机。在很多亚洲国家、欧洲国家和美国，汉语已经逐渐成为一门新兴的"必须掌握的语言"。那些希望从中国经济崛起中分得一杯羹的人，应该考虑先从学习汉语开始。

国际贸易与跨国企业的发展，使汉语交流能力成为各国青年增强就业竞争力的手段，汉语的经济价值日益凸显。2010年12月9日，天津工业大学"对外汉语教学暨外国学生汉语言教学国际学术研讨会"上专家指出，目前国内外正在兴起新的"汉语热"，全世界越来越多的人开始学习汉语，而学习汉语的"动机"也从过去的"兴趣型"向"职业需求型"转变。以北京大学为例，留学生现有两三千人，其中大约有五分之三来自欧美，而过去北京大学的留学生多数来自亚洲国家。以前留学生学成后能"留下的"非常少，现在有越来越多的留学生学成后愿意留在中国发展，汉语学习也越来越从过去的"兴趣型"转向"职业发展需要型"，汉语言的"经济价值"也越来越大。

此外,中国越来越重视"中国企业走出去"。中国企业正通过孔子学院这一平台和渠道,大力发展对外经济合作。2013年7月9日,全球中式酱料领导品牌李锦记酱料集团正式发行一万套孔子学院中国烹饪教材,向全球孔子学院志愿者发放。该集团主席兼行政总裁李惠中说:"中国饮食文化源远流长,是中国文化的瑰宝。希望这套教材帮助志愿者们将中国饮食文化带到世界各个角落,让更多人了解中国、喜爱中国。能和孔子学院总部及志愿者们一起为传播中华文化而贡献力量,李锦记深感自豪,也将继续不遗余力。"[1] 教材采用中、英、法、西班牙四种语言编写,孔子学院志愿者可在教学中自由选用,孔子学院的学生也能对照阅读,学习汉语。另据报道,中国华为技术有限公司7日与丹麦哥本哈根商务孔子学院正式结成伙伴关系,协助推动丹麦的汉语教学并促进中国文化在丹麦的传播。[2]

可以预见,将有越来越多的中国企业在宣传中国企业品牌形象、传播中国优秀传统文化、搭建中外沟通与交流的桥梁、促进中外友好关系的发展当中扮演重要角色。

3.2.3 文化因素
1. 语言与文化的关系

语言与文化的关系,早在本世纪20年代,美国语言学家萨丕尔(E. Sapir)在他的《语言》一书中就指出:"语言的背后是有东西的,而且语言不能离开文化而存在。"语言学家帕尔默也曾在《现代语言学导论》一书中提到"语言的历史和文化的历史是相辅而行的,他们可以互相协助和启发。"著名语言学家 H. Coodenougd

---

[1] 《华商报》,2013年7月9日,《孔子学院中国烹饪教材在京发布》。
[2] 新华网,2012年3月9日,《中国企业"走出去"助推中国文化在丹麦传播》。

在《文化人类学与语言学》一书中也曾指出:"一个社会的语言是该社会文化的一个方面,语言与文化是部分和整体的关系,语言作为文化的组成部分,其特征表现在:它是学习文化的主要工具,人们在学习和运用语言过程中获得整个文化。"

语言是文化的一部分,并对文化起着重要作用。一方面语言是文化的基石——没有语言,就没有文化;另一方面,语言又受文化的影响,反映文化。可以说,语言反映一个民族的特征,它不仅包含着该民族的历史和文化背景,而且蕴藏着该民族对人生的看法、生活方式和思维方式。语言与文化互相影响,互相作用;理解语言必须了解文化,理解文化必须了解语言。文化是形形色色的,语言也是多种多样的。由于文化和语言上的差别,互相了解不是一件容易的事,不同文化间的交流常常遇到困难。学习一种外语不仅要掌握语音、语法、词汇和习语,而且还要知道选择这种语言的人如何看待事物,如何观察世界;要了解他们如何用他们的语言来反映他们社会的思想、习惯、行为;要懂得他们的"心灵之语言",即了解他们社会的文化。实际上,学习语言与了解语言所反映的文化是分不开的。

语言与文化的关系大致可以从以下几个方面来看:

——语言是文化的一个重要组成部分。之所以这样说,是因为语言具有文化的特点。首先,从文化的内涵来看,它包括人类的物质财富和精神财富两个方面。而语言正是人类在其进化的过程中创造出来的一种精神财富,属于文化的一部分,二者都为人类社会所特有。其次,正像文化一样,语言也不是生物性的遗传,而是人们后天习得的。再次,文化是全民族的共同财富,语言也是如此,它为全社会所共有。

——语言记录文化。作为一种社会现象,语言的作用不只是作为人类的交际工具而存在,人们在利用这一工具的同时,也把人类对生活现象、自然现象的认识凝固在语言中,即语言还具有记录文化的功能。

——语言促进文化发展。人类发出的第一个有意义的声音可能是极其偶然的现象，当这种声音被一起活动的人所接受时，其他的人遇到类似的情况时，也会发出这种声音，于是，这种声音就成为人们某种认识的标记。随着这种标记的增多，人们的眼界便会越来越开阔，相互之间的交际便越来越自如。这种认知事物的标记就是语言。由于有了语言，人们在表达某种思想时才可以少走很多弯路，节省了很多时间和经历。这样语言就慢慢的带来了文化千丝万缕的变化。

——语言与文化相互影响、相互制约。它们之间的这种双向关系可以从语言与思维的关系，语言作为文化的传播工具这两个方面来加以认识。语言是思维的工具，而文化的构成又离不开思维，作为思维的工具，语言在一定程度上影响和制约着思维的方式、范围和深度。然而，当思维发展到一定的程度，语言形式不能满足其需要或阻碍其发展时，人们也会自觉或不自觉地改造思维工具，促使语言发生变化。在这个意义上来说，思维又影响和制约着语言。文化的生命力在于传播。语言作为文化传播的工具，自然对文化的传播有着极大的制约作用，是文化得以生存的力量。另一方面，由于文化的传播，尤其是异族文化的传播，语言中又会出现一些新的词语、新的表达方式，这样文化又影响和制约了语言。

2. 中国传统文化与汉语学习需求

中国传统文化是中华文明演化而汇集成的一种反映民族特质和风貌的民族文化，是民族历史上各种思想文化、观念形态的总体表征，它是中华民族几千年文明的结晶。

中华民族历史源远流长，传统文化博大精深。中国传统文化鲜明的民族性、悠久的历史、博大精深的内涵等特点是汉语学习热潮的另一个主要原因。

——诸子百家：儒家、道家、墨家、法家等。

——琴棋书画：笛子、二胡、古筝、箫、鼓、古琴、琵琶；《茉莉花》、十大名曲（《高山流水》、《广陵散》、《平沙落雁》、《梅花三弄》、《十面埋伏》、《夕阳箫鼓》、《胡笳十八拍》、《汉宫秋月》、《阳春白雪》、《渔樵问答》）；中国象棋、中国围棋，对弈、棋子、棋盘；中国书法、篆刻印章、文房四宝（毛笔、墨、砚台、宣纸）、木版水印、甲骨文、钟鼎文、汉代竹简、竖排线装书；国画、山水画、写意画，敦煌壁画，八骏图、太极图（太极）。

——传统文学：《诗经》、《汉乐府》、《孙子兵法》、《三十六计》、《先秦诗歌》、《汉赋》、《唐诗》、《宋词》、《元曲》、《明小说》、四大名著（《西游记》《红楼梦》《三国演义》《水浒传》）《聊斋志异》等。

——中国戏曲：昆曲、湘剧、京剧、豫剧、皮影戏、川剧、黄梅戏、粤剧、花鼓戏、巴陵戏、木偶戏等。

——传统节日：中国有各种各样的传统节日，很多事情有各种礼仪和习俗。汉民族传统节日近50个。以下是15个主要节日：春节、上元节（元宵节）、花朝节（花神节）、上巳节（女儿节）、寒食节、清明节、端午节、七夕节、中元节（鬼节）、中秋节、重阳节、冬至节、腊八节、祭灶日（小年）、除夕。

——民间工艺：剪纸、风筝、中国织绣（刺绣等）、中国结、泥人面塑、龙凤纹样（饕餮纹、如意纹、雷纹、回纹、巴纹）、祥云图案、凤眼、千层底、檐、鹫等。

历史上，以上这些极具民族特色的中国传统文化的瑰宝就曾传播到世界各地。汉唐以后，中国传统文化，包括儒释道思想以及文字、绘画、建筑、雕刻等传入了日本，譬如程朱理学与陆王心学在日本的传播，形成了日本的朱子学、阳明学；唐鉴真东渡，中国的佛教文化以及雕塑等传到日本，大量日本遣唐使如吉备真备、高僧空海、阿倍仲麻吕等到中国研习中国文化。在韩国，影响最大的是中国文化，尤其是儒家思想和明清以后的实学思想，如果人们不知道李退溪、曹南冥、李栗谷、洪大容、丁若镛等人是韩国哲学家，仅看他们的著作难以判断作者的国籍。

中国文化不但对韩国、日本，对东南亚、南亚一些国家如菲律宾、新加坡、越南等国家和地区都产生了深远的影响，郑和七下西洋更是加深了这种影响。由此形成了世界所公认的以中国文化为核心的东亚文化圈，特别是其中亚洲四小龙的经济腾飞和崛起引起了全世界的关注和思考，焦点是它们与中国文化的关系问题。

中国传统文化在明清之际，通过西方耶稣会士，通过东学西渐，还传播到了欧洲一些国家。中国的四大发明（火药、指南针、印刷术、造纸术）先后传到西方，对促进西方资本主义社会的形成和发展，起到了重要作用。

今天，在我们的日常生活、工作中，英语几乎随处可见，外国的电影、电视剧、音乐剧、小说、戏剧等文艺作品被翻译成中文而广泛传播。而与其他国家的文化传播相比，中国文化走向海外，无论从规模上，还是从内容上来说，都与中国的国力不相称。中外文化交流还不对等。中国文化要想在全球化竞争时代，在主流文化产业中占得一席之地，对中国的经典文化作品必须要有很好的传播渠道和策略。有资料表明，在世界文化市场上，美国占43%，欧盟占34%，亚太地区占19%，其中日本占10%，澳大利亚占5%，其余4%才属于包括中国在内的其他亚太地区国家。

语言是交流的桥梁，文化的载体。任何交流都是双向的，也应该是大致对等的。在中国历史上，曾有过若干个中外文化交流的黄金时期。毫无疑问，随着中国经济的不断发展和国力的逐渐增强，当下是中外文化交流的又一个黄金时期。把本民族优秀文化介绍给外国人，需要语言这个桥梁。近几年，随着中国国力的强盛，随着中国国际地位的提高，世界各国包括亚洲、欧洲在内的一些国家都对中国文化给予了高度的认同和重视，为了更好地了解中国文化，越来越多的外国人开始学习汉语。通过传播中国的传统文化，势必促进汉语学习的需求不断增长。反之，汉语推广的范围越大、效果越好，才能让中国文化更好地走出去。

3.2.4 公共外交

公共外交的开展，目的是为了增进中国人民同各国人民的相互了解和友谊，从而使中国"在政治上更有影响力，经济上更有竞争力，形象上更有亲和力，道义上更有感召力"。公共外交的开展，需要我们在不同文化之间进行交流和对话，因此跨文化交流成为开展公共外交的重要平台。

而跨文化交流更是离不开语言的运用，这无疑也使语言成为我们进行公共外交的关键性工具。语言不但为跨文化交流发挥着重要作用，而且作为文化信息的载体，它还具有特殊的战略价值。语言在全球化时代，被认为是一种国家软实力的标志，在推动公共外交、促进人文交流方面发挥着非常重要的作用。尤为重要的是，公共外交不仅是信息的交流，更是情感和心灵的沟通，而实现这种沟通的最佳渠道就是沟通双方的共同语言。在实践中，这包括两个方面，一是本国语言的对外推广，二是学习和掌握对象国的语言。2010年4月22日，在第三届全美汉语大会上，美国负责公共外交和公共事务的副国务卿朱迪思·麦克黑尔发表了题为《学习汉语，培养全球思维》的讲话。他说："为了创造条件缔造更全面的伙伴关系，我们必须扩大我们两国人民与人民之间的联系。在美国促进汉语学习对实现这一目标至关重要。为了同一个梦，为了相互合作，更多的美国人必须会说中文，了解中国人民。"

"公共外交"是一种面对外国公众，以文化传播为主要方式，说明本国国情和本国政策为主要内容的国际活动。它对政府的外交工作有相辅相成的支持性意义。进行公共外交的主体包括政府外交部门，但更多的是非政府组织，如民间团体、大学、研究机构、媒体、宗教组织以及国内外有影响的人士。他们可以借助各自的领域和国际交往的舞台，面对外国的非政府组织、广大公众甚至政府机构，从不同角度表达本国的国情和国际政策。公共外交比起我们熟悉的"民间外交"的内涵更丰富。通过公共外交，可以更直接、更广泛地面对外国公众和主流社会人士，能更有效地增强本国的文化吸引力和政治影响力，改善国际舆论环境，维护国家利益。

案例1：美国芝加哥佩顿中学师生致胡锦涛主席的感谢信

编者按：2011年7月11日至24日，美国芝加哥佩顿中学26名师生应邀访问了北京、西安、南京、泰州和上海等地的学校和名胜。临回美国前，集体致信胡锦涛主席，表达感激之情。现将该信中文译稿和原文转载如下。

尊敬的胡锦涛主席：

过去的两周，佩顿中学的师生代表团在中国经历了一段极其美好而激动人心的交流活动。我谨代表所有师生对您的盛情招待致以最诚挚的谢意。整段旅途中，不论走到哪里，我们都能时刻感受到中国人民的热情好客。

首先，我们感到非常荣幸，能够有机会在中南海得到您的特别接见。同学们都十分珍惜与您交流的每时每刻，并以能够亲切地称呼您"胡爷爷"而感到自豪和骄傲。相信这段情感将在他们的记忆中珍藏一生。

您的话给我们带来了很大的启发，激励我们放宽视野，以增进两国人民之间、学校之间以及国与国之间的相互理解，深化彼此的友谊。我校已正式与北京四中和泰州中学建立了姊妹学校关系，为此我们十分感激。我们也清楚地了解到您的母校——泰州中学是多么的让人自豪。在这所历史悠久的校园中，我们听到了许多关于您的赞美之词，让我们深刻体会到您的卓越领导根源于此。我们受到泰州中学和泰州市人民无与伦比的热情款待，收获了丰富多彩的美好经历，也交到了许多新朋友。

同时，我们也想对许琳女士以及国家汉办的工作人员致以最诚挚的感谢，是他们为我们筹划了这一次让人毕生难忘的旅行。国家汉办为传播汉语和中国文化提供了巨大的支持，是中华人民共和国伟大的"外交大使"。为使本次访问取得圆满成功，他们付出了不懈的努力，我们十分感激。

我们即将告别中国，告别这片绮丽多姿的土地和丰富多彩的文化遗产，然而这段时间的点点滴滴将永远铭记于我们心中。如果有机会，我们热忱欢迎您能再次莅临我校，我们将感到无比光荣。同时，为了能够更加深刻地了解中国，我们已明确计划，将来还会很多次回到中国。

您真诚的，

芝加哥教育局局长 Terry Mazany 等 26 名全体师生

沃特·佩顿中学

2011 年 7 月 24 日

案例 2：美国芝加哥公立教育局前局长、现任芝加哥市社区基金会主席 Terry Mazany 访华感受

编者按：2011 年 7 月 11 日至 24 日，美国佩顿中学 26 名师生应邀访问了北京、西安、南京、泰州和上海等地的学校和名胜。临行回国前，他们每人都提交了一份书面访华感受。现将代表团团长、芝加哥公立教育局前局长、现任芝加哥市社区基金会主席 Terry Mazany 的访华感受中文译稿及原文刊发如下。

我从两个角度去看待这次访问。我曾带领芝加哥公立学校参加筹备胡锦涛主席 1 月访问芝加哥的活动，又作为芝加哥市社区基金会的主席和首席执行官,每年发放超过1亿美元的资金,以提高芝加哥大都市的繁荣和其900万居民的福祉。作为芝加哥公立教育局的局长,我认为我们的学生必须做好准备,以应对国际化的挑战。作为社区基金会的负责人,我把重点放在芝加哥的建设上,使其成功地面对日益加剧的全球竞争。

然而,更为迫切的是,我们需要认识到,我们正面对着一个中国和印度经济将巨大发展的年代。截至本世纪中叶,这两国的国内生产总值将占全球至少50%;面对着一个农业生产必须有加倍产量来养活我们这个星球预计90亿居民的时代;面对一个急需提高可持续能源生产的时代;面对一个需要应对自然资源、食物和水日益稀缺的时代;面对一个需要减轻气候变化对土地利用和人类居住模式影响的时代。

综上,当前的形势亟待两国的下一代领导人结成牢固的关系,以促进两个国家的共同福祉。佩顿师生访华之旅使我们在第一时间看到、体验到中国正在以全球领导者的身份出现在世界舞台上,我们必须开始构建两个国家未来一代领导人之间的关系,让其自信地向着相互了解的方向前进,并制定出保证人类福祉长久的计划。

我发现中国是一个广阔而美丽的,具有非凡经济活力的国家。我体会了中国人民的热情好客和深情厚谊,我亲眼目睹了中国学生的拼搏努力和对知识的不懈追求。更有意义的是,我们需要认识到,现在所体验的一切都是经过几千年中国历史的孕育,此时此刻发生一切也都是这部历史的传承。

此行之前,我了解和看到的中国都是表层的,而且都来自于大众媒体,和我这次真正看到的这个国家的秀丽景色、广阔地域和经济活力是远不能相比的。我现在知道,每年中国国内生产总值9%至10%的增长意味着什么,这是一个人口大国从农业经济体到信息时代经济体的急剧转型。很明显,本世纪中叶,或者更早,中国国内生产总值将追上甚至超过美国,我们两国的共存与双赢需要相互理解与尊重。

我们访问的城市在公共基础设施上(学校、大学、公路、铁路、机场、公共场所和支撑中国蓬勃发展的城市化)进行了大量投资。这些大城市都是真正了不起的国际化大都会,它们将越来越多地吸引国际事务和全球商业界的关注。

此次来华对我的未来计划有深远的影响。就工作而言,此行验证了我作为芝加哥公立教育局局长,任期内制订的教育计划中向学生学习提出的标准:做一名积极的、创新性的思想家、负责任的全球公民、自信的个体和高效的文化传播者。我也经常说,我们必须为学生的未来做好准备,而不是为过去。在访问中国期间,我们看到了学生们未来的缩影,未来需要他们成为掌握多语种的全球公民,他们需要自信地接受并拥抱人生的不同经历,通过创新性的解决方法来应对严峻的挑战。

就个人而言,我沉浸在中国的这两星期里。它让我相信,一个讲英语的人,一个不会中文的人,也是有可能畅游中国的大城市的,不过,这都是在汉办出色的、才华横溢的工作人员的精心准备和细心安排下才能完成的。尽管我们觉得已经了解了很多关于中国的事情,但是在每个城市,我们依然有100个地方没有来得及去看。基于我最新体会到的舒适与自信,我还渴望再来中国几次。在我再来之前,我有了更大的学习动力,特别是希望去了解更多的关于孔子的事,更正规地研究中国历史。我也希望能够掌握基本的汉语会话,这样我就能够在没有汉办帮助的时候也能认路。

Impression of Payton School Visit to China
——Terry Mazany

I am able to consider this trip from two perspectives, leading the

Chicago Public Schools during President Hu's visit to Chicago in January, and as the President and CEO of The Chicago Community Trust, that grants more than $100 million each year to improve the prosperity of metropolitan Chicago and the well-being of its 9 million residents. As head of the public schools I recognized that our students must be prepared to meet international standards. As head of the community foundation I focused on building Chicago's capacity to succeed in the face of increasing global competition.

Even more pressing, however, is the recognition that we face an era of massive change with the emergence of China and India as global economies that will command at least 50% of global GDP by mid-century; a time when agricultural production must double to feed the projected 9 billion inhabitants of our planet; increasing sustainable energy production; responding to the challenges of increasing scarcity of natural resources, food, and water; and mitigating the effects that climate change will have on land use and human settlement patterns.

Taken together, conditions will challenge the next generation of leaders to forge strong relationships promoting mutual well-being. Payton's China Trip was essential to see and experience, first hand, the emergence of China as a global leader, and to begin to build relationship among the next generation of leaders from both countries so that they could confidently move forward with mutual understanding and chart a course to ensure the well-being of humanity long into the future.

I learned that China is a vast and beautiful country with extraordinary economic vitality. I experienced gracious hospitality and the warm embrace of friendship; and I witnessed students committed to hard work and scholarship. Adding power to these experiences was the recognition that everything we experienced is born out of a context of thousands of years of history and the events of our particular moment in time are viewed through the longer arc of that heritage.

Everything that I knew or saw aboutChina prior to this trip (which was, at best superficial and drawn from popular media) dramatically understated the beauty, enormity, and economic vitality of this country. I now know what 9% to 10% annual growth in GDP year after year looks like – the dramatic transformation of a huge population from an agrarian economy to an information – age economy. It is clear that by mid – century, if not sooner, China will match or surpass the GDP of the United States and our co – existence and mutual success will require mutual understanding and respect.

There is a clear commitment to making big investments in public infrastructure (schools, universities, roads, trains, airports, and public places that support the thriving urbanization ofChina). The large cities are truly amazing cosmopolitan global cities that will increasingly command the attention of international affairs and global commerce.

This China visit will greatly influence my future plans. Professionally, this trip has validated the standards for student learning that I put forth in the education plan developed during my tenure as CEO of CPS: powerful and creative thinkers, responsible global citizens, self – confident individuals, and effective literate communicators. I also routinely stated that we must prepare students for their future, not our past. In visiting China, we catch a glimpse into their future – one demanding of multi – lingual global citizens able to confidently embrace a lifetime of massive change and respond to enormous challenges with creative and innovative solutions.

Personally, my immersion in China for two weeks, albeit completely planned and facilitated by the remarkable and talented Hanban staff, has convinced me that it is possible for an English speaker, and non - Chinese speaker, to successfully travel in at least the metropolitan areas of China. Although we saw and experienced an incredible amount, in each city we left behind 100 other places unseen. Based on my new found comfort and confidence, I am anxious to return many times. And before I return, I have a much better sense of what to study and learn. In particular, I will seek to learn more of Confucius and more formally study Chinese history. I will also seek to master rudimentary conversational Chinese to effectively navigate without the helpful embrace of Hanban.

随着中国经济发展和国际影响力的增强，公共外交得到越来越多的关注。自2008年中央提出注重发挥公共外交的作用，特别是2009年胡锦涛总书记在第十一次对外使节工作会议上提出要要加强公共外交和人文外交，开展各种形式的对外文化交流活动，扎实传播中华优秀文化。人文外交成为当前中国外交工作的一个非常重要的领域，它的推广，将使中国在形象上更具亲和力，道义上更具感召力，为全面建设小康社会，加快推进社会主义现代化营造良好国际环境和外部条件。2010年"两会"中，"公共外交"更是成为最受关注的议题之一。贾庆林的《政协工作报告》中两次提到"公共外交"。2010年3月13日，贾庆林看望中国网"两会"报道人员时说，对外宣传是公共外交的重要组成部分，公共外交是我们今年将要研究的一项重要课题，人民政协要在这方面发挥作用。在2010年3月7日的外交部长记者会上，杨洁篪更是强调公共外交"应运而生、正逢其时、大有可为"。"公共外交的重要目的之一就是通过传播、交流等手段，向本国的公众、向外国公众介绍本国的内外政策，以便增进了解，减少误解。"2011年3月，"加强公共外交"更是被写入了《中国社会与经济发展"十二五规划"》，成为中国政府外交工作的重点之一。

世界各国日益重视与中国的交往，公共外交势必成为促进汉语学习的一个重要影响因素。

从世界大格局来看，由于国家之间在经济、政治、军事、外交诸方面不可避免地存在国家和企业利益的竞争，加之政治制度和意识形态的不同，西方主要国家和部分周边国家对于中国的迅速发展壮大，存在矛盾的复杂心理，"遏制中国"、"妖魔化中国"的声音不断强化。因此中国必须加强经济、贸易、金融、能源资源、环境气候、安全等方面的公共外交，通过汉语走向世界，加大人文外交和民间外交的力度，让中国和平发展的战略与和谐共赢的价值观被更多国家和人民所理解。

3.2.5 人文交流

人文，是一个动态且内涵丰富的概念。中国《辞海》中这样写道："人文指人类社会的各种文化现象"。我们知道，文化是人类或者一个民族、一个人群共同具有的符号、价值观及其规范。符号是文化的基础，价值观是文化的核心，而规范，包括习惯规范、道德规范和法律规范则是文化主要内容。

人文是指人类文化中的先进的、科学的、优秀的、健康的部分。而且其核心是指先进的价值观，其主要内容则是指先进的规范。从文艺复兴的历史看，人文应该是重视人的文化。概念上讲，可以这样认为，人文就是人类文化中的先进部分和核心部分，即先进的价值观及其规范。其集中体现是：重视人，尊重人，关心人爱护人。简而言之，人文，即重视人的文化，我们与世界的交流，最本质的就是人与人的交流。

"国之交在于民相亲，民相亲在于心相通。"[①] 人文交流是国与

[①] 时任中国国务院总理的温家宝同志在致中国"俄罗斯旅游年"开幕式贺词中的期望。

国、民与民之间增进了解、建立互信的桥梁,是国家关系深化发展的不竭动力。近几年,中国政府非常重视与各国的人文交流。以中美人文交流为例,2009 年,在胡锦涛主席和奥巴马总统的重视和支持下,两国政府决定以促进人文交流为核心,建立一个新的双边机制,并写入了《中美联合声明》。2010 年 5 月,在胡锦涛主席与奥巴马总统的亲自关心下,中美人文交流高层磋商机制在北京正式成立。中美人文交流高层磋商机制成立以来,双方已达成了一系列重要共识。特别是 2011 年 4 月国务委员刘延东在华盛顿与美国国务卿希拉里·克林顿共同主持第二轮高层磋商后,双方在教育、科技、文化、体育、妇女和青年等 6 大领域形成 40 余项重要成果。在教育领域,一是认真执行启动的万名中美人文交流专项奖学金项目、公费派遣万名学生赴美攻读博士学位项目和"汉语桥"万人来华研修项目。二是按照统筹整合项目资源、扶持中西部地区、激励支持现有优秀项目的原则,积极做好"500 名大中小学校长和骨干教师赴美研修计划"。三是积极协助美方实施奥巴马总统倡导的"十万人留学中国计划"。

　　根据中国教育部统计 (2010,2011),2010 - 2011 学年度,中国大陆在美大学和学院学习的留学生人数达到 157 558 人,比上一学年度增长了 23.3%,占在美国国际学生总数的 21.8%。中国成为美国最大的国际学生来源国。2011 年美国在华学习的人数接近 24 000 人,比 2010 年增加约 19.4%。美国继续保持中国第二大国际学生来源国的地位。

　　在相关领域,中国外交部、科技部、文化部、国家体育总局、全国妇女联合会、全国青年联合会和全国学生联合会也充分挖掘各自的优势和特色,在 2011 年与美方合作组织开展了许多极具亮点的活动。文化部在美成功举行了"中国系列文化活动"和"欢乐春节"活动;科技部在京成功召开了中美青年科技论坛;国家体育总局在中美两国隆重举行了乒乓外交 40 周年纪念活动;全国妇联有序推进了中美妇女领导者交流与对话；全国青联与全国学联组织实施了中美青年领导者交流，创新开展了中美青年联合社会实践项目。

另外，中国文化部（2012）在京通报了2012年中国主要对外文化宣传计划，包括中欧文化对话年、俄罗斯"中国文化节"、土耳其中国文化年、港澳视觉艺术双年展等8个重点项目。计划还包括海外中国文化中心建设，从2012年元旦到元宵节期间在全球82个国家和地区展开：由文化部、驻欧盟使团、欧委会教文总司共同主办的中欧文化对话年将于2月至10月在中国及欧洲等国举行。活动框架包括对话、交流、培训、演出等各种类型的活动，重点项目包括2012德国"中国文化年"；伦敦书展中国主宾国活动；中国参与伦敦奥运文化活动；中欧政治家、科学家、企业家志愿者交流等。2012非洲文化聚焦和"中非合作论坛——文化高端论坛"将于5月至11月在国内各地举行，该活动是中非文化交流与合作重要品牌之一，内容包含演出、展览、论坛、人力资源培训等多种形式。

实践和事实表明，上述这些人文交流活动的开展，极大地激发当地人民对于汉语学习的热情，使得人文交流成为影响汉语学习需求的因素之一。

在本文研究过程中，先后对五大洲部分孔子学院进行了实地调查，并面向各国孔子学院中外方院长采取问卷调查和文献调查相结合的形式，运用专家打分法，对影响汉语学习需求和孔子学院建设的主要因素及关联指标进行判别、选择和归纳。因为中外公共外交和人文交流活动的开展，离不开政府领导和政府部分的参与支持、财政经费的支持和跨文化交流，均与政治、经济和文化均有一定的（或深或浅）的联系，所以，最终确定影响汉语学习需求的主要因素为政治、经济和文化等三个方面。

3.3 汉语学习需求总量的预测模型
——以孔子学院为基础

孔子学院主要任务是汉语教学，满足各国汉语学习需求。当前，世界各国提供汉语教学资源的集中地点大部分在孔子学院或与孔子学院有合作关系的教育机构。预测全球汉语学习需求总量，有必要以孔子学院（孔子课堂）入学学员（招生人数）为研究对象。本文使用 2005 - 2011 年孔子学院招生人数、分地区的人数等的时间序列数据，建立汉语学习的总量需求预测模型，即采用合适的时间序列统计预测方法，来预测未来的孔子学院（孔子课堂、汉语教学点）的学习人数。

通过 2005 年 - 2011 年孔子学院全球入学人数的数据，绘制以下散点图（图 3 - 1）。

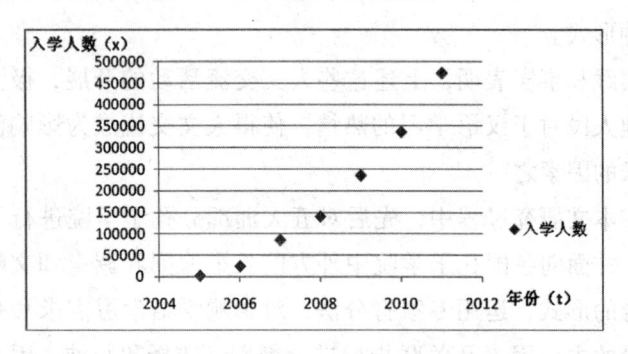

图 3 - 1　2005 年 - 2011 年孔子学院全球入学人数动态变化
数据来源：国家汉办年度发展报告（2005 - 2011 年）

根据 Duff. P. （2006）的研究，全球法语、英语、西班牙语、日语学习人数达到一定量后保持不变，这是一条实际的实践经验。由上图可知，孔子学院全球入学人数呈现几何级数增长，但是受办学资金、办学条件、本土汉语教师和学习人口等约束条件的限制，这种倍增关系是不可持续的。因此，受各种条件约束，有汉语学习需求的人数也服从语言推广的定数规律，孔子学院的注册学员终会饱和，趋近于某一数值。

参考德语、英语在其本土之外的推广经验，汉语学习人数最终也会趋于定数，这种现象类似于有限条件下生长的生物数量，本研究假设孔子学院的注册入学学员人数的动态变化趋势，学员增长率将会先高而后会低，最后趋于零，类似生物种群数量增长规律，大致成S型曲线增长。对于生物种群的的动态变化趋势（S型曲线），往往用Logistic单种群模型[①]来描述。考虑教育环境、教学条件所能容纳的人数等种种因素，虽然Logistic模型约束条件不会因此改变，但Logistic模型中必定涉及到多个参数，而这些参数可根据入学人数的统计数据利用Eviews[②]等数学软件经处理而得，利用所得的模型对将来的入学人数进行推算预测，并与实际人数相比较。

Logistic 模型建立

假设孔子学院入学增长率变量 $r(x)$ 是入学人数 x 的线性函数，即

$$r(x) = R - sx \, (R > 0, s > 0) \quad (3.1)$$

这里 R 表示固有增长率。

从公式（3.1）可以看出，r 是 x 的递减函数。

以2005年作为 t = 0 的时刻，记 $x(0) = X$。根据

---

① Logistic 模型是研究有限空间内生物种群增长规律的重要数学模型。

② Eviews 是 Econometrics Views 的缩写，直译为计量经济学观察，通常称为计量经济学软件包。它的本意是对社会经济关系与经济活动的数量规律，采用计量经济学方法与技术进行"观察"。另外 Eviews 也是美国 QMS 公司研制的在 Windows 下专门从事数据分析、回归分析和预测的工具。使用 Eviews 可以迅速地从数据中寻找出统计关系，并用得到的关系去预测数据的未来值。Eviews 的应用范围包括：科学实验数据分析与评估、金融分析、宏观经济预测、仿真、销售预测和成本分析等。

$$x(t + \Delta t) - x(t) = rx(t)\Delta t \tag{3.2}$$

令 $\Delta t \to 0$，得到微分方程：

$$\frac{dx}{dt} = rx \tag{3.3}$$

将（3.1）代入（3.3），可得

$$\frac{dx}{dt} = (R - sx)x, x(0) = X \tag{3.4}$$

至此，得到了 Logistic 模型的微分形式，求解得到 $X(t)$ 表达式如下：

$$X(t) = \frac{e^{Rt}RX}{R - sX + e^{Rt}sX} \tag{3.5}$$

引入极限入学人数 M，当 $x = M$ 时，孔子学院人数不再增长，即 $r(M) = 0$，

代入（3.1）式得

$$S = \frac{R}{M} \tag{3.6}$$

将（3.6）代入（3.5），整理得：

$$x(t) = \frac{M}{1 + (\frac{M}{x} - 1)e^{-Rt}} \tag{3.7}$$

（3.7）式则是本文需建立的孔子学院入学人数的 Logistic 模型表达式。

参数估计

接下来则要确定（3.7）式中各系数的值。使用 Eviews 软件进行估计。前面已经选取 2005 年作为 $t = 0$ 的时刻。其中，M 表示全球孔子学院入学人数的极限，说明当时间趋于无穷的时候，入学人数的规模将趋于 M。此处，t 为需要预测的年份距基年（2005年）的时长，$x(0)$ 为基年（2005年）的入学人数数据，k 为常数。

可得的数据如下：

第三章 汉语学习需求影响因素分析及需求预测模型 87

表3-2 2005年-2011年孔子学院全球入学人数 （单位：人）

t（基年为2005年）	1	2	3	4	5	6	7
人数	1 900	24 038	85 389	140 344	236 224	336 626	474 463

首先假设极限入学人数。据国家汉办的调研数据，截至到2010年底，海外学习汉语的人数达1亿，并以每年50%甚至更高增幅快速增长，其中将汉语作为第一外语的人数已经达到了5 000万左右的规模。按此发展速度测算，预计至2020年，将汉语作为第一外语使用的人数很可能达到2亿左右的规模，从而超越法语成为仅次于英语的全球第二普及语言。因此，本文将孔子学院的全球入学人数在2020年的极限假设为2亿（参照法语国际推广的极限水平）。

用Logistic模型进行拟合。得到如下结果：

$$x(t) = \frac{2*10^8}{1 + (\frac{2*10^8}{1\ 900} - 1)e^{-0.940694t}} \quad (3.8)$$

$t = (-31.560\ 29)$

$R^2 = 0.661\ 391 \quad D.W. = 0.700\ 007$

根据以上拟合的函数进行预测，本文将预测2012至2023年各年孔子学院全球入学人数。

使用模型预测的各年入学人数见表3-3：

表3-3 孔子学院2012-2023年的预测入学人数 （单位：人）

年份	入学人数
2012	1 366 307
2013	3 463 201
2014	8 638 277
2015	20 730 797
2016	45 707 980

续表

年份	入学人数
2017	86 292 825
2018	132 068 194
2019	166 557 364
2020	185 463 593
2021	194 062 525
2022	197 639 545
2023	199 071 903

预测曲线见图 3-2：

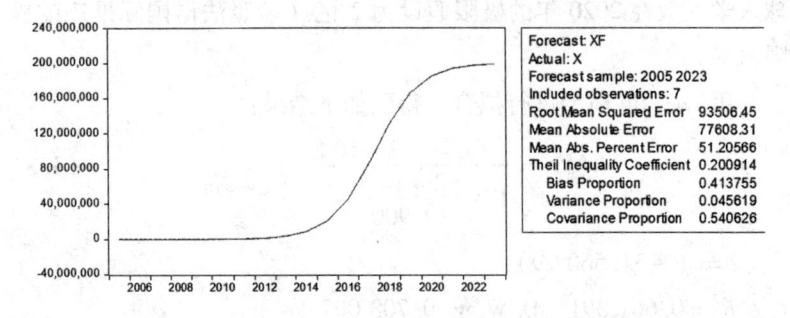

图 3-2　孔子学院 2012—2023 年的入学人数预测曲线

由以上图表可看出，孔子学院全球入学人数就可以达到极限入学人数两亿人在 2023 年，与规划的 2020 年的时间距离不远。可以评估，通过前文介绍的 Logistic 模型——对 2005-2011 年的相关数据进行拟合从而得出的拟合模型（3.8），是能够较好的预测孔子学院未来几年的入学人数。因为孔子学院入学人数上限（两亿人），是根据已有经验估计暂时设定的，如果根据已有数据拟合的 Logistic 模型出现较大误差，那么在对未来几年的入学人数进行预测时，两亿人出现的时间将与 2020 存在很大的差距。

在预测结果显示，孔子学院入学人数达到两亿人将出现在距离 2020 年不远的 2023 年，2023 年之后，孔子学院全球的学生数量将保持在极限人数。

3.4 汉语学习的分地区需求预测模型

3.4.1 成分数据的预测建模方法介绍

在对汉语学习需求进行建模预测的时候,往往要将需求情况细分为五个大洲(亚洲、欧洲、美洲、非洲和大洋洲)分析预测,一种常被采用的简单方法是分别推测每一部份的未来份额,然而,这样预测的结果往往使得在预测年份,七个大洲份额的预测值的总和不等于1,原因是忽略了比重之和为1的约束。为此,可以采用一种成分数据的预测建模方法对其进行分析。

在统计学中,总和等于1的各份额数据的组合称为成分数据。成分数据能够保证各个成分的份额总和为1,并能体现各个成分随时间的变化规律,具有合理、有效的趋势分析与预测功能。成分数据在社会、经济、技术等许多领域的数据分析中,都有着非常重要而广泛的应用,比如可以用于分析产品市场份额的变化规律,或者推测地区产业结构的发展趋势等,其概念最早源自19世纪Ferrers(1866)的工作。1897年Pearson在一篇讨论伪相关的权威性文章中指出:试图解释分母及分子中含有公共部分的那些比例之间的相关性是很危险的。而在实际的成分数据分析中,定和限制常常被有意或无意地忽略,一些为不带限制条件的数据而设计的统计方法经常被不适当地滥用,从而造成灾难性的后果。1986年,Aitchison首次发表了《成分数据统计分析》,提出通过对成分数据的Logratio变换,建立成分数据的逻辑正态分布模型。2002年王惠文、刘强提出采用球坐标变换,消除成分数据中的冗余维度,从而在保证定和约束始终成立的条件下,对时间序列的成分数据进行预测建模。

下面将对 Logratio 变换和球坐标变换方法进行介绍。

对于一组按时间顺序收集的成分数据序列：

$$X^t = \left\{(x_1^t, \cdots, x_p^t)' \in \mathbf{R}^p \left| \sum_{j=1}^{t} x_j^t = 1, 0 < x_j^t < 1 \right.\right\}, t = 1, 2, \cdots, T \quad (3.9)$$

下面根据已有的成分数据，预测第 $T+l$ 时刻的成分数据 X^{T+l}。

（一）Log-ratio 变换方法

进行 Log-ratio 变换方法预测建模的算法步骤如下：

做 Log-ratio 变换：

$$y_j^t = \log(x_j^t / x_p^t), j = 1, 2, L, \cdots, p-1; t = 1, 2, L, \cdots, T \quad (3.10)$$

记 $y^t = (y_1^t, L, \cdots, y_{p-1}^t)'$，$t = 1, 2, L, \cdots, T$，显然有：

$y_j^t \in (-\infty, +\infty), j = 1, 2, \cdots, p-1; t = 1, 2, \cdots, T$

分别建立 $(p-1)$ 个一元回归模型：

$$y_j^t = f_j(t) + \varepsilon_j^t, j = 1, 2, \cdots, p-1 \quad (3.11)$$

由模型（3），预测第 $T+l$ 时刻的 y_j 值：

$$y_j^{T+l} = f_j(T+l), j = 1, 2, \cdots, p-1 \quad (3.12)$$

利用公式（5），（6）计算第 $T+l$ 时刻成分数据的预测值：

$$X_j^{T+l} = \left\{ e^{y_j^{T+l}} / (1 + \sum_{j=1}^{p-1} e^{y_j^{T+l}}) \right\} j = 1, 2, \cdots, p-1 \quad (3.13)$$

$$X_p^{T+l} = \left\{ 1 / (1 + \sum_{j=1}^{p-1} e^{y_j^{T+l}}) \right\} j = 1, 2, \cdots, p-1 \quad (3.14)$$

Aitchison 选用 $y_j^t = \log(x_j^t / x_p^t)$ 作为分析变量有许多便利之处。首先，在式（3.10）的变换中，成分数据从原来的 p 维空间被降低到一个 $(p-1)$ 维空间，原来的 p 个线性相关的变量被转换成 $(p-1)$ 个独立的 y_j^t，$j = 1, 2, L, \cdots, p-1$，因此，消除了原成分数据中的冗余维度；第二，由于 y_j^t 在 $(-\infty, +\infty)$ 内取值，这对模型的函数选择带来方便；第三，由于进行了对数变换，因而有可能把非线性问题线性化。此外，由于 $y^t = (y_1^t, L, \cdots, y_{p-1}^t)'$ 本身的定义对于成分向量 $X = (X_1, X_2, L, \cdots X_p)'$ 中的各个分量具有对称性,因此对它进行回归建模分析就更能反映成分的特性,所建模型的可解释性更强。但是该方法最大的缺憾是,由于采用对数变换,因此必须要求成分数据各分量的取值范围是 $0 < X_j < 1$,也就是说,成分数据中的所有分量都必须严格大于零。关于这个问题,Aitchison 也曾试图做一些补救。他提出或者可以把等于零的个别成分看成特异点,或者在计算时,采用计算机能允许的最小数值代替零值,也就是说把零数值看成是由于四舍五入的近似计算而得到的。然而,这种补救方法在很多实际问题中并不合适。在经济管理问题中,人们经常会遇到诸多成分取零值的情况,因此无法认为它们仅仅是个别的特异点,同时这些取零值的数据常常并不是由四舍五入等近似计算得到的。

(二) 球坐标变换方法

球坐标变换的成分数据预测模型采用了另一种思路。该方法首先对成分数据进行非线性变换,将 p 维空间中的成分数据影射到一个 p 维的半径为 1 的超球面上,从而把成分数据从 p 维空间降低到一个 ($p-1$) 维空间,得到合理的成分数据预测建模方法。下面给出这种成分数据预测建模的算法步骤。

第 1 步:对原成分数据做非线性变换:

$$y_j^t = \sqrt{x_j^t}, j = 1, 2, \cdots, p; t = 1, 2, \cdots, T \quad (3.15)$$

记 $y^t = (y_1^t, y_2^t, L, \cdots, y_p^t)'$, $t = 1, 2, L, \cdots, T$。显然有:

$$\| y^t \|^2 = \sum_{j=1}^{p} (y_j^t)^2 = 1 \quad (3.16)$$

第 2 步:对任意 $t = 1, 2, L, \cdots, T$,由式 (3) 可知,数据 $y^t = (y_1^t, L, \cdots, y_p^t)' \in R_p$ 分部在一个半径为 1 的 p 维超球面上。将 $y^t = (y_1^t, y_2^t, L, \cdots, y_p^t)'$, $t = 1, 2, L, \cdots, T$ 从直角坐标系变换到球面坐标系 $(r^t, \theta_2^t, \theta_3^t, \cdots, \theta_p^t)' \in \Theta^p$,由于有 $(r^t)^2 = \| y^t \|^2 \equiv 1$,则有 $R^p \to \Theta^{p-1}$ 的映像如下:

$$\begin{cases} y_1^t = \sin\theta_2^t \sin\theta_3^t \cdots \sin\theta_p^t \\ y_2^t = \sin\theta_2^t \sin\theta_3^t \cdots \sin\theta_p^t \\ y_3^t = \cos\theta_3^t \sin\theta_4^t \cdots \sin\theta_p^t \\ \vdots \\ y_{p-2}^t = \cos\theta_{p-2}^t \sin\theta_{p-1}^t \cdots \sin\theta_p^t \\ y_{p-1}^t = \cos\theta_{p-1}^t \sin\theta_p^t \\ y_p^t = \cos\theta_p^t \end{cases} \quad (3.17)$$

其中，$0<\theta_j^t \leq \pi/2, j=2,3,\cdots p$。

第3步：在第1，2步的变换中，成分数据从原来的 p 维空间被降低到一个 $(p-1)$ 维空间，因此，原来的 p 个线性相关的变量被转换成 $(p-1)$ 个独立的转角 θ_j^t，$j=2, 3, L, \cdots, p$。根据公式（4），利用递归算法可以求得：

$$\begin{cases} \theta_p^t = \arccos y_p^t \\ \theta_{p-1}^t = \arccos\left(\dfrac{y_{p-1}^t}{\sin\theta_p^t}\right) \\ \theta_{p-2}^t = \arccos\left(\dfrac{y_{p-2}^t}{\sin\theta_p^t \sin\theta_{p-1}^t}\right) \\ \vdots \\ \theta_2^t = \arccos\left(\dfrac{y_2^t}{\sin\theta_p^t \sin\theta_{p-1}^t \cdots \sin\theta_3^t}\right), t=1,2,\cdots,T \end{cases} \quad (3.18)$$

第 4 步，利用公式（3.18）计算得到的转角数据 $\{\theta_j^t, t=1,2,3,L,\cdots,T\}, j=2,3,L,\cdots,p$，分别建立 $(p-1)$ 个时间预测模型：

$$\theta_j^t = f_j(t) + \varepsilon_j^t, j=2,3,\cdots,p \quad (3.19)$$

第 5 步，根据得到的模型（3.19），预测第 $T+l$ 时刻的角度：

$$\theta_j^{T+l} = f_j(T+l), j = 2,3,L,\cdots,p \qquad (3.20)$$

第 6 步：再利用公式（3.20），计算第 $T+l$ 时刻的预测值 y^{T+l} = $(y_1^{T+l}, y_2^{T+l}, L, \cdots, y_p^{T+l})'$。显然有，$\sum_{j=1}^{p}(y_j^{T+l})^2 = 1$。

第 7 步：因此，最后得到第 $T+l$ 时刻的成分数据的预测值：

$$x_j^{T+L} = (y_j^{T+L})^2, j = 1,2,\cdots,p \qquad (3.21)$$

（三）两种预测建模方法的比较

球坐标变换的预测建模方法的优点是概念直观、容易理解，并且和 Logratio 变换方法一样，可以将原来的 p 维空间降低到一个 $(p-1)$ 维空间。特别值得注意的是，该方法在计算过程中，仅要求成分数据各分量的取值范围为 $0 \le X_j < 1$。也就是说，这种预测建模方法允许成分数据中的部分分量等于零，而应用的约束条件仅仅是：在成分数据中不存在一个分量为 1，而其他分量均为 0 的情况。由此可见，在预测建模的应用问题中，球坐标变换方法的适用范围更加广泛。但是与 Logratiao 变换方法相比，球坐标变换方法的计算过程较为复杂，不适用本研究。

3.4.2 预测结果及其分析

根据上文所介绍的两种成分数据预测方法的优缺点，再结合具体数据的特点，本文将采用 Log-ratio 变换方法在满足成分数据总和始终为 1 的前提条件下对结构数据进行相关预测。本文选取 2005 年 - 2011 年的数据，对 2012 - 2023 年进行预测建模。

3.4.2.1 模型构建与趋势预测

利用式（3.10）~（3.12），对《各大洲孔子学院入学人数》（见表 3-4）中原始数据进行相关变换，得到《各大洲孔子学院入学人数比重汇总表》（见表 3-5），再利用变换后的时间序列 y1、y2、y3 和 y4，分别建立 4 个回归趋势模型：y1 = f1（year）；y2 = f2（year）；y3 = f3（year）；y4 = f4（year）。主要相关过程和结果通过软件 SPSS 17.0 计算，利用式（3.13）~（3.14）可以对 2012-2023 年各大洲孔子学院入学人数及其结构变化趋势作出预测，结果如表 3-6 所示。

表 3-4 各大洲孔子学院入学人数相关数据（人）

年份	亚洲	美洲	欧洲	非洲	大洋洲
2005	1 060	230	260	50	300
2006	7 423	12 088	3 973	165	390
2007	37 700	25 939	19 709	684	1 903
2008	64 831	40 712	30 451	1 971	2 379
2009	88 503	75 803	58 308	8 762	4 848
2010	74 693	156 524	80 823	12 958	11 628
2011	178 927	162 835	95 600	19 711	17 273

表 3-5 各大洲孔子学院入学人数比重汇总表（%）

年份	亚洲入学人数比重 x_1	美洲入学人数比重 x_2	欧洲入学人数比重 x_3	非洲入学人数比重 x_4	大洋洲入学人数比重 x_5
2005	0.557 894 737	0.121 052 632	0.136 842 105	0.026 315 789	0.157 894 737
2006	0.308 789 883	0.502 849 536	0.165 273 098	0.006 863 846	0.016 223 637
2007	0.438 703 671	0.301 844 417	0.229 347 763	0.007 959 504	0.022 144 644
2008	0.461 943 51	0.290 087 214	0.216 974 007	0.014 044 063	0.016 951 206
2009	0.374 657 105	0.320 894 575	0.246 833 514	0.037 091 913	0.020 522 894
2010	0.221 887 198	0.464 978 938	0.240 097 319	0.038 493 759	0.034 542 786
2011	0.377 207 777	0.343 283 173	0.201 540 648	0.041 554 055	0.036 414 347

表 3-6 孔子学院入学人数各大洲结构变化趋势预测结果（%）

年份	亚洲入学人数比重 x_1	美洲入学人数比重 x_2	欧洲入学人数比重 x_3	非洲入学人数比重 x_4	大洋洲入学人数比重 x_5
2012	0.258 702 456	0.434 876 681	0.243 458 523	0.044 748 842	0.018 213 498
2013	0.227 422 988	0.457 438 167	0.246 666 023	0.053 008 099	0.015 464 722
2014	0.198 548 759	0.477 856 703	0.248 194 806	0.062 359 363	0.013 040 369
2015	0.172 201 098	0.495 905 461	0.248 091 548	0.072 878 098	0.010 923 796

续表

年份	亚洲入学人数比重 x_1	美洲入学人数比重 x_2	欧洲入学人数比重 x_3	非洲入学人数比重 x_4	大洋洲入学人数比重 x_5
2016	0.148 415 388	0.511 416 075	0.246 436 779	0.084 638 248	0.009 093 51
2017	0.127 153 996	0.524 273 519	0.243 336 436	0.097 711 204	0.007 524 845
2018	0.108 321 223	0.534 409 21	0.238 913 795	0.112 164 269	0.006 191 502
2019	0.091 778 519	0.541 793 629	0.233 302 428	0.128 058 569	0.005 066 855
2020	0.077 358 634	0.546 429 466	0.226 640 514	0.145 446 412	0.004 124 974
2021	0.064 877 912	0.548 345 962	0.219 066 595	0.164 368 164	0.003 341 367
2022	0.054 146 333	0.547 594 788	0.210 716 666	0.184 848 748	0.002 693 465
2023	0.044 975 265	0.544 247 508	0.201 722 388	0.206 893 958	0.002 160 881

通过 Logistic 模型预测所得的《2012—2023 年孔子学院全球入学人数》（见表 3-3），结合表 3-5 的比例，最终得到各大洲孔子学院在未来几年的入学人数（见表 3-7）。

表 3-7　各大洲孔子学院入学人数预测结果　（单位：人）

年份	亚洲入学人数	美洲入学人数	欧洲入学人数	非洲入学人数	大洋洲入学人数
2012	353 467	594 175	332 639	61 141	24 885
2013	787 612	1 584 200	854 254	183 578	53 557
2014	1 715 119	4 127 859	2 143 975	538 677	112 646
2015	3 569 866	10 280 515	5 143 136	1 510 821	226 459
2016	6 783 768	23 375 796	11 264 127	3 868 643	415 646
2017	10 972 477	45 241 043	20 998 189	8 431 776	649 340
2018	14 305 788	70 578 459	31 552 913	14 813 332	817 701
2019	15 286 388	90 239 719	38 858 237	21 329 098	843 922
2020	14 347 210	101 342 772	42 033 564	26 975 014	765 032
2021	12 590 371	106 413 402	42 512 617	31 897 701	648 434
2022	10 701 457	108 226 385	41 645 946	36 533 422	532 335
2023	8 953 312	108 344 387	40 157 260	41 186 774	430 171

通过表3-7的相关数据，绘制2012-2023年亚洲、美洲、欧洲、非洲和大洋洲的孔子学院入学人数的预测曲线（见图3-3）

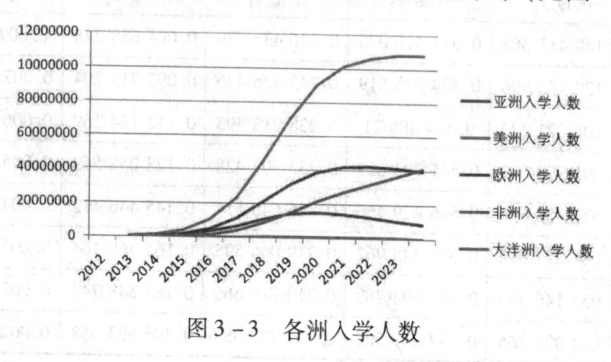

图3-3 各洲入学人数

3.4.2.2 预测结果分析

根据预测结果，在孔子学院入学人数各大洲结构方面，由表3-6可见：在2012-2023年间，亚洲、大洋洲的孔子学院的入学人数占全球孔子学院入学人数的比重逐年下降，而美洲、非洲的孔子学院的入学人数占全球孔子学院入学人数的比重逐年上升，预计到2022年，美洲的孔子学院的入学人数占全球孔子学院的比重将超过亚洲孔子学院。欧洲的孔子学院入学人数占全球孔子学院入学人数的比重在2012-2017年期间将呈现上升的趋势，2017年之后比重将有所下降。

根据预测结果，在各大洲孔子学院入学人数方面，由表3-7可见，在未来的2012-2023年间，美洲、非洲的入学人数逐年上升；亚洲、欧洲、大洋洲出现先升后降的趋势，预计到2019年，亚洲、大洋洲的的孔子学院的入学人数将分别达到15 286 388、843 922，而后，都将出现下降；预计到2021年，欧洲的孔子学院的入学人数将达42 512 617，而后出现下降。

"红溪礼示大学建立孔子学院的初衷是为了推广中国的语言、历史和文化。这个举措是非常有意义的,它不仅让菲律宾学生有了更多的学习机会,同时增加了菲律宾华裔对祖(籍)国优良传统的认知,把菲中两国紧紧联系在一起"[1]

——菲律宾总统 贝尼尼奥·阿基诺三世

第四章 汉语学习需求的政治影响因素测度

在本文研究过程中,先后对五大洲部分孔子学院进行了实地调查,并面向各国孔子学院中外方院长采取问卷调查和文献调查相结合的形式,运用专家打分法[2],对影响汉语学习需求和孔子学院建设的主要因素及关联指标进行判别和选择,最终确定为政治、经济和文化等三个方面的因素,即各个汉语学习圈内的汉语学习需求,主要与中外政治交往、国际贸易、跨文化交流等主导因素相关联,而

---

[1] 赵洁民:菲总统赞孔子学院为菲中交流作贡献,新华网,http://www.xinhuanet.con.2011年2月21日。

[2] 专家打分法是指通过匿名方式征询部分孔子学院中方院长、外方院长的意见,对专家意见进行统计、处理、分析和归纳,客观地综合多数专家经验与主观判断,对大量难以采用技术方法进行定量分析的因素做出合理估算,经过多轮意见征询、反馈和调整后,对诸多因素对汉语学习需求的影响程度进行分析的方法。

汉语学习圈内某个国家的汉语学习需求，决定着当地孔子学院建设的可行性，具体表现在17项可测的计算指标（详见下文）：

首先，分析产生政治维度的各项因素，并收集数据，采用多元统计的方法确定政治维度的主要影响因素，然后，采用指数的方法，以中国为基国，计算各样本点的政治影响指数，以测度各样本点的政治维度。

4.1 政治维度的因素分析

政治因素是影响语言学习需求的重要因素之一，政治因素是决定语言推广的主导力量。若两国不建交，没有民间往来，就没有语言学习的需要。若国家不对外开放，语言推广就没有必要。

本章研究通过专家打分法，选取具有代表性的指标进行政治维度的因素分析。这些指标的选择，依赖于中国与这些国家政治活动的相关指标进行选择，具体来说，本研究选取的指标包括：建交时间；签订友好条约，是否有长期（有多少份，每份的时间长短）；军事互信（是否有战争，互信的时间等）；边界纠纷或地缘关系；民间交往。

4.1.1 中外建交时间

截至2011年7月31日，中国已经与其他172个国家建立外交关系（见附录二）。附录二为国家样本：包括所有与中国建交的国家。从中可以看出：朝鲜、印度、印度尼西亚、蒙古、缅甸、巴基斯坦、越南、阿尔巴尼亚、保加利亚、捷克、丹麦、芬兰、匈牙利、波兰、葡萄牙、俄罗斯、罗马尼亚、斯洛伐克、瑞典、瑞士以及列支敦士登21个国家与中国建交已长达60多年。另外，亚洲、非洲、欧洲、美洲国家与中国建交普遍较早，而大洋洲的部分国家与中国建交较晚。通过表4-1可以清楚明了的看出,与中国建交在40年以上的共有90个国家,占全部建交国家的52.33%。与中国建交在10年以下的只有7个国家,仅占全部建交国家的4.07%。

表4-1 截至2011年7月31日与中国建交的国家数及时长

时长（年）	国家数（个）	占比
0~10	7	4.07%
10~20	10	5.81%
20~30	34	19.77%
30~40	31	18.02%
40~50	49	28.49%
50+	41	23.84%

数据来源：附录二 截至2011年7月31日与中国建交的国家以及建交时间

4.1.2 中外友好条约份数

由2007-2010年中国与外国签订的主要双边条约一览表,统计近4年中国与相关国家签订条约的份数,以便进行政治维度的因素分析。由表4-2可知,2007-2010年,与中国签订主要双边条约的共有123个国家：43个国家与中国签订了1份友好条约,占近4年签订友好条约总份数的34.96%；39个国家与中国签订了2份友好条约,占近4年签订友好条约总份数的31.71%；41个国家与中国签订了3份以及3份以上友好条约,占近4年签订友好条约总份数的33.33%。通过附录三可以看出,南非、越南、埃塞俄比亚、印度、土耳其、菲律宾、新西兰、韩国、俄罗斯、英国、日本12个国家近4年与中国签订友好条约在5份以上。

表4-2 2007-2010年与中国签订主要双边条约的国家数及条约份数

双边条约的份数（份）	国家数（个）	占比
1	43	34.96%
2	39	31.71%
3	17	13.82%
4	12	9.76%
5+	12	9.76%

数据来源：见附录三2007-2010年与中国签订主要双边条约的国家以及条约份数

4.1.3 中外军事互信

军事互信是军事外交的方式之一，一般是指国家与国家或者非国家行为体之间为了减少彼此在战略意图、军事能力和军事活动等方面的猜疑和误解，防止因意外事件或误判引发军事冲突或战争，以相互认可的方式所采取的各种努力。主要包括开展安全与防务磋商、加强军事人员交流、交换军事信息、建立军事热线、通报重大军事活动、限制军事部署或军事活动、开展联合演练、签署和平协定或边境协议等方式。它原本是国际军备控制与裁军领域的一个重要方面，现已逐步扩展到国际安全领域，并发挥着越来越重要的作用。

上世纪90年代，中国与印度、哈萨克斯坦、吉尔吉斯斯坦、俄罗斯、塔吉克斯坦、不丹等国签署了一系列边境建立信任措施协定，加强边境地区军队友好交往，积极预防危险军事活动，维护边境地区和平与稳定。2001年，中、俄、哈、吉、塔、乌六国成立上海合作组织，加强军事领域的信任与合作，强化在打击恐怖主义、分裂主义和极端主义方面的实质性协作，形成了结伴而不结盟的新型国家关系，开创了以大小国家共同倡导、互利协作为特征的新型区域合作模式。

为推动建立平等、互利、有效的军事互信机制，中国广泛开展同有关国家在安全与防务领域的战略磋商和对话，增进相互了解和信任，加强沟通与协调。中国积极与亚太国家开展海上安全对话与合作。1998年，中美建立海上军事安全磋商机制，就海上军事安全问题进行磋商，对促进海上活动安全、避免发生海上意外事件及建立其他相互信任措施发挥了积极作用。2005年，中国与越南签署两国海军北部湾联合巡逻协议。2008年以来，中日就建立海上联络机制进行多次工作磋商。2009年2月，中韩相邻海空军间直通电话正式开通。中国全方位发展与亚太主要国家的军事关系，深化同各国军队的务实交流与合作，努力营造互信互利的军事安全环境。

经过多年来的不懈努力，中国已形成一整套具有中国特色的建立军事互信的理论和实践，主要包括新安全观、双边与多边合作、固定和非固定的机制、相关协定或条约等内容，既有政府行为，也有非政府行为，是内涵丰富的统一体。

军事外交是国家外交的重要组成部分，坚决服从和服务于国家政治外交大局。中国外交政策的宗旨是维护世界和平、促进共同发展。中国始终高举和平、发展、合作的旗帜，坚持独立自主的和平外交政策，坚定不移地走和平发展道路，坚持在和平共处五项原则的基础上同所有国家发展关系，努力推动建设持久和平、共同繁荣的和谐世界。

构建和谐世界是时任国家主席胡锦涛和中国政府首先倡导并躬行实践的国际政治理念。中国认为，世界各国在安全领域加深互信，积极构建和谐稳定的国际安全环境，是推动建设和谐世界十分重要、不可或缺的基本内容。营造长期和谐稳定的国际和周边环境，是中国制定对外政策的基本着眼点和努力方向，也是中国军事外交的历史使命。

中国军队积极践行"互信、互利、平等、协作"的新安全观，主动、务实地提高国防透明度，努力营造互信协作的舆论环境。

自1995年首次发表军控与裁军白皮书后，到2006年，中国先后发表五版国防白皮书，及时、客观地反映国际安全形势的新变化、国防政策的新内容、国防和军队建设的新发展，中国国防政策和战略意图展示得越来越清晰。国际社会对此给予积极评价。中国军队不断扩大对外开放的领域，形成了陆、海、空军种齐全、诸兵种兼顾、指挥与技术相结合的开放体系，大大提高了军事训练领域的开放程度。自2000年以来，我军先后5次邀请外国军事观察员或驻华武官，观摩我军举行的军事演习，主要包括摩步旅对野战阵地防御之敌进攻战斗对抗演习、装甲旅进攻训练演习、装甲师实兵对抗演习、海军陆战队两栖作战实兵实弹演习、加强机械化步兵师山地进攻演习等多种类型的演习。在热忱欢迎外国军队"走进来"的同时，中国军队还以更加开放自信的姿态"走出去"。2001年以来，我军先后9次派员观摩外军军事演习，我军到境外与外军联合军演的次数不断增加，合作国家数目不断增多，地域分布不断扩展。今后，我军将继续与外军开展形式更加多样、内容更加丰富的军事交流，为营造和谐稳定的安全环境做出新的贡献。在重视营造互信协作的氛围的同时，为进一步加强沟通、消释疑虑、增进互信，中国军队更加积极地开展双边防务磋商，更加广泛地参与多边安全对话，为加强军事互信提供了有效的机制保障。截至目前，中国军队在与美国、俄罗斯、日本、澳大利亚、英国、法国等国家建立防务安全磋商机制的基础上，逐步拓展到巴基斯坦、蒙古、泰国、越南、菲律宾等周边国家，乃至相距遥远的南非、意大利等国家，开展"面对面"的防务交流和对话，疏通拓宽了军事互信的渠道。在防务磋商和安全对话中，中国军队将原则的坚定性和策略的灵活性有机结合，妥善处理周边安全热点敏感问题，努力构建和谐稳定的周边安全环境，促进了与大国间的军事关系，深化了同周边国家和发展中国家的军事关系，对加强互信、推动合作发挥了重要的作用。

当今世界，经济全球化趋势深入发展，国与国的联系日趋紧密，相互依存不断加深，在人类漫长的发展历史上，各国人民的命运从未像今天这样紧密相连、休戚与共。世界应对各种传统与非传统安全威胁的任务更加艰巨，更加需要各国军队携起手来，超越狭隘的民族和国家利益，共同肩负起人类面临的历史使命。

反对恐怖主义是国际社会面临的长期、复杂而艰巨的战略任务。加强国际合作，特别是通过防务与军事领域的合作打击国际恐怖主义，是被实践证明、行之有效的好途径、好方式。近年来，我们与有关国家军队在反恐领域多次举行了联合军演，探索双边和多边联合反恐的新方法。2002年以来，我军先后与吉尔吉斯斯坦、俄罗斯、塔吉克斯坦等上海合作组织成员国举行了双边和多边的反恐演习，与巴基斯坦、印度、泰国等周边国家举行了双边陆上演习和海上联合搜救演习，与英国、法国、澳大利亚、美国等国军队举行了海上搜救演习等等。这些演习不仅增强了参演各方的合作能力，更为重要的是，有力地震慑了国际恐怖主义势力，推动了国际反恐事业向前发展。

洪水、地震、海啸、飓风、传染性疾病等灾害频繁发生，给受灾国政府和人民带来严重威胁，这是国际社会面临的一个共同挑战。抵御自然灾害，参加国际灾难救援，是人类安全发展、和谐共存的必然要求，也是世界各国军队的通行做法。中国军队在坚决完成国家和人民赋予的抢险救灾任务的同时，积极参与国际灾难救援行动，履行了中国政府对国际社会的承诺，有力地帮助了受灾国人民重建家园。近5年来，中国人民解放军先后10次对14个受灾国（主要有2004年年底遭受印度洋海啸袭击的印度尼西亚、斯里兰卡、泰国、马尔代夫、肯尼亚和索马里，2005年9月遭受飓风袭击的美国和10月遭受地震的巴基斯坦，以及2006年5月遭受地震的印度尼西亚等）实施了紧急救灾援助。这些国际救援行动，体现了中国政府和军队参与国际灾难救援的真诚意愿和付出的切实努力，得到了国际社会的普遍赞扬。

4.1.4 边界与地缘

中国位于亚洲东部，太平洋西岸。北起漠河附近的黑龙江江心，南到南沙群岛的曾母暗沙。西起帕米尔高原，东至黑龙江、乌苏里江汇合处。陆地面积960万平方公里。中国与14个国家接壤，是世界上陆地边界线最长、邻国最多的国家，也是边界情况最为复杂的国家之一。

中国的陆地边界长达2.28万千米，陆地邻国共14个，东北与朝鲜接壤，东北、西北与俄罗斯、哈萨克斯坦、吉尔吉斯斯坦、塔吉克斯坦为邻，正北方是蒙古国，西部毗邻阿富汗、巴基斯坦，西南与印度、尼泊尔、不丹相接，西南面有缅甸、老挝和越南。

同中国隔海相望的国家有6个：隔南海相望的有菲律宾、马来西亚、文莱、印度尼西亚；隔黄海相望的是韩国；隔东海相望的是日本。

无可否认，自1949年以来，中国确实曾经和一些邻国发生过边界纠纷引发的局部战争，例如1962年的中印边境战争、1969年的中苏珍宝岛战争、1974年中越西沙海战、1979年的中越边境战争等，可是自从中国在上世纪80年代开始越来越重视以经济建设为中心的基本国策后，中国就开始以和平谈判而非武装冲突的方式，寻求与有领土、领海主权争端的邻国解决纠纷。中国已通过和平谈判方式，与14个接壤国家中的12个（除了印度和不丹）签订了边界条约或协定，划定边界约占中国陆地边界总长度的90%。

现在主要的问题是与邻国的海洋领土、领海和海洋权益争端，具体来说就是中日之间的"东海问题"及中国和部分东南亚国家之间的"南中国海问题"。目前领海岛屿争端有：

1. 与日本的领海岛屿争端，钓鱼岛、琉球群岛、冲之鸟；

2. 与朝鲜的领海岛屿争端，黄海中国侧大陆架与经济区；

3. 与韩国的领海岛屿争端，黄海中国侧大陆架与经济区；

4. 与菲律宾的领海岛屿争端，南沙群岛菲律宾占据9个岛礁；

5. 与印度尼西亚的领海岛屿争端，南沙群岛2个岛礁；

6. 与马来西亚的领海岛屿争端，南沙群岛抢占9个岛礁；

7. 与越南的领海岛屿争端，南沙群岛28个岛礁、北部湾领海及白龙尾岛；

8. 与文莱的领海岛屿争端，南沙群岛1个岛礁。

4.1.5 民间交往

民间交往作为政治维度中的一个测度指标也有着非常重要的现实意义。本文将选用以下具体的数据指标进行反映。包括：按国别、洲别来源统计的来华留学人数，按国别统计的出国留学人数，按国别统计的外国入境旅游人数。

2011年，全年在华学习的外国留学人员总数首次突破29万人，共有来自194个国家和地区的292 611名各类来华留学人员，分布在全国31个省、自治区、直辖市（不含台湾省、香港特别行政区和澳门特别行政区）的660所高等院校、科研院所和其它教学机构中学习。与2010年相比，2011年来华留学生总人数增长27 521名，同比增长10.38%。其中中国政府奖学金生增加了3 297名，达25 687名，同比增长14.73%；自费生增长24 224名，达266 924名，同比增长9.98%。来华留学生来源国家和地区数与去年持平，接收留学生单位增加了40所。

表4-3 来华留学生人数名列前13位的国家

国家	人数
韩国	62 442
美国	23 292
日本	17 961

续表

国家	人数
泰国	14 145
越南	13 549
俄罗斯	13 340
印度尼西亚	10 957
印度	9 370
巴基斯坦	8 516
哈萨克斯坦	8 287
法国	7 592
蒙古	7 112
德国	5 451

数据来源：http://www.jsj.edu.cn/index.php/default/index/sort/12018

按洲别统计，来自亚洲的留学生人数占首位，计187 871名，占全年来华留学生总数的64.21%；欧洲为47 271名，占16.15%；美洲为32 333名，占11.05%；非洲为20 744名，占7.09%；大洋洲为4 392名，占1.50%。从增幅上看，来自非洲和美洲留学生人数增长显著，同比增长率分别为26.46%和18.75%。

按国别统计，来华留学生人数名列前13位的国家是韩国62 442人，美国23 292人，日本17 961人，泰国14 145人，越南13 549人，俄罗斯13 340人，印度尼西亚10 957人，印度9 370人，巴基斯坦8 516人和哈萨克斯坦8 287人。此外，来华留学生人数超过5 000名的国家还有法国（7 592名）、蒙古（7 112名）和德国（5 451名）。

目前在现有条件下，无法获得分国别统计的出国留学人数，本文将通过综合教育部公布的中国学生可以留学的国家名单以及留学热门国家排名等信息来进行替代。为帮助自费出国留学人员正确选择国外学校，教育部公布了33个国家学校名单（2012年2月29日更新），这些学校主要集中在美国、英国、爱尔兰、南非、塞浦路斯、希腊、马来西亚、丹麦、荷兰、挪威、新加坡、法国、加拿大、瑞士、澳大利亚、芬兰、日本、新西兰、德国、韩国、瑞典、意大利、俄罗斯、奥地利、比利时、波兰、埃及、泰国、西班牙、乌克兰、菲律宾、保加利亚、匈牙利。

另外，通过各大留学机构和有关网站的调查，近几年中国学生的热门留学国家排名为：

表4-4 中国学生的热门留学国家排名

排名	国家
第一名	美国
第二名	澳大利亚
第三名	英国
第四名	法国
第五名	加拿大
第六名	日本
第七名	韩国
第八名	瑞士
第九名	意大利
第十名	新加坡
第十一名	新西兰
第十二名	德国
第十三名	瑞典
第十四名	荷兰

数据来源：http://www.jsj.edu.cn/index.php/default/index/sort/12018

民间交往中的第三个指标设置为外国入境旅游人数。从《中国统计年鉴（2011年）》上获取以下数据，本文将根据各个国家入境人数的多少来给定相应的赋值。

表4-5 按国别统计外国入境旅游人数 （单位：万人次）

地区	1995	2000	2005	2007	2008	2009	2010
亚洲	338.26	610.15	1 249.99	1 606.12	1 455.10	1 377.93	1 617.86
朝鲜	6.64	7.64	12.58	11.37	10.18	10.56	11.64
印度	4.50	12.09	35.65	46.25	43.66	44.89	54.93
印度尼西亚	13.28	22.06	37.76	47.71	42.63	46.90	57.34
日本	130.52	220.15	339.00	397.75	344.61	331.75	373.12
马来西亚	25.18	44.10	89.96	106.20	104.05	105.90	124.52
蒙古	26.19	39.91	64.20	68.20	70.53	57.67	79.44
菲律宾	21.97	36.39	65.40	83.30	79.53	74.89	82.83
新加坡	26.15	39.94	75.59	92.20	87.58	88.95	100.37
韩国	52.95	134.47	354.53	477.71	396.04	319.75	407.64
泰国	17.33	24.11	58.63	61.16	55.43	54.18	63.55
非洲	4.08	6.56	23.80	37.91	37.84	40.12	46.36
欧洲	159.06	248.90	479.14	621.68	612.33	459.11	569.79
英国	18.49	28.39	49.96	60.51	55.15	52.88	57.50
德国	16.65	23.91	45.49	55.67	52.89	51.85	60.86
法国	11.85	18.50	37.20	46.34	43.00	42.48	51.27
意大利	6.37	7.78	19.70	21.52	19.44	19.14	22.92
荷兰	3.49	7.60	14.58	19.41	18.09	16.69	18.91
葡萄牙	2.56	2.28	4.38	4.83	4.39	4.36	4.77
瑞典	3.52	5.36	11.03	14.51	13.77	12.58	15.45
瑞士	3.43	3.07	5.14	6.46	6.34	6.26	7.43
俄罗斯	48.93	108.02	222.39	300.39	312.34	174.30	237.03
拉丁美洲	5.37	8.29	16.05	24.26	26.03	23.10	30.05
北美洲	64.36	113.28	198.53	256.15	232.12	226.01	269.49
加拿大	12.88	23.66	42.98	57.72	53.47	55.03	68.53
美国	51.49	89.62	155.55	190.12	178.64	170.98	200.96
大洋洲及太平洋岛屿	15.85	28.18	57.36	72.85	68.88	67.24	78.93
澳大利亚	12.94	23.41	48.30	60.74	57.15	56.15	66.13

续表

地区	1995	2000	2005	2007	2008	2009	2010
新西兰	2.29	3.76	7.84	10.87	10.52	10.04	11.61
其他		1.69	0.68	0.65	0.31	0.23	0.22	0.21

数据来源：中国统计年鉴 http://www.stats.gov.cn/tjsj/ndsj/2011/indexch.htm

4.2 政治维度测度的指标体系

测度政治维度的指标体系，即分析汉语学习需求的政治维度的构成。样本为所有与中国建交的国家。

表4-6 政治维度的具体构成指标

层次	指标	取值方法	资料来源
建交时间	建交时长	分成6类：建交时长短于10年的赋值为0；建交时长介于10~20年的赋值为1；建交时长介于20~30年的赋值为2；建交时长介于30~40年的赋值为3；建交时长介于40~50年的赋值为4；建交时长长于50年的赋值为5.	http://www.fmprc.gov.cn/chn/pds/ziliao/2193/
签订友好条约	2007-2010年间签订份数	分成6类：无条约签订赋值为0；一份的赋值为1；二份赋值为2；三份的赋值为3；四份的赋值为4；五份以上的赋值为5.	http://www.fmprc.gov.cn/chn/pds/ziliao/tytj/tyfg/t812056.htm
军事互信	联合军演次数	分为2类：无联合军演，取0；有联合军演，取1.	http://www.mod.gov.cn/reports/201102/xzgjswj/index.htm
	来访次数	分为2类：来访国家赋值为1，其他取0.	http://news.mod.gov.cn/diplomacy/lf.htm
	出访次数	分为2类：出访国家赋值为1，其他取0.	http://news.mod.gov.cn/diplomacy/cf_4.htm
边界与地缘	地缘关系	分为2类：接壤或临海的，取1，其他取0	
	边界纠纷	分为2类：有边界纠纷的，取0，其他取1	

续表

层次	指标	取值方法	资料来源
民间交往	出国留学人数	教育部公布的33个国家学校所在国家赋值为1，其中热门留学国家赋值为2；其他国家赋值为0。	http://www.jsj.edu.cn/index.php/default/index/sort/12018
	来华留学人数	亚洲国家赋值5；欧洲国家赋值4；美洲国家赋值3；非洲国家赋值2；大洋洲国家赋值1；另外，名列前13位的国家在之前基础上赋值+1。	
	入境旅游人数	分为6类，未统计的国家赋值为0；来华旅游人数在10万人次以下（有统计）的，取1；来华旅游人数在10万~30万人次的，取2；来华旅游人数在30万~60万人次的，取3；来华旅游人数在60万~100万人次的，取4；来华旅游人数在100万人次以上的，取5；	中国统计年鉴 http://www.stats.gov.cn/tjsj/ndsj/2011/indexch.htm

本研究从五个层面来测度政治维度：建交时间；签订友好条约；军事互信（联合军演的次数、来访次数以及出访次数）；边界纠纷或地缘关系；民间交往。

建交时间层次的具体指标为外国与中国建交的时长，通过以上分析可以看出朝鲜、蒙古、印度等国家与中国建交长达六十多年，而南苏丹、马拉维、哥斯达黎加等国家与中国建交时长不超过5年，世界各国与中国建交时间存在显著差异，由此可以根据建交时间的先后来赋值；签订友好条约的方面可以由2007-2010年中国与外国签订的友好条约份数的指标来表示，如果近4年中国与某一国家签订了多份友好条约，则这一指标的赋值相对较高，反之，赋值相对较低；军事互信的层次可以由联合军演的次数、中国军方人员出访的次数、外国军方人员来华访问的次数三个指标反映；地缘与边界的方面可以由地缘关系和边界纠纷两个指标反映，给予接壤国、临海国以及无边界纠纷的国家相应较高的分数；

民间交往的层次以外国留学生主要来自哪些国家、中国留学生主要去往哪些国家、入境的外国游客主要来自哪些国家这三个指标反映。

4.3 政治影响维度的分析

根据政治维度的具体构成指标以及相应的取值方法，本文先在各大洲内将各国得分结果汇总并进行排名（见附录四），然后在全球范围内进行排名（见附录五）。

表4-7 各大洲政治维度得分

洲别	国家数	总分
亚洲	45	646
欧洲	44	528
非洲	50	363
美洲	23	233
大洋洲	9	66

数据来源：见附录四

通过上表的结果可以看出，亚洲各国家政治维度的总分最高，分数高达646，其中日本、蒙古、印度、韩国、印度尼西亚、菲律宾、巴基斯坦、新加坡、朝鲜、泰国等10个国家的得分在20分以上（包含20分）；总分排名第二的是欧洲，政治维度总分为528，其中俄罗斯、法国、英国、德国等4个国家的得分在20分以上（包含20分）；总分排名第三的是非洲，政治维度总分为363；总分排名第四的是美洲，政治维度总分为233，其中美国和加拿大的得分在20分以上；总分排名第五的是大洋洲，政治维度总分仅为66。这个结果与常识是保持一致的。

从建交时间看，在与中国建交的172个国家当中，建交时长超过40年的共有90个国家，这其中亚洲国家23个，占比23.33%，朝鲜、蒙古、越南、缅甸、印度尼西亚、印度、巴基斯坦等国家在中国建国初期就与中国建交；欧洲国家28个，占比31.11%，俄罗斯、斯洛伐克、罗马尼亚、葡萄牙、波兰、匈牙利、捷克、保加利亚、阿尔巴尼亚、瑞士、瑞典、列支敦士登、芬兰和丹麦等14个国家在中国建国初期就与中国建交；非洲国家有30个，占比33.33%，绝大部分非洲国家在中国加入联合国组织之前就与中国建立外交关系；美洲国家8个，占比8.89%；大洋洲国家2个，占比仅为2.22%，近一半的大洋洲国家是在上世纪90年代之后与中国建立的外交关系。

从军事互信的角度来看，中国先后与12个亚洲国家举行了不同形式的军事演习，与6个欧洲国家举行军演，与4个美洲国家举行军演，与2个大洋洲国家举行了军演，而未与非洲国家举行过联合军演，这也是非洲在政治维度的得分上低于亚洲和欧洲的重要原因。

民间交往方面，通过表4-3和表4-4可以看出，来华留学的学生以及中国学生留学的热门国家主要分布在亚洲、美洲和欧洲，由此可见各大洲国家与中国的民间交往的密切程度。

表4-8 各国政治维度得分情况

政治维度得分	国家名
26	俄罗斯
24	日本、蒙古、韩国
23	印度
22	美国
21	印度尼西亚、菲律宾、新加坡、法国、英国
20	巴基斯坦、朝鲜、泰国、德国、加拿大
19	越南
18	土耳其

续表

政治维度得分	国家名
17	马来西亚、澳大利亚、新西兰
16	老挝、斯里兰卡、荷兰、瑞典
15	哈萨克斯坦、柬埔寨、匈牙利、意大利、瑞士
14	缅甸、阿富汗、比利时、挪威、罗马尼亚
13	塔吉克斯坦、约旦、吉尔吉斯斯坦、马尔代夫、奥地利、保加利亚、芬兰、西班牙、巴西、智利、墨西哥
12	尼泊尔、孟加拉国、伊朗、以色列、科威特、黎巴嫩、沙特阿拉伯、叙利亚、乌兹别克斯坦、白俄罗斯、塞浦路斯、马耳他、波兰、葡萄牙
11	文莱、伊拉克、阿曼、也门、阿尔巴尼亚、捷克、丹麦、希腊、冰岛、斯洛伐克、埃塞俄比亚、马里、苏丹、古巴、秘鲁
10	卡塔尔、爱沙尼亚、列支敦士登、罗森堡、圣马力诺、塞尔维亚、乌克兰、刚果、几内亚、赞比亚、阿根廷、乌拉圭、委内瑞拉
9	亚美尼亚、阿塞拜疆、巴林、东帝汶、土库曼斯坦、阿拉伯联合酋长国、爱尔兰、斯洛文尼亚、加纳、尼日利亚、塞内加尔、南非、坦桑尼亚、乌干达、哥伦比亚、厄瓜多尔、圭亚那、牙买加、特立尼达和多巴哥
8	格鲁吉亚、巴勒斯坦、克罗地亚、拉脱维亚、立陶宛、马其顿、摩纳哥、阿尔及利亚、中非、乍得、埃及、马达加斯加、摩洛哥、莫桑比克、塞拉利昂、多哥、突尼斯、玻利维亚、格林纳达、苏里南
7	摩尔多瓦、贝宁、博茨瓦纳、布隆迪、喀麦隆、佛得角、刚果（布）、吉布提、肯尼亚、毛里求斯、卢旺达、塞舌尔、索马里、津巴布韦、安提瓜和巴布达、巴哈马、巴巴多斯、巴布亚新几内亚
6	安道尔、波斯尼亚黑塞哥维那、黑山、赤道几内亚、几内亚比绍、莱索托、利比里亚、利比亚、毛里塔尼亚、尼日尔、哥斯达黎加、斐济
5	安哥拉、科摩罗、加蓬、纳米比亚、萨摩亚、汤加
4	科特迪瓦、厄立特里亚、马拉维、多米尼亚、密克罗尼西亚
3	库克群岛
2	纽埃
1	南苏丹

数据来源：见附录五

同时，通过表4-8的结果可以看出，政治维度得分排名在前六位的国家分别是俄罗斯，得分为26；并列第二位的有日本、蒙古、韩国，得分为24；第三位的国家是印度，得分为23；第四位的国家是美国，得分为22；并列第五位的有印度尼西亚、菲律宾、新加坡、法国、英国，得分为21；并列第六位的有巴基斯坦、朝鲜、泰国、德国、加拿大，得分为20。这个结果与常识也是保持一致的。下面以中俄、中美关系为例进行分析。

中俄关系，中俄两国拥有4 300多公里的共同边界，是山水相连的友好邻邦。1949年10月2日，中国与苏联建交。苏联解体后，1991年12月27日，中俄两国在莫斯科签署《会谈纪要》，确认俄继承苏联与中国的外交关系。从1992年两国"相互视为友好国家"，到1994年宣布建立"建设性伙伴关系"，再到1996年确立"战略协作伙伴关系"，直至2001年签署《中华人民共和国和俄罗斯联邦睦邻友好合作条约》，中俄关系连上四个台阶。2008年，中俄两国彻底解决了历史遗留的边界问题，为两国战略协作伙伴关系的深入发展奠定了基础。中俄战略协作伙伴关系是建立在睦邻友好、平等互信、互利合作、共同发展基础上的新型国家关系。双方以"不结盟、不对抗、不针对第三国"为指针，大力加强在政治、经济、人文、科技、军事等领域的合作。目前，中俄战略协作伙伴关系达到前所未有的高水平。

与中俄关系相比，中美关系始终是起起伏伏、波折不断。中美两个国家政治体制截然不同，也是当今世界两个最具代表性和重要影响力的经济体。1972年2月，美国总统理查德·尼克松应中华人民共和国国务院总理周恩来的邀请访华，中美交往的大门重新打开。尼克松访华期间，中美双方于1972年2月28日在上海发表了《中美联合公报》（即"上海公报"）。1975年12月，美国总统杰拉尔德·福特应邀访华。1979年1月1日中美正式建立大使级外交关系，美国宣布断绝同台湾的所谓"外交关系"，并于年内撤走驻台美军，终止美台《共同防御条约》（即"断交、废约、撤军"）。1979年1月，应美国总统吉米·卡特的邀请，中国领导人邓小平访美，揭开了中美关系史的新篇章。1982年8月17日，中美两国政府发表中美"八·一七公报",美方承诺"它不寻求执行一项长期向台湾出售武器的政策,它向台湾出售的武器在性能和数量上将不超过建交以来近几年的水平,准备逐步减少它对台湾的武器出售,并经过一段时间导致最后解决"。中美三个联合公报(即"上海公报"、《中美建交公报》和"八·一七公报"),成为中美关系发展的指导性文件。1997年10月29日发表了《中美联合声明》,双方在声明中确认,将在中美三个联合公报的原则基础上处理中美关系,共同致力于建立中美建设性战略伙伴关系。

"中国已经成为促进全球经济发展的重要经济实体，中文在世界范围内的地位不断提高，掌握中文已经不仅可以遍交天下朋友，更可以提高自己的发展潜力"[①]

——柬埔寨首相　洪森

第五章　汉语学习需求的经济影响因素测度

研究汉语学习需求的经济影响因素，首先要分析产生经济维度的各项因素，并收集数据，采用多元统计的方法确定经济维度的主要影响因素；然后，采用指数的方法，以中国为基国，计算各样本点的经济影响指数，以测度各样本点的经济维度的影响程度。

5.1　经济维度的因素分析

经济因素是影响语言学习需求的另一个重要因素。本章将选

---

① 徐江善，李弘：亚洲地区孔子学院联席会议在柬埔寨召开，新华网，http://www.xinhuahet.con. 2013 年 5 月 29 日。

取具有代表性的指标进行经济维度的因素分析，跟经济关联相关的指标包括：贸易额、中国对外直接投资（分国别）、对外经济援助。

5.1.1 国际贸易额（进出口总额）

改革开放以来，中国经济发展取得了举世瞩目的成就，GDP年均增长率接近10%。截至2012年，中国的名义GDP总量已达到82 502.4亿美元，仅次于美国。在中国经济和贸易大国地位日渐稳固的背景下，人民币国际化将成为大势所趋。从短期来看，中国将在贸易上进一步强化与欧洲和日本的贸易关系，并依托东南亚"10+1"自由贸易区和盯住美元的双重支柱，来推进人民币的亚洲化战略。从长期趋势来看，在未来30年，中国将通过两个"三步走战略"完成人民币的国际化进程。首先，在人民币崛起的使用范围上，第一个10年是"周边化"，完成人民币在周边国家和地区的使用；第二个10年是"区域化"，实现人民币在整个亚洲地区使用；第三个10年是"国际化"，人民币成为全球重要的关键货币。其次，人民币充当世界货币的角色转换也将完成"三步走"战略：第一步是"贸易结算化"，即人民币在贸易结算当中充当国际结算货币；第二步是"金融投资化"，即人民币在国际投资领域中作为投资货币；第三步是"国际储备化"，即人民币成为国际最重要的储备货币之一。

历史规律表明，大国贸易增长、语言国际化和货币国际化的顺序将依次形成，而语言国际化的滞后性要小于货币的国际化。尤其值得一提的是，不论是货币的国际化还是语言的国际化，其背后隐藏的都是一国综合国力和全球影响力的表现。据统计，至2009年，中国已成为世界经济第一引擎，人口世界第一，外汇储备世界第一，国民生产总值世界第二，科技力量世界第二，国内市场规模世界第三。在经济上，中国已与欧盟和美国组成"世界经济大三角";在军事上,中国将与美国和俄罗斯共同构筑"世界军事大三角"。在中国作为超级大国地位日益彰显的背景下,人民币国际化和汉语言的国际化已经积蓄了充足的内在能量。

毫无疑问,任何一种语言在世界范围内的扩展、应用乃至成为国际通用传播媒介都绝非幸至。语言世界的建立是"大国兴衰"的基本符号,折射出的是民族实力的竞争与平衡,是国家"硬实力"与"软实力"的综合体现。另一方面,语言世界一旦确立,它又成为缓解危机的安全平台。支撑英语成为当代世界语言的背后,是全球经济和社会发展的西方模式和思维强势。而当两次世界经济大危机来临,西方世界的发展出现回潮时,英语世界所具有的国际话语权优势和国际规则优势,在相当程度上缓和了危机的程度,减低了应对危机的成本。从这个意义上说,金融危机之后全球经济格局重新调整,经济发展的"中国模式"逐渐成为新的发展模式时,汉语言世界的构建必将随着中国式经济思维传遍全球而加速。对中国而言,汉语世界的建立不仅是软实力的加强,还具有未来硬实力的意义。

经济与文化相通,经济基础的发展必将带来文化的繁荣。随着中国经济影响力的与日俱增和国际地位的不断提高,许多国家掀起了学习汉语和了解中国文化的热潮。与货币的国际化相比,语言的国际化更为中性,既无需国际推广协定,也不会给个体使用带来任何额外的风险,因此,汉语言的国际化可能比人民币的国际化迈出更快的步伐。目前在很多国家,学习汉语的人数都是以50%甚至翻番的速度增长。至2010年,全世界将汉语作为第一外语的人数已经达到了5 000万左右的规模。

从2009 - 2010年中国与其他国家和地区的进出口贸易额[①]可以发现,近几年,中国与亚洲各国贸易频繁,贸易额巨大,进出

---

① 该数据量比较大,为节省篇幅,未在这里列出。

口总额高达 117 217 137.57 万美元。其次依次是北美洲，进出口额是 32 811 172.40 万美元；非洲，进出口额是 1 706 238.29 万美元；拉丁美洲，进出口额是 780 066.16 万美元；欧洲，进出口额是 651 425.02 万美元。

5.1.2 企业对外经济行为

5.1.2.1 对外直接投资

对外直接投资是指中国企业、团体在国外及港澳台地区以现金、实物、无形资产等方式投资，并以控制国外企业的经营管理权为核心的经济活动。诸多中国企业在国外投资设立工厂，雇用当地劳动力，这在一定程度上将激发当地员工乃至居民学习汉语的热情。可见，对外直接投资可以成为影响汉语学习需求的经济因素之一。

中国对外直接投资起步于 1979 年的改革开放初期，经过将近 30 年来的探索与发展，已逐步形成了一定的规模。特别是 2000 年之后，中国政府"走出去"战略的实施，鼓励有比较优势的各类所有制企业开展对外直接投资和跨国经营，推动中国有实力的企业通过对外投资不断发展壮大，中国的对外直接投资更是以前所未有的速度发展。根据国家统计局联合发布《2010 年度中国对外直接投资统计公报》显示：2010 年，中国对外直接投资净额 688.1 亿美元，较上年增长 21.7%。其中，新增股本投资 206.4 亿美元，占 30%；当期利润再投资 240.1 亿美元，占 34.9%；其他投资 241.6 亿美元，占 35.1%。

截至 2010 年年底，中国 1.3 万多家境内投资者在国（境）外设立对外直接投资企业 1.6 万家，分布在全球 178 个国家（地区），占全球国家（地区）总数的 72.7%，对外直接投资累计净额 3 172.1 亿美元。2010 年末境外企业就业人数达 110.3 万人，其中雇用外方员工 78.4 万人。2010 年，中国对欧盟直接投资 59.63 亿美元，同比增长101%；东盟44.05亿美元，同比增长63.2%；美国13.08亿美元，同比增长44%；俄罗斯5.68亿美元，同比增长63%；日本3.38亿美元，同比增长302%。

2010年，中国对外直接投资主要流向：中国香港385.05亿美元，占当年流量的56%，主要流向商务服务业、金融业、批发零售业、交通运输业、房地产业、制造业等；英属维尔京群岛61.2亿美元，占8.9%，主要流向商务服务业；开曼群岛34.96亿美元，占当年流量的5.1%，主要是商务服务业投资；卢森堡32.07亿美元，占当年流量的4.7%，主要流向商务服务业；澳大利亚17.02亿美元，占当年流量的2.5%，主要流向采矿业、房地产业、制造业等；瑞典13.67亿美元，占当年流量的2%，主要流向制造业；美国13.08亿美元，占当年流量的1.9%，主要流向制造业、商务服务业、建筑业、采矿业、批发业和零售业等；加拿大11.42亿美元，占当年流量的1.7%，主要流向采矿业、批发和零售业、制造业、商业服务业等。新加坡11.19亿美元，占当年流量的1.6%，主要流向电力、煤气及水的生产和供应业、专业技术服务业、采矿业、商务服务业、批发和零售业等。

从地区分布情况看，中国对欧洲、北美洲、拉丁美洲的投资继续保持快速增长的态势，对非洲的投资较上年增长四成，其中2010年较上年新增了对非洲国家圣多美和普林西比的投资。2010年，中国对欧洲的投资在2009年增长2.8倍的基础上再次实现成倍增长，流量达到67.6亿美元，同比增长101.6%，占流量总额的9.8%，较上年提升了四个百分点，主要流向卢森堡、瑞典、俄罗斯、德国、匈牙利、英国、挪威等国家；北美洲26.2亿美元，较上年增长72.2%，占流量总额的3.8%，主要流向美国、加拿大；拉丁美洲105.4亿美元，较上年增长43.8%，占流量总额的15.3%，主要流向英属维尔京群岛、开曼群岛、巴西、秘鲁等；非洲21.2亿美元，较上年增长46.8%，占流量总额的3.1%，主要分布在南非、刚果（金）、尼日尔、阿尔及利亚、尼日利亚、肯尼亚等；亚洲448.9亿美元，较上年增长11.1%，占流量总额的65.3%，主要分布在中国香港、新加坡、缅甸、泰国、伊朗、柬埔寨等；大洋洲18.9亿美元，较上年下降23.8%，占流量总额的2.7%，主要流向澳大利亚、西萨摩亚、新西兰。

表5-1 2010年中国对外直接投资流量前20位的国家（地区）

序号	国家（地区）	流量（亿美元）
1	中国香港	385.05
2	英属维尔京群岛	61.2
3	开曼群岛	34.96
4	卢森堡	32.07
5	澳大利亚	17.02
6	瑞典	13.67
7	美国	13.08
8	加拿大	11.42
9	新加坡	11.19
10	缅甸	8.76
11	泰国	7.00
12	俄罗斯	5.68
13	伊朗	5.11
14	巴西	4.87
15	柬埔寨	4.67
16	土库曼斯坦	4.51
17	德国	4.12
18	南非	4.11
19	匈牙利	3.70
20	阿拉伯联合酋长国	3.49

数据来源：http://www.stats.gov.cn/tjsj/ndsj/2011/indexch.htm

表5-2　2010年中国对外直接投资流量地区构成情况

地区	金额（亿美元）	同比%	比重%
亚洲	448.9	11.1	65.3
非洲	21.2	46.8	3.1
欧洲	67.6	101.6	9.8
拉丁美洲	105.4	43.8	15.3
北美洲	26.2	72.2	3.8
大洋洲	18.9	-23.8	2.7
合计	688.1	21.7	100.0

数据来源：http://www.stats.gov.cn/tjsj/ndsj/2011/indexch.htm

2010年年末，中国对外直接投资前20位的国家（地区）存量累计达到2 888亿美元，占中国对外直接投资存量的91.1%，它们是：中国香港、英属维尔京群岛、开曼群岛、澳大利亚、新加坡、卢森堡、美国、南非、俄罗斯、加拿大、中国澳门、缅甸、巴基斯坦、哈萨克斯坦、德国、瑞典、蒙古、英国、尼日利亚、印度尼西亚。

表5-3　2010年中国对外直接投资存量前20位的国家（地区）

序号	国家（地区）	流量（亿美元）	比重%
1	中国香港	1 990.56	62.8
2	英属维尔京群岛	232.43	7.3
3	开曼群岛	172.56	5.4
4	澳大利亚	78.68	2.5
5	新加坡	60.69	1.9
6	卢森堡	57.87	1.8
7	美国	48.74	1.5
8	南非	41.53	1.3
9	俄罗斯	27.88	0.9
10	加拿大	20.03	0.6

续表

序号	国家（地区）	流量（亿美元）	比重%
11	中国澳门	22.29	0.7
12	缅甸	19.47	0.6
13	巴基斯坦	18.28	0.6
14	哈萨克斯坦	15.91	0.5
15	德国	15.02	0.5
16	瑞典	14.79	0.5
17	蒙古	14.36	0.5
18	英国	13.58	0.4
19	尼日利亚	12.11	0.4
20	印度尼西亚	11.50	0.4
	合计	2 888.28	91.1

数据来源：http://www.stats.gov.cn/tjsj/ndsj/2011/indexch.htm

中国对世界主要经济体的直接投资：

1. 中国对欧盟的投资

截至 2010 年年末，中国对外直接投资覆盖了欧盟的全部 27 个成员国，当年流量 59.63 亿美元，占流量的总额的 8.7%，较上年增长 101%。2010 年年末中国共在欧盟设立投资企业近 1600 家，存量 124.97 亿美元，雇用欧盟当地雇员 3.77 万人。

从 2010 年流量情况看，流向制造业 20.22 亿美元，占 33.9%。主要分布在瑞典、匈牙利、德国、英国、法国、荷兰、波兰等国家；租赁和商务服务业 31.94 亿美元，占 53.6%，主要分布在卢森堡、英国、荷兰、爱尔兰、西班牙等；金融业 3.23 亿美元，占 5.47%，主要分布在德国、英国、卢森堡等。

2010 年年末，中国对欧盟的投资存量 124.97 亿美元，占对欧洲投资存量的 79.57%。从存量的行业分布看，租赁和商务服务业占 47%，主要分布在卢森堡、荷兰、爱尔兰、德国等；制造业 30.79 亿美元，占 24.6%，主要分布在瑞典、德国、匈牙利、英国、意大利、罗马尼亚、波兰、荷兰、法国、捷克等；金融业占11.6%，主要分布在英国、卢森堡、法国、德国、意大利等；批发和零售业占5.5%，主要分布在德国、瑞典、英国、意大利、法国、罗马尼亚等；采矿业占2.9%；交通运输、仓储业占2.6%；农林牧渔业占1.7%；科学研究、技术服务和地质勘察业占1.2%；房地产业占0.8%。

2. 中国对美国的投资

中国境内投资者在美国设立的1 600多家直接投资企业的统计数据显示：2010年中国对美国投资流量为13.08亿美元，较上年同期增长44%，存量为48.74亿美元，2010年年末境外企业雇用美国当地员工1.55万人。

从中国对美投资流量的行业分布情况看，制造业3.32亿美元，占25.47%；商务服务业占17.7%；建筑业占12.9%；金融业和采矿业各占9.6%；批发和零售业占8.6%；科学研究、技术服务和地质勘察业占3.6%；住宿和餐饮业占3.3%；房地产业占2.8%。

从中国对美投资存量的主要行业分布情况看，制造业13.17亿美元，占27%，主要分布在交通运输、设备制造业、电气机械及器材制造业、专用设备制造业、金属制品业、通用设备制造业、通信设备、计算机及其他电子设备制造业、纺织业、橡胶制品制造业、医药设备制造业等；批发零售业11.26亿美元，占23.1%；商务服务业占11.8%；金融业占10.8%；科学研究、技术服务和地质勘察业占5.6%；交通运输/仓储业占5.1%；建筑业占4.7%；采矿业占3.8%；信息传输、计算机服务和软件业占3%；房地产业占1.6%；住宿和餐饮业占1.2%；居民服务和其他服务业占1%；农、林、牧、渔业占0.6%，其他行业占0.7%。

3. 中国对澳大利亚的投资

根据中国在澳大利亚设立的400多家境外企业的统计数据汇总

显示，2010年，中国对澳直接投资流量17.02亿美元，同比下降30.2%；存量78.68亿美元，占中国在大洋洲地区投资存量的91.4%。2010年年末境外企业雇用澳大利亚当地员工4 500人。

2010年中国对澳投资主要流向：采矿业、金融业、房地产业、制造业、商务服务业、批发零售业、建筑业等。

从2010年年末中国对澳投资存量的行业分布情况看，采矿业占81%；制造业占3.6%；金融业占3.5%；商务服务业占3.4%；房地产业占3.3%；批发和零售业占1.5%；建筑业占1.2%；交通运输/仓储业占0.7%；科学研究、技术服务和地质勘察业占0.3%；农、林、牧、渔业占0.3%，其他行业占0.3%。

4. 中国对俄罗斯联邦的投资

根据中国在俄罗斯设立的近800家境外企业的统计数据汇总显示，2010年中国对俄的投资流量5.68亿美元，同比增长63%，占对欧洲地区投资的8.4%；存量27.88亿美元，占中国对欧洲地区投资存量的17.7%。2010年年末境外企业雇用俄当地员工1.2万人。

从2010年中国对俄投资流量的行业分布情况看，投资主要集中在商务服务业、农/林/牧/渔业、制造业、采矿业、批发和零售业、建筑业等。

从2010年中国对俄投资存量的主要行业分布情况看，农/林/牧/渔业占26.8%；房地产业占17.1%；商务服务业占16.8%；制造业占11.6%；采矿业占9.9%；金融业占6.9%；批发和零售业占3.9%；建筑业和居民服务及其他服务业各占2.9%。

5. 中国对东盟的投资

2010年，中国对东盟十国的投资流量44.05亿美元，同比增长63.2%，占对亚洲投资流量的9.8%；存量为143.5亿美元，占亚洲地区投资存量的6.3%。2010年年末，中国共在东盟设立直接投资企业近2 300家，雇用当地雇员7.2万人。

2010年，中国对东盟投资主要流向：金融业10.79亿美元，占24.5%，主要分布在泰国、菲律宾、新加坡、马来西亚、印度尼西亚、越南等；采矿业8.98亿美元，占20.4%；电力/煤气及水的生产和供应业7.91亿美元，占18%；制造业占11%，主要分布在越南、新加坡、马来西亚、泰国、印度尼西亚等；建筑业占了9%，主要分布在柬埔寨、新加坡、菲律宾等；批发和零售业占3.9%，主要分布在新加坡。

从2010年中国对东盟投资存量的行业分布情况看，电力、煤气及水的生产供应业27.77亿美元，占19.3%，主要分布在新加坡、缅甸、柬埔寨、印度尼西亚等；批发和零售业18.75亿美元，占13.1%，主要分布在新加坡、越南、马来西亚、泰国等国家；制造业19.02亿美元，占13.3%，主要分布在越南、马来西亚、泰国、柬埔寨、老挝等国家；采矿业占12.8%；金融业占12.3%，主要分布在泰国、新加坡、马来西亚、印度尼西亚、菲律宾等；租赁和商务服务业占8.2%，主要分布在新加坡、越南等；建筑业占8.1%，主要分布在柬埔寨、泰国、缅甸、新加坡等国家；交通运输、仓储业占5.9%，主要分布在新加坡；农/林/牧/渔业占3.7%，主要分布在老挝、越南、印度尼西亚、缅甸、柬埔寨、泰国等国家；科学研究/技术服务业和地质勘察业占2.1%；房地产业占0.8%。

5.1.2.2 中国对外直接投资企业的地区分布

2010年年底，中国的1.6万多家对外直接投资企业（简称境外企业）共分布在全球178个国家和地区，投资覆盖率为72.7%。

表5-4 2010年年末中国对外直接投资企业在全球的地区分布

地区	国家地区总数（个）	境外企业覆盖的国家数量（个）	投资覆盖率%
亚洲	49	44	90
非洲	59	50	85
欧洲	59	42	71

续表

地区	国家地区总数（个）	境外企业覆盖的国家数量（个）	投资覆盖率%
拉丁美洲	49	28	57
北美洲	4	3	75
大洋洲	25	11	44
合计	245	178	72.7

数据来源：http://www.stats.gov.cn/tjsj/ndsj/2011/indexch.htm

1. 亚洲、非洲地区投资覆盖率最高，分别达到90%和85%。
2. 从境外企业的地区分布看，亚洲是中国设立境外企业最为集中的地区，其次为欧洲，非洲位居第三。

中国在亚洲地区设立境外企业数量超过8 500家，占53.4%，主要分布在中国香港、越南、日本、阿拉伯联合酋长国、老挝、新加坡、韩国、印度尼西亚、泰国等，其中在中国香港的境外企业占总数的21.9%。

在欧洲地区设立的境外企业近2 400家，占14.8%，主要分布在俄罗斯、德国、英国、意大利、荷兰、法国等国家。

在非洲地区设立的境外企业数量近2 000家，占12.1%，主要分布在尼日利亚、南非、赞比亚、埃塞俄比亚、埃及、苏丹、阿尔及利亚等。

在北美洲地区设立的境外企业数量近1 900家，占11.6%，主要分布在美国、加拿大。

在拉丁美洲设立的境外企业数量近800家，占49%，主要分布在英属维尔京群岛、巴西、开曼群岛、墨西哥、智利、阿根廷、秘鲁等。

在大洋洲地区设立的境外企业500多家，占3.2%，主要分布在澳大利亚、新西兰、巴布亚新几内亚、斐济。

表 5-5　2010 年年末中国境外企业地区构成情况

地区	境外企业数量（家）	比重（%）
亚洲	8591	53.4
非洲	1955	12.1
欧洲	2386	14.8
拉丁美洲	791	4.9
北美洲	1867	11.6
大洋洲	517	3.2
合计	16107	100.0

数据来源：2010 年度中国对外直接投资统计公报

3. 境外企业行业分布广泛。

从境外企业分布的主要行业情况看，制造业占 28.6%，批发和零售业占 23.4%，租赁和商务服务业占 12.8%，建筑业占 6.5%，采矿业占 6.2%，农、林、牧、渔业占 4.8%；科学研究、技术服务和地质勘察业占 3.9%；交通运输、仓储和邮政业占 3.8%；居民服务和其他服务业占 2.7%；信息传输、计算机服务和软件业占 2.2%。

5.1.3　对外经济援助

对外援助是中国对外工作的重要组成部分，是促进中国与发展中国家友好合作关系的重要方式和渠道。中国针对广大亚非拉地区的对外援助促进了受援国的发展和民众生活的改善，并对一些国家反抗外来入侵起到支撑作用，同时也提高了中国的国际地位和影响。对外援助八项原则充分体现了中国无私的国际主义精神，体现了中国同受援国家进行经济合作的真诚愿望。对外援助使中国在第三世界发展中国家享有很好的声誉。中国提供的援助项目短期内就可见明显成效，而且援助慷慨，条件优惠，受到受援国政府和人民的普遍欢迎。

中国的对外援助在各个领域取得了令人瞩目的成就。国务院新闻办公室2011年4月21日发表的《中国的对外援助》白皮书显示，截至2009年年底，中国累计对外提供援助金额达2 562.9亿元人民币，其中无偿援助1 062亿元，无息贷款765.4亿元，优惠贷款735.5亿元。在优惠贷款方面，中国共向76个国家提供了优惠贷款，支持项目325个，其中建成142个。中国提供的优惠贷款61%用于帮助发展中国家建设交通、通讯、电力等基础设施，8.9%用于支持石油、矿产等能源和资源开发。在对外援助方面，中国对外援助主要有8种方式：成套项目、一般物资、技术合作、人力资源开发合作、援外医疗队、紧急人道主义援助、援外志愿者和债务减免。其中，中国共帮助发展中国家建成2 000多个与当地民众生产和生活息息相关的各类成套项目，涉及工业、农业、文教、卫生、通讯、电力、能源、交通等多个领域。同时，中国累计向161个国家以及30多个国际和区域组织提供了援助，经常性接受中国援助的发展中国家有123个，包括亚洲30个、非洲51个、拉丁美洲和加勒比18个、大洋洲12个、东欧12个。亚洲和非洲作为贫困人口最多的两个地区，接受了中国80%左右的援助。在债务减免方面，中国与非洲、亚洲、拉丁美洲、加勒比和大洋洲50个国家签署免债议定书，免除到期债务380笔，金额达255.8亿元人民币。

如今，中国资助的项目遍及亚洲和拉美地区的发展中国家。时任国家主席胡锦涛在2011年12月11日举行的"中国加入世界贸易组织10周年高层论坛"上发表讲话，提到，"入世10年来，中国积极承担国际责任，努力推动各国共同发展。10年来，累计对外提供各类援款1 700多亿元人民币，免除50个重债穷国和最不发达国家近300亿元人民币到期债务，承诺对同中国建交的最不发达国家97%的税目的产品给予零关税待遇，为173个发展中国家和13个地区性国际组织培训各类人员6万多名，增强了受援国自主发展的能力。"中国对所有与中国建交的最不发达国家实行97%的税目产品零关税待遇，足见中国对经济外交的重视和在经济外交方面的努力。

据悉，中国商务部已将不发达国家大学校舍项目纳入对外援建范围。① 这对支持非洲和拉美地区孔子学院教学楼建设将是一个有利机遇。

5.2 经济维度测度的指标

测度经济维度的指标体系，即分析汉语学习需求的经济维度的构成。样本为所有与中国建交的国家。

从以上分析中我们清晰地看到，本文考察的经济维度有三层：贸易额、企业对外经济行为、对外经济援助。贸易额相对于对外经济援助更加能够体现国家经济关系密切程度，为了做到主次分明，本研究规定经济维度中的贸易额、企业对外经济行为、对外经济援助指标权重分别为60%、30%、10%。

1. 贸易额将以2008-2010年中国与其他国家（地区）的进出口总额的算术平均值进行衡量。

2. 企业对外经济行为用两个指标进行衡量：中国在其他国家的企业数量（分国别）和中国对外直接投资额（分国别）。

3. 对外经济援助：中国给予哪些国家经济支持（譬如非洲某些国家）等。

---

① 商务部：对外援助项目招标委员会通知2007年第35号。http://www.mofcom.gov.cn/aarticle/b/g/. 2007年12月28日。

表5-6 经济维度的具体构成指标

层次	指标	取值方法	资料来源
贸易额(60%)	进出口总额算术平均值（万美元）	分成6类：无贸易来往的国家赋值为0；贸易额低于1000的赋值为1；贸易额在1000至80000的赋值为2；贸易额在80000至1千万的赋值为3；贸易额在1千万至2千万的赋值为4；贸易额在2千万至4千万的赋值为5.	http://www.stats.gov.cn/tjsj/ndsj/2011/indexch.htm http://www.stats.gov.cn/tjsj/ndsj/2010/indexch.htm
	进出口总额平均增长率	分成6类：无贸易来往和增长率为负数的国家赋值为0；增长率为0~5%的国家赋值为1；增长率为5~10%的国家赋值为2；增长率为10~20%的国家赋值为3；增长率为20~30%的国家赋值为4；增长率在30%以上的国家赋值为5.	http://www.stats.gov.cn/tjsj/ndsj/2011/indexch.htm http://www.stats.gov.cn/tjsj/ndsj/2010/indexch.htm
企业对外经济行为(30%)	对外直接投资流量算术平均值（万美元）	分为类6：流量算术平均值低于100的国家赋值为0；流量算术平均值在100至500的赋值为1；流量算术平均值在500至1000的赋值为2；流量算术平均值在1000至3000的赋值为3；流量算术平均值在300至5000的赋值为4；流量算术平均值在5000以上的赋值为5.	http://www.stats.gov.cn/tjsj/ndsj/2004-2011/indexch.htm
	对外直接投资流量平均增长率	分成6类：对外直接投资流量平均增长率为负数的国家赋值为0；增长率为0~50%的国家赋值为1；增长率为50~100%的国家赋值为2；增长率为100~200%的国家赋值为3；增长率为200~500%的国家赋值为4；增长率在500%以上的国家赋值为5.	http://www.stats.gov.cn/tjsj/ndsj/2004-2011/indexch.htm
	外设企业数量	无中国企业的国家赋值0；企业所在国家是大洋洲的，赋值1；企业所在国家是拉丁美洲的，赋值2；企业所在国家是北美洲的，赋值3；企业所在国家是欧洲的，赋值4；企业所在国家是非洲的，赋值5；企业所在国家是亚洲的，赋值6.	2010年度中国对外直接投资统计公报
对外经济援助(10%)		接受中国经济援助的国家赋值为1，其他的为0.	《中国的对外援助》白皮书

5.3 经济影响维度的分析

根据经济维度的具体构成指标以及相应的取值方法，本文先在各大洲内将各国得分结果汇总并进行排名（见附录八），然后在全球范围内进行排名（见附录九）。

表 5-7 各大洲经济维度得分

洲别	国家数	总分
亚洲	45	276
非洲	50	246
欧洲	44	191
美洲	23	179
大洋洲	9	36

数据来源：见附录八

通过表 5-7 的结果可以看出，亚洲各国家经济维度的总分最高，分数为 276，之后依次为非洲、欧洲、美洲、大洋洲。然而，在经济维度中仅仅通过各大洲的所有国家经济维度得分加总来评价影响汉语学习需求的经济维度影响是有失偏颇的。

表 5-7 中，美洲的经济维度得分为 179，远远低于非洲的经济维度得分 246，这与人们的常识存在差异，本研究认为产生这种结果的原因在于非洲的国家数量是美洲国家数量的 2 倍多，因此，在得分简单加总后出现非洲经济维度总分仅次于亚洲，位居第二。

为全面考察经济维度的影响，本研究认为国家各自的经济维度得分更有说服力，因此在经济维度中更加强调各个国家的得分（见表 5-8）。

第五章 汉语学习需求的经济影响因素测度

表 5-8 各国经济维度得分情况

经济维度得分	国家名
9	美国、泰国、马来西亚、印度尼西亚
8	印度、老挝、缅甸、越南、日本、新加坡、蒙古、英国、韩国、土库曼斯坦、伊拉克、土耳其、加拿大、德国、瑞士、南非、刚果（金）、文莱、伊朗、尼泊尔、意大利、巴西、智利
7	俄罗斯、柬埔寨、哈萨克斯坦、科威特、也门、沙特阿拉伯、墨西哥、澳大利亚、瑞典、巴基斯坦、菲律宾、西班牙、利比里亚、肯尼亚、乍得、赞比亚、安哥拉、挪威、阿联酋
6	法国、乌兹别克斯坦、吉尔吉斯斯坦、朝鲜、孟加拉国、秘鲁、新西兰、尼日尔、匈牙利、阿尔及利亚、荷兰、埃及、委内瑞拉、阿富汗、卡塔尔、坦桑尼亚、埃塞俄比亚、厄立特里亚、吉布提、博茨瓦纳、白俄罗斯
5	列支敦士登、卢森堡、萨摩亚、乌干达、塞内加尔、阿根廷、比利时、捷克、斯洛伐克、哥伦比亚、乌拉圭、突尼斯、苏丹、尼日利亚、以色列、纳米比亚、利比亚、贝宁、巴巴多斯、圣马力诺、波兰、罗马尼亚、中非、阿曼、刚果（布）、马耳他、加纳、喀麦隆、莫桑比克、塞拉利昂、毛里求斯、黎巴嫩、几内亚、佛得角、斯里兰卡、圭亚那、苏里南
4	塔吉克斯坦、奥地利、芬兰、乌克兰、约旦、索马里、叙利亚、马里、马拉维、布隆迪、库克群岛、安道尔、阿尔巴尼亚、密克罗尼西亚、斯洛文尼亚、格鲁吉亚、安提瓜和巴布达、巴布亚新几内亚、多哥、马尔代夫、马其顿、巴林、阿塞拜疆、巴哈马、哥斯达黎加、加蓬、几内亚比绍、科特迪瓦、塞舌尔、斐济
3	丹麦、葡萄牙、爱尔兰、摩洛哥、爱沙尼亚、卢旺达、毛里塔尼亚、马达加斯加、莱索托、多米尼克、赤道几内亚、保加利亚、南苏丹
2	古巴、克罗地亚、希腊、立陶宛、摩纳哥、厄瓜多尔、塞浦路斯、拉脱维亚、摩尔多瓦、格林纳达、特立尼达和多巴哥、汤加、科摩罗、玻利维亚、牙买加
1	巴勒斯坦、波黑、冰岛、黑山、塞尔维亚

数据来源：见附录九

表 5-8 显示，与中国经济最为密切的国家（9分）包括美国、泰国、马来西亚、印度尼西亚、日本、韩国、俄罗斯等。

美国（9分）是中国的第二大贸易伙伴，据海关统计，2011年中美贸易额是 4 467 亿美元，同比增长 15.9%，创历史新高。中国从美国进口首次突破 1 000 亿美元，达到 1 221 亿美元，同比增长 19.6%。商务部部长陈德铭说，如果中美能保持长期稳定的政治信任关系，美国放宽对华高科技产品出口限制，2015年双边贸易总额有望达到7 500亿美元；2020年，中美双边贸易总额有望超过美欧双边贸易总额，中国将成为美国的第一大贸易伙伴和最大出口市场。

2011年，中国与东盟双边贸易额3 629亿美元，东盟首超日本，成为中国第三大贸易伙伴。2011年中国与东盟贸易额创历史新高，达3 629亿美元，较上年增长24%，东盟超过日本（8分），成为中国第三大贸易伙伴。其中，2011年，中国和马来西亚（9分）进出口商品总值高达900.3亿美元，中国与新加坡（8分）双边贸易额达到805亿美元，中国和泰国（9分）双方贸易额有望达到600亿美元，中国与印尼（9分）双边贸易额超500亿美元，中国与菲律宾（7分）双边贸易额达到创纪录的322.54亿美元，中国与越南（8分）贸易额超过300亿美元。

据韩国（8分）知识经济部发布数据显示，2011年中韩贸易总额为2 139.2亿美元，同比增长13.5%，占韩国全年贸易总额的19.77%。其中，韩国对中国出口1 298.1亿美元，同比增长24.2%；韩国自中国进口841.1亿美元，同比增长16.6%。中国继续保持韩国第一大贸易伙伴国、出口对象国以及进口来源国地位。

据中国海关总署2011年统计数据，2011年中国与巴西（8分）双边贸易额达842亿美元，同比增长35%。其中，中国出口318亿美元，进口524亿美元，同比分别增长30%和37%。巴西顺差206亿美元，继续排名我国全球第9大贸易伙伴和金砖国家最大贸易伙伴。

俄罗斯（7分）驻华大使谢尔盖·拉佐夫说，2011年俄罗斯与中国的贸易额或创新纪录，达到780亿美元。2015年中俄贸易额有可能达到1 000亿美元，2020年前达到2 000亿美元。

印度（8分）驻华大使苏杰生说：2011年中印贸易额将突破

700亿美元,中国已成为印度第一大贸易伙伴。

　　来自中国海关的统计数据显示,2011年,中国和沙特阿拉伯(7分)的贸易总额达644亿美元,同比增长49%。沙特成为中国在西亚地区第一大贸易伙伴,全球第14大贸易伙伴。据了解,2011年中国对沙特出口149亿美元,同比增长43.2%;进口495亿美元,同比增长50.8%,其中进口原油5027万吨,同比增长10%多。

　　综上所述,经济维度测试得分结果与当前中外主要贸易国家的贸易关系、贸易额等情况基本相符。

"中国文化和世界多元文化正值'热恋期'"[①]
——孔子学院总部总干事　许琳

第六章　汉语学习需求的文化影响因素测度

中国文化资源虽然丰厚，但文化传播力较为薄弱，成为制约文化软实力的"软肋"。要消除这一"软肋"，提升文化软实力，则需调整传播思路，制定传播策略，加大传播力度与广度，拓展传播渠道与功能。构建多维立体的文化输出网络，不但充分利用影视、互联网等现代传媒优势，还需在国外广建孔子学院、开设汉语课程，输出承载中国核心价值观念、体现中国文化精髓的优质文化产品。

6.1　文化维度的因素分析

语言与文化是相互依存的关系：文化对语言学习的影响重大；而语言是文化不可分割的一部分，是文化的载体。首先，分析产生文化维度的各项因素，并收集数据，采用多元统计的方法确定文化维度的主要影响因素，然后，采用指数的方法，以中国为基

---

① 韩基韬：国际在线专稿。http://gb.cri.cn/. 2011年2月25日。

国，计算各样本点的文化影响指数，以测度各样本点的文化维度。

在汉语学习的过程中，应注意各个汉语学习圈对中国文化渊源的了解，因为单纯掌握一种外国的语言并不能很好地与掌握目标语言的人进行交际。中国与其他国家尤其是西方文化存在着根源上的不同，因而了解影响汉语学习的文化因素是十分必要的。下面以中西文化差异为例进行阐述。

6.1.1 文化差异的表现

1、对待个人利益与集体利益、国家利益的异同

在西方文化中，与"自我"相关的观念可以说是根深蒂固、无所不在。西方人重视个体利益，追求人权，崇尚自由、民主，讲求个人利益高于一切，认为如果连个人利益都保证不了，更不能谈及集体利益、他人利益，在处理各种纠纷与冲突时，他们以维护个人利益为根本，有利于个性独立发展；而中国人更看重集体利益，包括国家利益、民族利益、他人利益，主张控制自己的私欲，反对个人主义和英雄主义，讲究个人利益服从集体利益，其受到的教育是当个人利益和集体利益发生冲突时应以集体利益为主，富于爱国和献身精神。

2、思维方式的差异

中西方人有不同的文化表现形式，人与人思维方式上的差异形成了文化文明的差异。西方人偏重于逻辑思维能力，注重理性思维，他们更乐于从物质世界着手，考虑事物之间的逻辑性、关联性，探索和追求事物的本源。中国人喜欢站在生命的最高处思考问题，跳出现实，注重感性，强调对生命价值和意义的思考，在对人与人、人与自然之间，以及灵魂与肉体之间的关系时都有着更深的思考，偏重于感性思维或抽象思维，探索事物喜欢从情感角度来进行，追求事物的发展及变化性。

3、风俗习惯的差异

中西方人的风俗习惯相差甚远：从对颜色的好恶来看，中国人喜欢红色、黄色，崇尚热情；西方人喜欢白色、黑色，注重理性。又如在生活中，西方人注重个人的生活质量，注重对个人利益、个人隐私的保护；而中国人则更多时候会考虑到家人和朋友的处境，讲求亲情、友情。从造字方法上看，中国人以象形字为主；西方人以"尽量使人明白一个字的含义"为宗旨。这种目标上的分明差异表明中国人注重外形上的美感，而西方人注重内在的实用性。从艺术角度上看，中国的水墨画大开大阖，气势如虹，讲求神似和意境；西方油画注重写实，讲究的却是人体比例和光影原理。这种写意和写实的不同表现出东西方人个性发展的不同：情感与理智。从建筑风格来看，西方建筑以直为主，直冲云霄，线条感强，表现出对天空的向往；而东方建筑则以曲线为主，体现出对大地的眷恋，这种直与环的区别表现出西方人追求征服自然、锐意进取的性格，而中国人则提倡与自然和谐共生的生存之道。

6.1.2 文化差异对语言学习的影响

文化赋予语言丰富的内涵，文化的传播促进语言的发展。在不同文化相互影响作用下，语言中出现了大量的新的词汇和表达法。接触和了解各个国家不同的文化特点，有利于对语言的理解、学习，有利于弘扬中国文化的优良传统。由于每一种语言都反映着其国家的文化，因此任何形式的语言都有其文化内涵。随着国家开放和社会交际范围日益广泛，为了提高语言效果，充分发挥语言的功能，有必要了解语言与社会的关系。语言是社会现象，语言本质属性是作为社会的交际工具，语言和社会有着密切的关系。语言随着社会产生而产生，随着社会发展而发展。语言发展遵循它本身的内部发展规律，但是语言作为社会现象对社会有依赖性，它是为了满足社会的交际而产生、存在和发展的。社会制度的变革，社会经济的发展，人类思维的进步，促使语言进行交际时，要遵守社会的约定俗成的规范。语言的发展和变化均受到社会文化的影响。由此可以看出，语言和文化的关系十分密切。如果不了解某一种外语的文化背景，就无法正确理解和运用这种外语。在跨文化交际中，不能忽视文化对人的影响，因为它最直接影响着人对语言的运用。显然不同的国家有着不同的语言、文化习俗，每种语言都反映着产生它的文化。语言对社会文化的发展十分敏感，任何变化都会反映在语言中，要学好外语必须了解对方国家的社会文化。

6.2 文化维度测度的指标

在上一节中具体分析了影响汉语学习的文化差异的表现，在进行文化维度测度时，需要采用具体指标量化以上文化影响因素。本文没有自行选取文化距离维度，而是基于前人的研究测算世界上主要国家与中国的文化距离指数，以此指数为基础进行文化维度赋值。

Geert Hofstede 教授将一个国家的文化层面分解为五个方面，称为五维文化理论。那么评价一个国家的文化问题就按照这五个方面来进行定级、评分。可以将不同的国家拿来进行比较分析，得出文化差异。

"文化距离"是 Hofstede 等（1988）提出的用以说明不同国家或者文化群体之间"文化相近"程度的概念，包括各国的权力距离指数（PDI）、不确定性规避指数（UAI）、个人主义指数（IDV）、男权主义指数（MAS）等 4 个维度的变量，后又采纳了彭麦克等学者对他的理论的补充，总结出衡量价值观的五个维度：

1、权力距离（Power Distance）指某一社会中地位低的人对于权力在社会或组织中不平等分配的接受程度。各个国家由于对权力的理解不同，在这个维度上存在着很大的差异。欧美人不是很看重权力，他们更注重个人能力。而亚洲国家由于体制的关系，注重权力的约束力。

2、不确定性的规避（Uncertainty Avoidance）指一个社会受到不确定的事件和非常规的环境威胁时是否通过正式的渠道来避免和控制不确定性。回避程度高的文化比较重视权威、地位、资历、年龄等，并试图以提供较大的职业安全，建立更正式的规则，不容忍偏激观点和行为，相信绝对知识和专家评定等手段来避免这些情景。回避程度低的文化对于反常的行为和意见比较宽容，规章制度少，在哲学、宗教方面他们容许各种不同的主张同时存在。

3、个人主义/集体主义（Individualism and Collectivism）维度是衡量某一社会总体是关注个人的利益还是关注集体的利益。个人主义倾向的社会中人与人之间的关系是松散的，人们倾向于关心自己及小家庭；而具有集体主义倾向的社会则注重族群内关系，关心大家庭，牢固的族群关系可以给人们持续的保护，而个人则必须对族群绝对忠诚。

4、男性化与女性化（Masculinity and Femininity）维度主要看某一社会代表男性的品质如竞争性、独断性更多，还是代表女性的品质如谦虚、关爱他人更多，以及对男性和女性职能的界定。男性度指数（MDI：Masculinity Dimension Index）的数值越大，说明该社会的男性化倾向越明显，男性气质越突出；反之，则说明该社会的女性气质突出。

5、长期取向和短期取向（Long - term and Short - term）维度指的是某一文化中的成员对延迟其物质、情感、社会需求的满足所能接受的程度。这一维度显示有道德的生活在多大程度上是值得追求的，而不需要任何宗教来证明其合理性。长期取向指数与各国经济增长有着很强的关系。20世纪后期东亚经济突飞猛进，学者们认为长期取向是促进发展的主要原因之一。

Kogut 等（1988）将其具体化为文化距离指数，用以下公式来表示：

$$CD_j = \sum_{i=1}^{5} [(I_{ij} - I_{iu})^2 / V_i]/5 \tag{6.1}$$

其中，u 表示东道国，CD_j 是 j 国与东道国的文化差异，I_{ij} 代表 j 国的第 i 个文化维度变量，V_i 是第 i 个文化维度的方差。按照上述研究方法，计算出世界上主要国家（地区）与中国大陆的文化距离指数，见表6-1。

表6-1 世界主要国家的五个文化维度指数以及与中国的文化距离指数（东道国为中国）

国家	PDI（权力距离指数）	IDV（个人主义指数）	MAS（男权主义指数）	UAI（不确定性规避指数）	LTO（长远的取向）	CD（文化距离指数）
中国	80	20	66	40	118	
印度	77	48	56	40	61	1.35
巴西	69	38	49	76	65	1.75
韩国	60	18	39	85	75	2.05
新加坡	74	20	48	8	48	2.14
泰国	64	20	34	64	56	2.20
日本	54	46	95	92	80	2.65
菲律宾	94	32	64	44	19	3.14
埃塞俄比亚	64	27	41	52	25	3.24
肯尼亚	64	27	41	52	25	3.24
坦桑尼亚	64	27	41	52	25	3.24
赞比亚	64	27	41	52	25	3.24
加纳	77	20	46	54	16	3.52
尼日利亚	77	20	46	54	16	3.52
塞拉利昂	77	20	46	54	16	3.52
德国	35	67	66	65	31	4.28

续表

国家	PDI（权力距离指数）	IDV（个人主义指数）	MAS（男权主义指数）	UAI（不确定性规避指数）	LTO（长远的取向）	CD（文化距离指数）
印度尼西亚	78	14	46	48		4.55
厄瓜多尔	78	8	63	67		4.60
马来西亚	104	26	50	36		4.69
埃及	80	38	52	68		4.81
伊拉克	80	38	52	68		4.81
科威特	80	38	52	68		4.81
黎巴嫩	80	38	52	68		4.81
利比亚	80	38	52	68		4.81
沙特阿拉伯	80	38	52	68		4.81
阿联酋	80	38	52	68		4.81
委内瑞拉	81	12	73	76		4.82
哥伦比亚	67	13	64	80		4.99
墨西哥	81	30	69	82		5.00
美国	40	91	62	46	29	5.02
澳大利亚	36	90	61	51	31	5.05
巴基斯坦	55	14	50	70		5.07
伊朗	58	41	43	59		5.12
牙买加	45	39	68	13		5.22
新西兰	22	79	58	49	30	5.23
英国	35	89	66	35	25	5.31
南非	49	65	63	49		5.46
捷克斯洛	57	58	57	74		5.54
土耳其	66	37	45	85		5.55
巴拿马	95	11	44	86		5.55
秘鲁	64	16	42	87		5.64
荷兰	38	80	14	53	44	5.66
阿根廷	49	46	56	86		5.85

续表

国家	PDI（权力距离指数）	IDV（个人主义指数）	MAS（男权主义指数）	UAI（不确定性规避指数）	LTO（长远的取向）	CD（文化距离指数）
萨尔瓦多	66	19	40	94		5.96
波兰	68	60	64	93		6.04
西班牙	57	51	42	86		6.08
瑞士	34	68	70	58		6.18
智利	63	23	28	86		6.20
匈牙利	46	55	88	82		6.25
意大利	50	76	70	75		6.31
爱尔兰	28	70	68	35		6.39
乌拉圭	61	36	38	100		6.48
法国	68	71	43	86		6.48
危地马拉	95	6	37	101		6.48
希腊	60	35	57	112		6.65
比利时	65	75	54	94		6.74
瑞典	31	71	5	29	33	6.77
葡萄牙	63	27	31	104		6.86
芬兰	33	63	26	59		7.13
挪威	31	69	8	50	20	7.18
奥地利	11	55	79	70		7.30
哥斯达黎加	35	15	21	86		7.37
以色列	13	54	47	81		7.60
丹麦	18	74	16	23		8.83

数据来源：http://www.clearlycultural.com/geert-hofstede-cultural-dimensions/power-distance-index/

我们可以看到，大部分欧洲国家例如丹麦、奥地利、挪威、芬兰、葡萄牙、瑞典、比利时等国家与中国的文化距离指数较高，其中丹麦与中国的文化距离高达8.83，其他依次为7.30、7.18、7.13、6.68、6.77、6.74；亚洲国家例如印度、韩国、新加坡、泰国、日本以及菲律宾等国家与中国的文化距离指数普遍较小，其中印度低达 1.35，其他依次为 2.05、2.14、2.20、2.65、3.14；其次，与中国文化距离指数较小的国家是部分非洲国家，例如埃塞俄比亚、肯尼亚、坦桑尼亚、赞比亚、加纳、尼日利亚等国家。

本文在测度汉语学习需求的文化影响因素时，仅使用一个测度指标，即世界主要国家与中国的文化距离指数。

表6-2 文化维度的具体构成指标

层次	指标	取值方法	资料来源
文化距离	文化距离指数（CD）	分成6类：CD≥6 的国家赋值0；5≤CD<6 的国家赋值1；4≤CD<5 的国家赋值2；3≤CD<4 的国家赋值3；2≤CD<3 的国家赋值4；CD<2 的国家赋值5。	http://www.clearlycultural.com/geert-hofstede-cultural-dimensions/power-distance-index/

6.3 文化影响维度的分析

根据文化维度的具体构成指标以及相应的取值方法，将各国得分结果在全球范围内进行排名（如表6-3）。

表6-3 各国文化维度得分情况

国家	文化维度总分
5	印度、巴西
4	韩国、新加坡、泰国、日本
3	菲律宾、埃塞俄比亚、肯尼亚、坦桑尼亚、赞比亚、加纳、尼日利亚、塞拉利昂
2	马来西亚、印度尼西亚、德国、厄瓜多尔、埃及、伊拉克、科威特、黎巴嫩、利比亚、沙特阿拉伯、阿联酋、委内瑞拉、哥伦比亚、墨西哥
1	美国、澳大利亚、伊朗、巴基斯坦、牙买加、新西兰、英国、南非、捷克斯洛、土耳其、巴拿马、秘鲁、荷兰、阿根廷、萨尔瓦多

数据来源：见附录十

通过表6-3的结果可以看出，总分排名在前三位的国家分别是印度、巴西；并列第二位的有韩国、新加坡、泰国、日本；并列第三位的国家有菲律宾、埃塞俄比亚、肯尼亚、坦桑尼亚、赞比亚、加纳、尼日利亚、塞拉利昂。其中，非洲国家占了50%，亚洲国家占了42.86%，美洲国家占了7.14%。

"孔子学院是促进苏（格兰）中（国）相互了解及合作的重大平台，爱丁堡大学将大力支持孔子学院建设，将其越办越好"[①]

——爱丁堡大学校长 奥谢

第七章 孔子学院空间布局的样本点研究

根据第四章到第六章的指标分析，本文得到172个国家在政治、经济、和文化3个维度上17个指标的分值。本章使用Theil-Tornqvist指数（简称为TT指数）将影响汉语学习需求的各国的政治、经济以及文化等因素得分进行标准化、合并计算，然后根据指数的高低，再确定孔子学院（孔子课堂及汉语教学点）在各个国家的区域布点。

7.1 汉语学习需求的TT指数构建

7.1.1 数据来源与原始数据的处理

本文使用的原始数据主要是来自中国国家统计局网站

[①] 中国驻英国大使馆，刘晓明大使出席2012年欧洲孔子学院联席会开幕式. http://www.fmprt.gov.cn/ce/ceuk/chn/zygx/jyj/t941212.htm. 2012年6月14日。

(www. stats. gov. cn) 以及其他官方网站。原始数据列于本文的附录。

我们进行原始数据处理的第一步首先是删除没有与中国建交的国家。最终保留了 172 个国家。

我们采用的原始数据处理方法大致分成三类,即:

第一类等级赋值。比如在处理"建交时间"时,分为六类进行赋值:建交时长短于 10 年的赋值为 0;建交时长介于 10~20 年的赋值为 1;建交时长介于 20~30 年的赋值为 2;建交时长介于 30~40 年的赋值为 3;建交时长介于 40~50 年的赋值为 4;建交时长长于 50 年的赋值为 5。

第二类是简单平均。比如在处理"对外投资流量"时,考虑到各年的投资流量不同,将近几年的数据采用简单平均的方法。

第三类条件赋值。比如"地缘关系",我们定义与中国有接壤或临海的国家为 1,其他的赋值为 0。

第四章到第六章关于 172 个国家 3 个维度 17 个指标的分值是计算 TT 指数的基础。

7.1.2 汉语学习需求的 TT 指数

Theil – Tornqvist 指数(简称为 TT 指数)是国际经济多边比较中被广泛采用的方法。

本研究拟将其应用到国际汉语学习需求的多边比较中,主要是考虑到 TT 指数满足许多要求的性质,包括正定性检验、连续性检验、恒等性检验、线性齐次性检验、产品互换检验、公度性检验,时间互换检验、国家反向检验、中值检验和单调性检验等,但其不具有传递性。同时,TT 指数也具有要求的经济理论性质,即这个指数对线性齐次超越对数函数是精确的;并且,它对该函数也是最优的 (Diewert, 1976, Caves, Christensen, Diewert, 1982a, 1982b)。

TT 指数是由 Tornqvist（1936）首先提出，后由 Theil（1965，1973，1974）详细讨论。TT 指数是以平均份额为权数的一系列相对数的加权几何平均。在汉语学习需求的国际比较中，设 x_{ij}^u 代表 u 国第 j 个维度中第 i 个指标的分数（i = 1, 2, …, N；j = 1, 2, …, M），s_{ij}^u 代表 u 国第 j 个维度中第 i 个指标在第 j 个维度中所占的份额或者权重，它代表第 i 个指标在第 j 个维度中的重要程度。TT 指数以 u 国为比较基国，可由下式得出：

$$TT_j^{c(u)} = \prod_{i=1}^{N} \left[\frac{x_{ij}^c}{x_{ij}^u} \right]^{\frac{s_{ij}^c + s_{ij}^u}{2}} \quad (7.1)$$

式中 $\frac{s_{ij}^m + s_{ij}^u}{2}$ 代表第 j 个维度中第 i 个指标在第 j 个维度中所占的平均份额，它是两个国家份额的平均数。

7.1.3 汉语学习需求的 TT 指数构建步骤

在各国政治、经济和文化维度和指标的分值数据基础上，构建 TT 指数。其计算方法可分为三个步骤：

第一步，计算对比国之间每一个指标的分值之比。假设 c、u 两个国家，某个指标的分值之比为：

$$TT_{ij}^{c(u)} = \frac{x_{ij}^c}{x_{ij}^u} \quad (7.2)$$

第二步，计算对比国之间每一维度的分值比率，即维度 TT 指数。计算方法采用公式（7.1）。

第三步，计算对比国之间汉语学习需求的汇总 TT 指数。它是以第 j 个维度的平均份额为权重的 m 个维度 TT 指数的几何加权平均。

$$TT^{c(u)} = \prod_{j=1}^{m} \left[TT_j^{c(u)} \right]^{\frac{s_j^c + s_j^u}{2}} \quad (7.3)$$

式中，s_j^u 代表 u 国第 j 个维度在 u 国汉语学习需求中的重要程度。

7.1.4　与中国建交的 172 个国家的汉语学习需求 TT 指数

利用与中国建交的 172 个国家的 3 个维度 17 个指标的分值，根据 TT 指数的构建步骤，本研究构建了这些国家的汉语学习需求 TT 指数。在计算 TT 指数之前，要说明如下：首先，本研究确定俄罗斯为研究基国，一是因为俄罗斯各个指标的分值没有空集和零值，二是基国的选择不会影响研究结果的判断（由于 TT 指数满足国家反向检验）。其次，需要说明的是权重的选取。由于这里没有类似于价格指数中的数量权重或价值权重，因此需要选择其他的变量来反映权重。本研究假设同一维度下不同指标的分值在标准化后是可以排序的，即在对分值进行标准化后，在同一国家同一维度下，不同指标的分值大小代表不同指标的重要性大小，即选择标准化后的分值作为权重。最后，数据中零值的处理。Jentzsch 直接采用 CD、Fisher 指数的形式，会出现只要有一个要素得分为 0，指数的结果就会为 0 的情况，这不能反映两个国家信用体系之间的差别。为了避免这种情况发生，导致本研究的 TT 指数为 0，因此本研究采用以下方法来处理零值：把零值都看成缺失值，不纳入汉语学习需求 TT 指数的计算，这样某个维度中会有几个指标值没有数据，但这个维度的 TT 指数存在，从而保证整个国家的汇总 TT 指数存在（以下称"零值缺失"法）。

本研究根据上述 TT 指数的计算步骤，计算在"零值缺失"法下的结果，计算步骤如下：

第一步，对每一个指标的分值进行标准化，使每一个指标下的分值都在 0－1 范围内，并且不改变国家之间的比值。标准化过程中，将零值看成是缺失值。

第二步，依公式（7.2）计算各国对俄罗斯的每一个指标的分值之比。

第三步，依公式（7.1）计算各国对俄罗斯的每一维度的分值比率，即维度 TT 指数 $TT_j^{c(u)}$。根据上述说明，权重公式如下：

$$s_{ij}^u = \frac{x_{ij}^u}{\sum_{i=1}^{N} x_{ij}^u}, \quad s_{ij}^c = \frac{x_{ij}^c}{\sum_{i=1}^{N} x_{ij}^c} \tag{7.4}$$

第四步，依公式（7.3）计算各国对俄罗斯的国家信用体系的汇总 TT 指数 $TT^{c(u)}$。根据上述说明，权重公式如下：

$$s_j^u = \frac{TT_j^{u(c)}}{\sum_{j=1}^{m} TT_j^{u(c)}} = \frac{1}{m}, \quad s_j^c = \frac{TT_j^{c(c)}}{\sum_{j=1}^{m} TT_j^{c(c)}} \tag{7.5}$$

式中，$s_j^u = \frac{1}{m}$ 是因为 $TT_j^{u(c)} = 1$。在本研究中共有三个维度，故 $s_j^u = 1/3$。

7.2 孔子学院的区域国别布点

7.2.1 孔子学院全球布局方法

根据计算得到的各国汉语学习需求的总体 TT 指数（见附录十一），对其进行升序排列，然后确定孔子学院在各个国家的区域布点。

布点的具体方法是：

1. 以总体 TT 指数最小的摩纳哥为基国，计算其他国家总体 TT 指数与摩纳哥总体 TT 指数的比值 b_i。假设在 2023 年，摩纳哥的孔子学院入学人数为 x 人，则可以通过一元一次方程解出 x，再用 x 乘以每个国家相应的总体 TT 指数倍数，即可得到各个国家在 2023 年的孔子学院入学人数：

$$x + x\sum_{i=1}^{175} b_i = 200\,000\,000 \qquad (7.6)$$

2. 根据过去几年各个国家每个孔子学院每年的入学人数的数据，求该国家每年每个孔子学院的平均招生人数，如果某国家没有相关数据，则用该国家所在大洲的平均数代替；

3. 用各个国家在 2023 年的孔子学院入学人数除以该国家每个学校平均招生人数，向上取整即可计算出该国家应设立的孔子学院（课堂/汉语教学点）数量。孔子学院（课堂/汉语教学点）在各个国家的区域布点情况见附录十一。

7.2.2 孔子学院布局现状和预测的比较

表 7-1　各大洲孔子学院已有数量与新布局点数的比较

洲别	新布局点数（包括课堂/汉语教学点）	已有孔子学院数	差值
欧洲	10 075	190	9 885
亚洲	8 929	114	8 815
非洲	7 735	27	7 708
美洲	5 227	266	4 961
大洋洲	1 116	25	1 091

数据来源：见附录十一。

通过表 7-1 可以清楚地看出，目前全球各大洲已有孔子学院数量，和未来孔子学院（课堂/汉语教学点）在各大洲的新布局点数量及其差值比较。

根据孔子学院运营的实际需求和管理经验，新布点的数据不仅包括单独设立的孔子学院数量，也包括孔子课堂，及其下设的汉语教学点。例如，一个孔子学院下面会下设 N 个孔子课堂，M 个教学点。孔子学院和孔子课堂数量与孔子学院总部资助项目经费投入有直接关联，需要正视签订协议、挂牌命名，而教学点则更灵活一些，可挂靠在孔子学院或孔子课堂，汉语教学点直接地反映了实际的学习需求，与资助经费无直接关联。所以，从某种意义上讲，受中国财政经费的影响，汉语教学点是孔子学院教学规模扩大的巨大增长点，是另一种形式上没有经费负担的孔子学院或孔子课堂。

从实地调研信息得知，相比于孔子学院，各种形式的孔子课堂、汉语教学点，更受欢迎且具有更大灵活性，成本低。根据现行实践经验，孔子课堂可以是某所大学某个学院长期开设的一门必修课程或是学分选修课程，也可是中小学或社区开展的汉语推广课程，而教学点则可以是与孔子学院或孔子课堂有合作的教学机构或社区服务机构。

表7-1中，欧洲需要设立的孔子学院以及孔子课堂数量最多，这是因为欧洲国家大多是中国的战略合作伙伴国，与我有着大量的经贸往来和文化交流，这些国家的高等教育规模和水平均居世界前列，而且大多有着悠久的汉学传统、良好的汉学基础，有大量从事中国研究的教学和科研人员。欧洲孔子学院和课堂的大幅增加主要表现在俄罗斯、法国、英国等一些国家，根据本文的第三、四、五章的分析，中国和俄罗斯、法国和英国在政治维度、经济维度以及文化维度上，都有着非常高的维度。中俄是友好邻邦，2008年，中俄两国彻底解决了历史遗留的边界问题，为两国战略协作伙伴关系的深入发展奠定了基础。中俄战略协作伙伴关系是建立在睦邻友好、平等互信、互利合作、共同发展基础上的新型国家关系。双方以"不结盟、不对抗、不针对第三国"为指针，大力加强在政治、经济、人文、科技、军事等领域的合作，目前，中俄战略协作伙伴关系达到前所未有的高水平。

美洲孔子学院和课堂的大幅增加主要表现在加拿大、墨西哥、古巴等一些国家，加拿大需要增设411所孔子学院和课堂，这是由于目前加拿大只有25所孔子学院和课堂，而根据本文的第三、四、五章的分析，中国和加拿大在政治维度、经济维度以及文化维度上，都有着较高的关联度，所以未来在加拿大设立的孔子学院和课堂数量会远远超过目前的25所；美国的孔子学院新布点数与目前数量的差异仅为94所，由此看出，在美国所设立的孔子学和课堂非常接近合理布局。

"孔子学院入乡随俗，落地生根，因应不同的文化环境形成各具特色的办学模式，这样可以更好地培养外国学生对中华文化的兴趣"[1]

——"汉语杯"获奖选手，孔子学院奖学金留学生 蒋思哲

第八章 基于孔子学院的汉语学习圈理论

当今世界的主题是和平和发展，但普遍存在着竞争、合作或对抗的国际政治、国际经济和国际文化关系，相互交织在一起，非常复杂。"汉语热"方兴未艾。分布于世界各地的一个个孔子学院（孔子课堂、汉语教学点），正是处于这样的发展环境中，满足着各国民众的汉语学习需求。

从海外学习和使用汉语的主流民众（群体）来看，主要有三大类：一是依托于大学的汉学（中国学）研究者；二是海外华人群体；三是国际社会其他方面的亲华人士。目前，孔子学院（孔子课堂、汉语教学点）基本上都涉及到外国大学、主流中小学和

---

[1] 蒋思哲：在第六届孔子学校大会开幕上的发言. http://www.chinese.cn/conferencen/. 2011年12月11日。

华侨子弟学校,个别孔子学院的汉语教学已延伸到国家王室或公务员系统。

从支持建设孔子学院的主要国家来看,大致也可以分为三类:一是与中国有长期友谊关系,如巴基斯坦,非洲部分受中国援助的国家;二是与中国形成国家经济竞争或国家安全对抗关系,如美国;三是与中国在社会意识形态、侨民及历史遗留问题等方面形成复杂的政治外交关系,如日本。

当前,由于中国政府的人力、物力、财力等资源的限制,如何在最短的时间内最有效地利用资源建设孔子学院?这是一个汉语加快走向世界的效率和效益的双重命题。因此,我们既要抓住机遇期,又要避免盲目发展,并充分发挥孔子学院的龙头带动作用,发挥辐射效应,促进汉语国际推广。这就需要我们有适当的规划战略和布局方法。

在孔子学院建设和汉语国际推广的具体策略及实施进程中,有必要探索一种依托于孔子学院(孔子课堂、汉语教学点)无形的"汉语学习圈"。在"汉语学习圈"中,从微观上需要重点考虑其中学习和使用汉语的主流民众(群体)的实际需求,从宏观上需要重点考虑主要国家(地区)和中国的国际关系(政治外交、文化交流)与合作质量(经济贸易)等。

综合上述情况,本研究根据汉语国际推广发展的需要和现实状况,结合国际汉语学习需求的不同,设定基于孔子学院发展的"汉语学习圈"理论。这是一种以综合文化交流和语言认同为基础的、充分发挥孔子学院综合文化交流平台的发展战略,其基本思路是:以学习和使用汉语言文字、认同中华文化为前提,在地理地缘、国际关系和个体发展的基础上,依托孔子学院,最大程度地形成汉语学习共同体,构建尽可能广泛的人际和国际交流空间。

汉语学习圈是我们归纳、概括、体现汉语推广效率和效益的一个集合概念。这里的"汉语学习圈",是基于各种不同的交流目

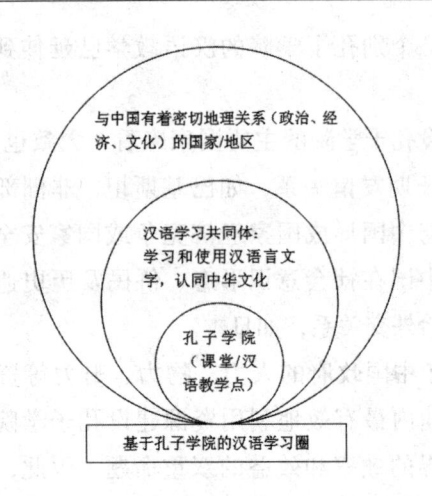

图8-1 基于孔子学院的汉语学习圈

的形成的汉语学习的群体或区域集中范围（国家群），特别是地理上的范围。它不同于瑞典学习圈[①]，它不强调这个范围，而是倡导网络环境下的自组织学习氛围，这是一种社交网络。因此，研究和设定"汉语学习圈"的内涵，有必要根据汉语学习需求影响因素（政治、经济、文化）、结合地理意义的范畴对其进行分类阐释：即基于政治地理[②]的汉语学习圈、基于经济地理[③]的汉语学习圈和基于文化地理[④]的汉语学习圈。在各个学习圈中，必然有上述

---

① 瑞典学习圈是瑞典非正规大众成人教育的主要实践形式之一，它在瑞典已有上百年的历史，这样一种"古老"的学习方式在现代社会仍发挥着不可忽视的威力：瑞典学习圈已成为瑞典成人教育的一个重要组成部分，并且变成瑞典人的一种生活方式，是成年人很自然的聚集在一起的学习活动。
② 政治地理主要研究国家的领土疆界、首都、行政区划等政治现象，国际政治关系的格局及其发展变化，为国家的政治决策、国际事务等工作提供依据。
③ 经济地理是以人类经济活动的地域系统为中心内容的一门学科，它是人文地理学的一门重要分支学科，包括经济活动的区位、空间组合类型和发展过程等内容。
④ 文化地理的研究，旨在探讨各地区人类社会的文化定型活动，人们对景观的开发利用和影响，人类文化在改变生态环境过程中所起的作用，以及该地区区域特性的文化继承性，也就是研究人类文化活动的空间变化。

提及的孔子学院，大学汉学研究所（东亚研究所）、华人华侨学校等教育研究机构组织开展的各类汉语教学、汉学研究和中华文化传播活动等。学习圈中的主体是学生、学者以及其他年龄和职业的汉语学习爱好者。

毛泽东在20世纪70年代提出的"三个世界划分"理论，已经在政治上确定了中国的地缘归属。中国与广大第三世界国家的关系，历来是互为依托的关系。作为世界上最大的发展中国家，中国历来从广大发展中国家获得力量的渊源。虽然我们今天发展起来了，但广大发展中国家仍然是我们最广泛最可靠的朋友，是我们营造国家安全环境的重要依托。为此，我们在建设孔子学院，设计发展汉语学习圈时应持三个基本原则。一是要继续发展与广大发展中国家的传统友好关系，通过办好孔子学院（孔子课堂），发展汉语教学，以赢得他们的广泛支持，进一步提高我国的政治影响力。二是营造汉语学习圈的成长机制，服务于国际经济合作，既要帮助发展中国家发展民族经济，使之尽快摆脱贫困落后状态，又要与发达国家合作，引进新技术和先进管理经验，也为我们的可持续发展开拓新的市场空间。三是积极建立孔子学院，参与支持各类汉语教学机构，促成区域性合作组织，营造更为宏大的汉语国际推广战略格局，使国家安全与和平发展获取更为深刻的地缘战略力量。

8.1 基于政治地理的汉语学习圈

从政治地理的角度来说，政治地理是来分析国家的产生、发展和其特征，并探讨地理环境对国家制度与政治决策的影响，同时也研究国际关系，探讨大国和小国、富国和贫国之间的矛盾和协调。政治地理位置是指国家领土与有关政治地理要素和条件的空间关系，也就是其周围地区和邻国的政治状况、外交政策、国力强弱等及其对本国的影响。这里是通过政治地理的相关方法研究基于政治目的的汉语学习圈的形成。当然，政治都是为经济服务的，因此，随着政治交往的进一步深入，经济交往将占据主要位置。

关于政治地理学的研究对象，迄今为止仍未形成一个能够被普遍接受的定义。有机组织学派的代表人物，德国的拉采尔（F. Ratzel）、德国的豪斯浩弗（K. Haushofer）和瑞典的契伦（Kjellen）主张，政治地理学就是对国家这个有机体所作的空间研究。如豪斯浩弗就认为"政治地理学系研究政治有机体的空间及其结构的学问。"政治景观学派的代表人物美国的惠特莱西（D. Whittlesey）、哈特向（R. Hartshorne）主张，政治地理学主要是对政治景观进行研究，如惠特莱西在其《地球与国家》中曾认为，"地球表面不同地方的政治现象的差异是政治地理学的本质。"政治生态学派的代表人物美国的鲍曼（I. Bowman）、荷兰的范根堡（V. Valkenbury）主张，政治地理学主要研究人类所组成的社会集团如何从政治地理上适应其所居住的区域自然环境。统一领域学派的代表人物美国的琼斯（S. B. Jones）则主张，政治地理学应研究政治观念如何转化成政治区域，以及在特定的政治区域内的政治观念是如何形成的。在琼斯看来，政治观念和政治区域是一个链条的两端，这个链条是这样的：政治观念—决策—运动—区域—政治区域。在这里，"政治观念在这个链条中，并不只是指国家观念，而是指任何政治观念"。政治区域是指任何政治组织活动的地理空间，"不管是一个民族国家、一个独立的区域、国家之下的一个区，还是一个行政区或地区"。

从以上几个流派关于政治地理学研究对象的观点中可以看出，政治生态学派、有机组织学派、政治景观学派都强调，政治地理学是对国家的空间结构及其内、外活动的研究，国家是研究的对象。用荷兰地理学家范根堡的话来说:"政治地理学就是国家地理学,并且为国际关系提供地理上的解释"。而统一领域学派则将国家这个有形的政治区域扩展到诸如大西洋联盟、共产主义国际体系、英联邦等这样的术语表示的大面积的政治区域上。这样,就将政治地理学的研究范围扩大了。类似地,由中国政府支持、中外合作建立的各国孔子学院,必然涉及到政治地理因素。

因此,基于政治地理的汉语学习圈,即为了适应中国与某些国家之间的国际交流、交往,实现政治需要而形成的汉语学习集中区域。例如,中国与其他国家交往更突出政治目的,那么在该国建立的若干个孔子学院、孔子课堂和汉语教学点等汉语学习机构,可看成是汉语学习圈的骨干部分。

基于政治的汉语学习圈主要是三个"有利于"主导因素:

一是有利于华人华侨学习汉语、寻根认祖的需要。满足华人华侨子女汉语学习需求,是做好侨务工作的迫切需要,是一项政治工作。对于华侨的分布情况,从大洲分布来看,亚洲为 2 125 万人,占 83.7%;美洲 245 万人,占 9.9%;欧洲 125 万人,占 4.9%;大洋洲 32 万人,占 1.2%;非洲 9 万人,占 0.3%。按国家和地区划分,华侨华人的 85.5% 集中在东南亚地区,仅印度尼西亚(600 万)、泰国(465 万)、马来西亚(509 万)三国就有 1574 万人,占世界华人华侨总数的 60% 多。现在世界上居住华人华侨 100 万以上的有印尼、泰国、马来西亚、新加坡、菲律宾、美国等 6 国;居住华人华侨 10~100 万人的有越南、缅甸、柬埔寨、印度、日本、英国、法国、独联体、加拿大、巴西、澳大利亚等 11 国;居住华人华侨 1~10 万人的有文莱、老挝、朝鲜、韩国、尼泊尔、土耳其、沙特阿拉伯、荷兰、德国、比利时、意大利、毛里求斯、留尼汪、马达加斯加、南非、墨西哥、巴拿马、危地马拉、牙买加、特立尼达和多巴哥、多米尼加、秘鲁、阿根廷、厄瓜多尔、委内瑞拉、玻利维亚、巴拉圭、圭亚那、苏里南、新西兰、塔希提、西萨摩亚等32个国家和地区；居住华人华侨1 000~10 000人的有26个国家和地区；居住华人华侨100人以上，不足1 000人的有29个国家和地区。以上共104个国家和地区。其余50多个国家和地区的华人华侨合计起来不过2 000多人，多则几十人，少则三五人①。

二是有利于中外双边或多边国家扩大政治交往的需要。比如，最典型的G20峰会（国际经济合作论坛）就是一种政治首脑交流对话的重要平台，它是1999年9月25日由八国集团的财长在华盛顿宣布成立的，属于布雷顿森林体系框架内非正式对话的一种机制，由八国集团和11个重要新兴工业国家及欧盟组成。G20（二十国集团）的GDP总量约占世界的85%，人口约为40亿。峰会旨在推动已工业化的发达国家和新兴市场国家之间就实质性问题进行开放及有建设性的讨论和研究，以寻求合作并促进国际金融稳定和经济的持续增长。按照以往惯例，国际货币基金组织与世界银行列席该组织的会议。2012年6月，在墨西哥举行的G20峰会上，中国宣布支持并决定参与国际货币基金组织增资，数额为430亿美元。很显然，为了加强中国与G20国家的密切合作，有必要在这些国家中广泛建立孔子学院（孔子课堂、汉语教学点），努力形成一个或若干个汉语学习圈。

三是有利于维护和营造中国周边安全环境的需要。面对21世纪日益激烈的国际竞争和日益复杂的国际、国内环境，如何进一步改善我国的周边安全，为我国构建社会主义和谐社会营造一个稳定的周边安全环境，是一个重大战略课题。比如，亚太地区是我国国际战略展开的前沿和核心地区，又是我对外经济关系的主要市场和资金来源。美国、日本、俄罗斯、印度等主要大国力量，东盟、韩国、澳大利亚等地区力量都集中在这里。从地理位置上

---

① 国务院侨务办公室《华侨华人分布状况和发展趋势》。

讲，中国在这一地区位于俄国、印度、日本之间，是地区地缘政治和均势政治的重心所在。就双边同盟关系来看，这一地区内有俄印、美日、美韩、美菲、美澳等双边同盟，中国则独立于所有同盟关系之外。从大国的多边关系看，中、美、日和中、俄、印两组大三角关系中，中国都是弱势的一方。从安全环境看，朝鲜半岛的危机、中印边界的争端和阿富汗战争引起的地缘政治变化牵制着中国的东西两翼，日益严峻的台湾海峡局势、长期存在的南海诸岛争端又迫使中国不得不将很大一部分精力投入东南。亚太地区是我战略展开的基础和出发地，但遍布现实和潜在冲突热点的周边环境，对中国的安全利益和战略利益构成重大挑战。

8.2 基于经济地理的汉语学习圈

中国人口约占世界人口的1/4，占发展中国家总人口的1/3，是世界上人口最多的国家。世界需要中国。因此，向世界说明中国，扩大中国对世界的影响力，是建立和完善基于经济地理的汉语学习圈的重要前提，刻不容缓。

一是中国经济的发展有赖于世界市场，一方面要进口所需要的能源和许多原材料，另外一方面，需要从世界市场获得急需的资金和技术。对中国而言，加强与世界其它国家的合作尤为重要。当然，中国作为发展中国家的大国，其影响对于世界的政治经济秩序而言，有着同中小国家，甚至是某种意义上的发展中大国如巴西（领土大国），印度尼西亚（人口大国）完全不同的意义。这一不同体现在中国经济发展的巨大潜力将有可能部分改变甚至是完全改变当前世界的经济和政治秩序。

二是处理好与其它国家的关系，将有利于中国经济发展。从时间上看，中国经济赶上发达国家的水平将是一个长期的过程，在这一过程中，也会对世界经济发展带来不稳定的因素。从全球范围来看，只有印度与中国有着某些程度的类似。正是这种潜力使世界上的多数国家，无论是发展中国家还是发达国家，都对中国的发展给予了特殊的关注。

三是中国的经济发展需要一个宽容的国际空间。当中国经济发展到一定程度后，势必对其它国家产生巨大的影响，即使发展水平只达到美国的1/4，由于人口因素，其对世界经济的影响就将与美国不相上下。在这种情况下，中国将有能力在世界经济与政治秩序的建设中处于一个强有力的位置。在当今世界，并不是所有国家都对这种形势的出现持欢迎态度。有些发达国家担心这样会削弱它们在世界政治经济活动中的地位，而一些发展中国家也在担心这样一个强大的中国不再会维护发展中国家的利益。要消除其它国家的担心，需要中国向世界各国提供一个明确的态度，甚至是一个承诺，即共同发展。只有这样，才能为中国经济发展的理念得到世界的理解与共识。

基于经济地理的汉语学习圈，即因为与中国经济贸易上的交流需要而形成的汉语学习需求集中区域。如果中国与其他国家交往更突出经济目的，那么在该国建立的孔子学院、孔子课堂和汉语教学点等汉语学习机构将在汉语学习圈中发挥骨干作用。

从当前孔子学院布局来看，大多数的汉语学习圈基本都是基于经济的汉语学习圈，这可通过中国与其他国家和地区的贸易额来判断。

更重要的是，区域经济合作是目前经济交往的重要形式，因此，区域经济合作体内的汉语言学习需求也是非常广泛的，更能形成务实有效的区域汉语学习圈。比如，广西北部湾—东盟经济合作区就可形成基于经济地理的汉语学习圈。2008年1月16日，中国政府批准实施《广西北部湾经济区发展规划》其中，强调指出：广西北部湾经济区是中国西部大开发和面向东盟开放合作的重点地区，对于国家实施区域发展总体战略和互利共赢的开放战略具有重要意义。要把广西北部湾经济区建设成为中国—东盟开放合作的物流基地、商贸基地、加工制造基地和信息交流中心，成为带动、支撑西部大开发的战略高地和开放度高、辐射力强、经济繁荣、社会和谐、生态良好的重要国际区域经济合作区。截至 2011 年 8 月，该合作区有成员 12 个，包括：文莱（1984 年）、柬埔寨（1999 年）、印度尼西亚、老挝（1997 年）、马来西亚、缅甸（1997 年）、菲律宾、新加坡、泰国、越南（1995 年）。美国与俄罗斯于 2011 年加入东盟领导的东亚峰会。总面积约 446 万平方公里，人口约 5.6 亿，国内生产总值（GDP）达 15 062 亿美元，是一个具有相当影响力的区域性组织。

8.3 基于文化地理的汉语学习圈

基于文化地理的汉语学习圈，即为了跨文化交流、中外文明对话的需要而形成的汉语学习的集中区域。如果中国与其他国家交往更突出文化目的，那么在该国建立的孔子学院、孔子课堂和汉语教学点等汉语学习机构将在汉语学习圈中重点发挥骨干作用。

这里可采用文化地理区来分析。文化地理区又称文化区。具有相似的文化现象、特征与生活方式的地区就是文化地理区，是人类文化具有亲缘联系并在发展过程中出现文化集聚阶段的产物。不同性质的文化区表现出不同的区域文化和行为功能，故文化地理区的划分涉及政治、经济、语言、宗教、民族等各个因素以及不同的原则、指标和划分方法。

中国学者王云五等以民族、宗教、政治和文化阶段为主导指标，将世界分为 10 个文化地理区：①条顿文化区。包括英国、美国、加拿大、挪威、德国、丹麦、瑞典和南非联邦等国，以基督教和新教为宗教主体，拥有高度发达的经济文化和近代化的政治组织。②拉丁文化区。为信奉旧教的拉丁民族聚居区，也涉及法国、意大利、葡萄牙、西班牙等国。其中法国、意大利具有坚实的文化传统，迄今仍保持世界较高文化。③斯拉夫文化区。指以希腊正教为宗教基础的前苏联、波兰和巴尔干半岛各国。第二次世界大战后文化发展迅速。④西亚文化区。分布于西亚、北非，民族构成较复杂，以伊斯兰教人口居多，为世界古文化源地，目前尚处低文化状态。⑤中国文化区。包括以佛教和道教为文化基础的中国、日本、蒙古、朝鲜半岛和越南。曾是世界文化发祥地，但18世纪后文化落后于欧洲。⑥印度文化区。以印度教为宗教主体的古老耕作农业文化。⑦非洲文化区。包括撒哈拉以南的整个非洲（南非除外）。宗教复杂，文化水平低下，以原始热带农业文化为特征。⑧马来文化区。以马来西亚、菲律宾和印尼为中心，文化水平一般。⑨澳洲文化区。居民也属马来人种，文化发展慢，农业较为原始。⑩北极文化区。指以寒带狩猎文化为特征的欧亚大陆与北美的北冰洋沿岸地带。这个分类非常类似于世界语言国家圈，这更进一步证明了文化、语言和国家的一体性。

8.4 汉语学习圈的地理区位及样本点国家需求分析

地理区位是同地理位置有联系又有差别的概念。区位一词除解释作地理空间内的位置以外，还有布置和为特定目的而联系的地区两重意义。所以，区位的概念除了位置以外，与区域是密切相关的，并含有被设计的内涵。在这里，其内涵是指与汉语学习圈有关的政治、经济和文化属性。

据国家汉办内部统计资料，截至2012年年底，全球已建立400所孔子学院和535个孔子课堂，共计935所，分布在108个国家（地区）。400所孔子学院设在105个国家（地区）。其中，亚洲30国（地区），87所；非洲24国，31所；欧洲34国，134所；美洲14国，131所；大洋洲3国，17所。孔子课堂设在39国共535个（缅甸、马里、突尼斯只有课堂，没有学院），其中，亚洲12国，45个；非洲5国，5个；欧洲15国，112个；美洲5国，339个；大洋洲2国，34个。从当前孔子学院（孔子课堂和汉语教学点）的实际运营情况可知，在某一具体的地理范围中，汉语学习圈（国家或国家群）可能会同时呈现两种或三种属性，即某国家（国家群）所在的汉语学习圈，既是基于政治的，也是基于经济的，还可能与文化紧密相连的汉语学习圈，如美国、印度等。

本文从地理区位上考虑，综合汉语学习圈的分类属性和多种影响因子，按照世界各国所处的地理位置，分为5大区位的汉语学习圈，即大中华学习圈、地缘区位学习圈、欧盟—G20国家学习圈、美洲—大洋洲学习圈和拉美—非洲学习圈。孔子学院的空间布局和发展，可根据5个区位的汉语学习圈的需求特征，制订差异性的推广目标和策略。

8.4.1 大中华学习圈

大中华学习圈即指受中华传统（儒家思想和道教文化）辐射影响的东亚国家以及东南亚地区部分国家，以及华人华侨主要聚集地区，主动自觉形成的汉语学习需求，并建立相应的教学与传播机构。这些国家主要包括：蒙古、朝鲜、韩国、日本、菲律宾、越南、老挝、柬埔寨、缅甸、泰国、马来西亚、文莱、新加坡、印度尼西亚、东帝汶。此学习圈中既包含了基于文化地理的学习圈，如中国文化区、马来文化区、澳洲文化区等，还有基于政治、经济的汉语学习圈，如支持印尼、马来西亚、新加坡、泰国等各国大量的华人华侨子弟汉语学习教育，发展中日友好邦交，发展中韩互惠贸易等。

总的来讲，由于历史上的中国移民、中外长期贸易和国土边邻关系等因素，这些国家和地区的组织和民众受汉语言文化的影响较深，汉语学习和中华文化传播在当地已形成较为成熟的需求和市场，许多国家已经在大中小学广泛开设了汉语课程，部分国家已将汉语作为外语纳入国民教育体系。例如，在日韩和东南亚地区，汉语普及水平相对较高，可以在当前良好的基础上继续发展，稳步提高质量。中国在东盟国家设立了近 30 家孔子学院和 1 个中国文化中心，双方互派留学生 17 万人，这对加快汉语推广奠定了教育基地，储备了人力资源。下面，具体以蒙古国、日本、马来西亚等主要国家为例。

——近几年，蒙古国"汉语热"持续升温，渴望了解中国、了解中国文化的人越来越多。据实地调查，目前蒙古国有 60 多所学校开设汉语课，在校学习汉语的学生有 7 000 多人。来自中国的 127 余名汉语教师志愿者在 40 多所学校履行"传播汉语传播友谊"的光荣使命。仅蒙古国首都乌兰巴托就有 6 所专门的汉语学校，另有 14 所中小学和 23 所大学开设了汉语专业。在校汉语教师 120 余人，学习汉语的在校学生达到 2 700 余人。由于蒙古国青少年学习汉语的热情日益升温，汉语教学质量较高的汉语学校深受人们的欢迎，乌兰巴托育才汉语学校就是其中的一所。该校创办于 1995 年，是一所私立学校。这所学校设有 7 个年级，在校学生 300 人。为提高汉语教学质量，学校特地从中国聘请了 7 名年轻的女教师任教，每人教一个年级。由于她们对教学兢兢业业，认真负责，该校学生的汉语水平相当高。旅蒙华侨学校也是一所深受欢迎的学校，目前有学生 420 人，其中蒙古国学生近 300 人。另有近 400 名蒙古国学生利用双休日在该校的汉语学习班学习。为了适应汉语教学的需要，2003 年 12 月在乌兰巴托成立了蒙古国汉语教师协会。该协会将在了解蒙古国各个学校汉语教学情况的基础上，编写蒙古国汉语教学统一大纲，普遍提高蒙古国汉语教学的水平。

——日本作为中国一衣带水的近邻,历来有学习汉语的传统,近年来开设汉语课程的大学、中学都在增加,据不完全统计,日本有近600所大学、800所高中、30所中学开设了汉语课程,选修汉语的中学生已达22 000余人。为满足日本民众学习汉语的需要,日本11所大学、两家机构与中国13所大学合作建立了17所孔子学院(课堂),各孔子学院(课堂)结合各自大学的特点、本地区的发展需求开展了形式多样的汉语教学及介绍中国文化活动,极大地提高了在校学生、孔子学院(课堂)学员学习汉语、了解中国文化的积极性。

——马来西亚是个多种族的国家,其中华人500多万,约占全国人口的25%。马来西亚第一所华文学校五福书院于1819年在北部槟城成立,该国目前共有华文小学1280多所,在校学生约63万人;华文中学60所,在校学生约6万人;华文大专学院3所,学生约5 000人,以及一所刚刚成立的以华文教育为主的拉曼大学(Universiti Tunku Abdul Rahman)。

8.4.2 地缘区位学习圈

即指鉴于国家安全、经济依存和文化渊源的地缘区位关系,中外双边在政治、经济和文化交往的相互影响形成的汉语学习需求,并建立相应的教学与传播机构。地缘区位学习圈主要包括中亚、西亚、南亚地区等31个国家和地区:尼泊尔、不丹、孟加拉国、印度、巴基斯坦、斯里兰卡、马尔代夫、哈萨克斯坦、吉尔吉斯斯坦、塔吉克斯坦、乌兹别克斯坦、土库曼斯坦、阿富汗、伊拉克、伊朗、叙利亚、约旦、黎巴嫩、以色列、巴勒斯坦、沙特阿拉伯、巴林、卡塔尔、科威特、阿拉伯联合酋长国(阿联酋)、阿曼、也门、格鲁吉亚、亚美尼亚、阿塞拜疆、土耳其。

——中亚主要是哈萨克斯坦、吉尔吉斯斯坦、塔吉克斯坦、乌兹别克斯坦、土库曼斯坦。这些国家受我国西部新疆、甘肃、陕西、宁夏等省、自治区的影响，汉语推广情况较好。作为"丝绸之路"重要通道之一的吉尔吉斯斯坦，从独立后的1991年起就已经开始汉语教学了。在这个只有500多万人口的国家，就有3 000多在校学生选择学习汉语；哈萨克斯坦国内以哈萨克斯坦国立民族大学、哈萨克斯坦国际关系与外国语大学为主导有10余所高校开展了汉语教学，这两所高校设有专门的汉语专业，学生人数最多，多所高校聘请了来自中国的汉语教师，其余各大学汉语教学都是作为第二外语的形式展开教学的。

——西亚地区主要包括土耳其、伊拉克、伊朗、以色列、沙特阿拉伯等以阿拉伯伊斯兰文化为主的20个国家和地区，人口比重小，但是学习汉语的人数规模在逐渐壮大。例如，在土耳其汉语学习者人数日益增多，已发展到10所大学上千名学生的规模。安卡拉大学、法蒂赫大学、海峡大学、奥坎大学、中东大学、马尔马拉大学和埃尔吉耶斯大学等都分别开设了汉语专业和汉语选修课，有的大学还开设了汉语硕士专业。汉语教学不仅在大学展开，同时也走向了社会。汉语学生中有不到10岁的儿童，也有年逾花甲的老人，有初学者，也有学有所成者。甚至还有一个家庭里的几个成员共同学习中文。在学习汉语的同时，孔子学院和汉语教师还经常举办丰富多彩的活动，如"汉语桥"大中学生比赛、中国民歌、民族舞蹈、小品相声、诗歌朗诵和太极拳等表演活动。其实早在1935年，在土耳其国父穆斯塔法·凯末尔（Mustafa Kemal Atatürk）的倡导下，安卡拉大学就成立了汉学院。随着中土经贸关系快速发展，2005年，土耳其教育部把中文列入职业高中外语选修课程。

——南亚地区主要包括7个国家和地区：尼泊尔、不丹、孟加拉国、印度、巴基斯坦、斯里兰卡、马尔代夫。其中，中国与巴基斯坦和孟加拉的交往程度较高，汉语学习普及的非常广泛，仅巴基斯坦路兹学校集团已经有2400名中小学生在学习汉语。巴基斯坦吉尔吉特—巴尔蒂斯坦省首席秘书穆罕默德·穆萨（Muhamad

Musa)表示,该省对于汉语教学的需求十分强烈,欢迎中国教师到巴基斯坦来。喀喇昆仑大学副校长纳吉玛说:"学生们对于学习中文有很强烈的愿望,工商类学科的学生希望学习汉语、经济类学科的学生同样希望学习汉语、语言和媒体类的学科就更希望学习汉语,所以我认为,最开始我们可以开设一个五、六十人的课程,逐渐扩大中文教学的规模。中国是世界贸易大国,我们的学生认为,学习汉语对未来就业会有帮助,因此我们一直把开设汉语教学作为学校发展的一项长远规划。"[1] 印度是人口大国,然而汉语普及率很低,应注重进一步加强中印两国各类语言学校间的合作关系,力争有所突破。

地缘区位学习圈中涉及的中东国家是世界主要的能源产地,是中国重要的贸易合作伙伴。随着中国综合国力的日益提升,与中东国家的外交和经贸往来必将更加密切。由于中东国家以往和中国的文化交流较少,中东国家的高等教育发展水平和欧美国家相比也有很大差距,所以这些国家应该作为孔子学院中后期布局的重点考虑对象。汉语国际推广在这些国家应该尽量着眼于国家的能源战略,培养熟知中国的汉语人才,团结知华友华的国际友人。同时,应该努力传播中国文化,维护国家的统一和主权。

在上述大中华学习圈和地缘区位学习圈的国家中,与中国陆地接壤的国家和地区有 14 个,这些国家中有很多是中国重要的战略合作伙伴国;这些国家历史上曾经在文化、政治、经济各方面受到过中国的强烈影响。随着中国经济的发展,周边国家和中国的经贸往来和文化交流日益频繁,汉语国际推广和孔子学院发展在这些国家有非常广阔的空间。但是,由于一些历史遗留问题和现实中"中国威胁论"的影响,导致中国和一些周边国家的关系极为复杂。因此,孔子学院前期布局也应该以它们为重点考虑对

---

[1] CRI 国际在线,《中巴经济走廊的建设需要汉语教学先行》,2013 年 7 月 22 日。

象。汉语国际推广在这些国家应该努力发挥其公共外交和人文交流的渠道和平台作用，宣传中国构建"和谐世界"的美好愿望。

表8-1 亚洲地区孔子学院（孔子课堂）数量

国家（地区）	总数	孔子学院	孔子课堂
	31国（地区）132所	30国（地区）87所	12国45个
阿富汗	1	1	
阿联酋	2	2	
亚美尼亚	1	1	
阿塞拜疆	1	1	
巴基斯坦	2	1	1
菲律宾	3	3	
格鲁吉亚	1	1	
哈萨克斯坦	4	4	
韩国	23	19	4
吉尔吉斯斯坦	14	2	12
黎巴嫩	1	1	
马来西亚	2	2	
蒙古	3	1	2
孟加拉国	2	1	1
尼泊尔	2	1	1
日本	20	13	7
斯里兰卡	2	1	1
泰国	23	12	11
土耳其	4	3	1
乌兹别克斯坦	1	1	
新加坡	3	1	2
以色列	1	1	
伊朗	1	1	
印度	1	1	

续表

国家（地区）	总数	孔子学院	孔子课堂
印尼	6	6	
中国香港	1	1	
缅甸	2		2
塔吉克斯坦	1	1	
约旦	2	2	
柬埔寨	1	1	
老挝	1	1	

数据来源：孔子学院总部/国家汉办2012年度报告

8.4.3 欧盟—G20国家学习圈

欧盟—G20国家学习圈即指在国际组织合作的国家群中，受多边合作机制和共同发展政策的影响，中外在政治、经济和文化交往相互影响中形成的汉语学习需求，并建立相应的教学与传播机构。G20—欧盟国家学习圈，主要包括20国集团成员——八国集团成员国：美国、日本、德国、法国、英国、意大利、加拿大、俄罗斯，作为一个实体的欧盟和澳大利亚、中国以及具有广泛代表性的发展中国家：南非、阿根廷、巴西、印度、印度尼西亚、墨西哥、沙特阿拉伯及韩国和土耳其。这些国家的国民生产总值约占全世界的85%，人口则将近世界总人口的2/3。其中，欧盟（European Union）成员国截至目前有27个：英国、法国、德国、意大利、荷兰、比利时、卢森堡、丹麦、爱尔兰、希腊、葡萄牙、西班牙、奥地利、瑞典、芬兰、马耳他、塞浦路斯、波兰、匈牙利、捷克、斯洛伐克、斯洛文尼亚、爱沙尼亚、拉脱维亚、立陶宛、罗马尼亚、保加利亚。

欧盟在2007年就推出了语言多样化报告，将汉语列为重点非欧洲语言之一，并把中国列为欧盟实现语言多样化的战略伙伴。同年，中欧联合推出语言教学计划，100名欧洲学生接受奖学金，前往中国学习汉语和中国文化。2008年6月，被命名为"欧洲之窗"的一个中欧语言交流项目启动，期望在2009至2013年间，为欧盟成员国的200名中文教师和400名中学校长提供前往中国学习汉语和了解中国文化的机会。2009年3月底，由欧盟委员会和中国国家汉办联合主办的"中国—欧盟语言多样化大会"在北京召开，双方第一次建立了在政府高层与学术界讨论和交流语言多样化，以及在贸易与文化往来、教学交流、在欧洲促进汉语教学等领域的平台。

据国家汉办公布的数据信息，截至目前，欧洲已经有29个国家开办孔子学院和孔子课堂。以法国为例，已设立15所孔子学院和3个中小学孔子课堂，现有教职员工180多人，注册学员6千多人，参加汉语考试者1千多人，影响并带动全法5万多名大中小学生学习汉语，推动汉语在短短几年内，陆续超越俄语、葡萄牙语、阿拉伯语、希伯来语，成为法国学校语言教学中排名仅次于英、西、德、拉丁语之后的第五大外语语种。另外，法国还举办了各类汉语培训活动，并开展各种中国文化活动。除此之外，欧洲其他国家还纷纷采取措施，鼓励人们学习汉语。以荷兰为例，目前，开设中文课程的荷兰普通中学已经有30多所。作为试点，2007年，荷兰教育部首次批准荷兰著名中学——希尔弗瑟姆市立中学把汉语列入高中会考科目。今年2月，荷兰课程编制研究中心把汉语考试列入了新公布的初中教学大纲方案之中。根据这一方案，汉语将成为荷兰初中毕业生的考试科目之一。作为推广汉语的第一步，从今年起，荷兰将首先在8所中学中开设汉语考试科目。初三学生在毕业会考时可自愿参加这些学校的汉语考试，他们的毕业文凭上将标注汉语考试成绩，证明他们的中文水平。这一方案获得通过后，汉语将与其它重要现代语言一样正式进入荷兰的教育系统。为此，荷兰教育部还专门划拨了100万欧元的考试经费。

表8-2 欧洲地区孔子学院（孔子课堂）数量

国家（地区）	34国246所	34国134所	15国112个
爱尔兰	10	2	8
爱沙尼亚	1	1	
奥地利	3	2	1
白俄罗斯	2	2	
保加利亚	2	2	
比利时	4	4	
冰岛	1	1	
波兰	5	4	1
丹麦	6	3	3
德国	16	13	3
俄罗斯	21	17	4
法国	18	15	3
芬兰	2	1	1
荷兰	2	2	
捷克	2	1	1
立陶宛	1	1	
罗马尼亚	4	3	1
挪威	1	1	
塞尔维亚	1	1	
斯洛伐克	1	1	
葡萄牙	2	2	
瑞典	6	4	2
乌克兰	5	4	1
西班牙	6	6	
匈牙利	4	2	2
意大利	21	10	11
希腊	1	1	
英国	92	22	70

续表

国家（地区）	34 国 246 所	34 国 134 所	15 国 112 个
马耳他	1	1	
摩尔多瓦	1	1	
斯洛文尼亚	1	1	
瑞士	1	1	
拉脱维亚	1	1	
克罗地亚	1	1	

数据来源：孔子学院总部/国家汉办 2012 年度报告

8.4.4　北美—大洋洲学习圈

北美—大洋洲学习圈是指中国扩大与美国、加拿大、澳大利亚、新西兰、斐济等国的合作而形成的汉语学习需求，并帮助着这些国家建立相应的教学与传播机构。北美、大洋洲地区，是中国全方位对外合作与交流的重点区域——该区域经济和教育发展水平高，普及基础好，普及质量较高。北美—大洋洲地区各国在汉语教育方面已经进入良性轨道，中小学陆续开设汉语课程，因此，中国宜通过加大国际人文交流特别是加大孔子学院建设力度，继续帮助其提高教学质量，为全球汉语教学发展树立典范和示范作用。

——随着澳大利亚与中国的关系日益密切，澳大利亚人学习中文和其他亚洲语言的热情越来越高，澳大利亚政府将积极推动汉语等亚洲语言的教学。2008 年 7 月 12 日，澳大利亚总理陆克文在致澳大利亚中文教师联会第 14 届年会的贺信中说，语言教育对学生的好处是巨大的，可以提供学生了解其他国家的技能，使他们能够与其他国家的人交流，也可以培养他们欣赏多元文化的能力。他说，"中国是我们最重要的贸易伙伴之一，正在学习中文和了解中国文化的学生在未来的全球竞争环境中将会有更多的优势和有利条件。"

——德、法、日、西和汉语是新西兰教育部推荐学习的5种外语。新西兰的汉语教育起步较晚，进入中小学仅10余年。根据新西兰教育部的统计资料，全国开设中文课的学校约70所，选修中文的学生有6 000多人。中新自由贸易协定的签署（2008年4月）让越来越多新西兰人产生了了解中国、学习汉语的愿望。近年来，新西兰学习汉语的学生人数和开设汉语的学校数量都在增加，但汉语教育推广工作还有很长的路要走。鼓励中小学学生学习汉语是新中友好协会积极促进中新友好的具体项目之一。多年来，该协会积极推进新西兰中小学的中文教学工作，组织"汉语角"和汉语学习班，每年评出学习成绩优秀的学生并为他们颁奖。位于克赖斯特彻奇郊外的路易·艾黎中文学校是新西兰规模最大的中文学校。学校成立10年来的变化是"汉语热"在新西兰逐渐升温的见证。该校校长金强富多年前从大陆来到新西兰，由于深感当地华侨华人希望孩子学习中华文化的强烈愿望，于是创办了路易·艾黎中文学校。

——以美国为例，随着经济全球化的深入发展，中美两国拥有更加广泛的共同利益，肩负更加重要的共同责任，中美协调合作已成为解决诸多地区热点和全球性问题不可或缺的重要环节。在新的起点上使中美关系更加稳固持久、富有活力，是双方的共同愿望。2011年1月时任主席胡锦涛成功访美，与奥巴马总统达成建设相互尊重、互利共赢中美合作伙伴关系的重要共识。双方发表的《中美联合声明》首次把人文交流纳入中美关系的战略框架，作为建设合作伙伴关系的一部分，这是极具长远眼光和现实针对性的。回顾2008年以来，由美国大学理事会和亚洲协会主办全美汉语大会每年在华盛顿召开一次——这是由美国举办以推广中文教育为主要内容的大规模学术会议，来自中国国家汉办、美国国务院、美国教育部、美国大学理事会、亚洲协会、全美外语教学学会、全美中小学中文教师协会、全美各州语言督学协会、全美学区外语督学协会、开设中文课程的美国中小学校和全美孔子学院（课堂）代表参加会议。

表8-3 北美—大洋洲地区孔子学院（孔子课堂）数量

国家（地区）	5国485所	5国121所	4国364个
澳大利亚	37	13	24
新西兰	13	3	10
斐济	1	1	
加拿大	29	14	15
美国	405	90	315

数据来源：孔子学院总部/国家汉办2012年度报告

以上关于欧盟—G20学习圈和美大学习圈中涉及的欧美国家，大多是中国发展的战略合作伙伴国，与中国有着大量的经贸往来和文化交流。这些国家的高等教育规模和水平均居世界前列，而且大多有着悠久的汉学传统、良好的汉学基础，有大量从事中国研究的教学和科研人员。但是，部分欧美国家囿于冷战思维，对汉语国际推广和建立孔子学院持有疑虑。所以，孔子学院前期的布局应该优先考虑欧美国家，但与之合作必须在互信双赢的原则下进行。孔子学院在这些国家的发展应该强调高起点、高标准、高质量，力求在欧美国家的一流大学中最先建起一批示范性孔子学院。

8.4.5 拉美—非洲学习圈

拉美—非洲学习圈，是指中国开展政治、经济、能源合作的需要，援助部分非洲和拉丁美洲国家而形成的汉语学习需求，并帮助着这些国家建立相应的教学与传播机构。

——拉美地区。汉语教学普及水平总体不高，但是发展速度很快。中国与巴西、委内瑞拉等国家存在资源开发、能源贸易合作关系，随着经济发展的不断深化，政界、商界、学校的汉语学习需求正在不断增长，需加大孔子学院（孔子课堂）建设规模。

表8-4 拉丁美洲地区孔子学院（孔子课堂）数量

国家（地区）	12国36所	12国27所	3国9个
墨西哥	5	5	
秘鲁	4	4	
哥伦比亚	4	3	1
古巴	1	1	
智利	8	2	6
阿根廷	2	2	
巴西	7	5	2
哥斯达黎加	1	1	
牙买加	1	1	
巴哈马	1	1	
厄瓜多尔	1	1	
玻利维亚	1	1	

数据来源：孔子学院总部/国家汉办2012年度报告

——非洲地区，目前学习汉语人数很少。本地经济和教育的发展水平很低，母语教育也很缺乏。非洲地区自身缺乏推动汉语教育发展的力量。我国应加大派遣教师，鼓励来华留学，与外援项目相结合，鼓励驻非企业积极参与汉语推广。

非洲国家是中国在国际政治舞台上依靠的重要力量，是中国外交援助的对象，同时也是中国能源发展战略的重要伙伴。它们中间，很多国家政治不稳定，经济发展遇到困难，而且高等教育水平不高。但是，考虑到中国的外交政策和原则，如中非合作论坛，这些国家仍应该成为孔子学院后期布局的重点对象。孔子学院在这些国家的工作应以来华汉语培训为重心，注意树立良好的国家形象，增进中国人民和广大发展中国家人民的友好感情。

表 8-5 非洲地区孔子学院（孔子课堂）数量

国家（地区）	26国36所	24国31所	5国5个
埃及	2	2	
博茨瓦纳	1	1	
津巴布韦	1	1	
喀麦隆	1	1	
肯尼亚	4	3	1
卢旺达	1	1	
马达加斯加	1	1	
南非	4	3	1
尼日利亚	2	2	
苏丹	1	1	
利比里亚	1	1	
摩洛哥	2	2	
马里	1		1
多哥	1	1	
贝宁	1	1	
埃塞俄比亚	1	1	
突尼斯	1		1
赞比亚	1	1	
坦桑尼亚	2	1	1
塞内加尔	1	1	
莫桑比克	1	1	
布隆迪	1	1	
塞拉利昂	1	1	
加纳	1	1	
纳米比亚	1	1	
刚果（布）	1	1	

数据来源：孔子学院总部/国家汉办 2012 年度报告

结　　论

孔子学院已发展为国际汉语教育与推广的有效载体和国际品牌,成为中华文化传播和开展公共外交、人文外交、民间外交的一个重要载体和典范。作为一条捷径,在扩大语言影响力、国际事务话语权以及提升国家"软实力"方面发挥了无可替代的重要作用。在中国政府的直接推动下,以及教育部、财政部、国务院侨务办公室、外交部、发展和改革委员会、商务部、文化部、广播电影电视总局、国务院新闻办、国家语言文字工作委员会等部委积极支持下,一些地方、学校、社会各界积极参与,通过外派教师和提供各类资源,既顺应了世界各国学习汉语了解中国的强烈愿望,又直接展现了当代中国的形象,推动了世界范围内"汉语热"的持续升温。

为加快汉语国际推广和孔子学院发展,使之在推进汉语教学、传播中华文化、展示当代中国形象、推进公共外交和提升国家"软实力"等方面发挥更好的作用,中国国务院发布了《孔子学院发展规划（2012－2020年）》（见附录十三）。

与《孔子学院发展规划（2012－2020年）》不同的是,本文从空间布局的角度出发,各类汉语学习圈需求及孔子学院布点进行了预测,实质上是综合政治、经济和文化等多个维度的关联因素,对孔子学院发展的一种探索性研究。本文通过科学理论与方法,把定性的孔子学院发展理念及"汉语热"转化成一种分布式的量变数据和发展态势。从研究结果与实际状况对比可以看出,以 Logistic 模型和成分数据建模的汉语学习需求预测数据,和基于 TT 指数计算的孔子学院规模及布点,显然与孔子学院和汉语国际推广的发展现状有较大差距。这主要是因为孔子学院的布局必然要同时受到理性与非理性因素的制约与影响，在"被选择"中生存、发展，例如有关国家的汉语教育准入的标准政策，中国高校对外合作的教学资源与能力，中国教育财政对孔子学院开支负担能力以及有关部门领导决策等等，同时在一个时期内仍然受到非市场因素的调整和安排，如外交上的需要。但这些因素都是积极规范或主导支持孔子学院建设的，从本质上讲，并不影响本文研究孔子学院发展的信度。

笔者认为，本文不同于宏观的政策研究，文中量化分析研究时所选取的原始数据，均来自中国各权威部门公开发布的信息，具有综合性、独立性和一定的应用参考价值，一是在宏观上反映了中外政治关系、经济贸易和文化交流的关联度，对孔子学院空间布局和发展产生的巨大影响，二是用数据体现出孔子学院服务于中国国家整体战略及发展中外国际关系的重要性和紧迫性，描述了孔子学院整体布局及个体布点的未来发展空间。特别是：

1、基于2012-2023年不同国别孔子学院布点的研究，有助于中国有针对性地统筹规划、合理布局，以发达国家、新兴市场国家及有重要战略意义的发展中国家为重点，进一步形成多层次、多样化、广覆盖的孔子学院发展格局。

2、在孔子学院建设资金和资源有限的情况下，因地制宜，分类指导，采取有利于中国对外开放的工作机制、与当地政府、学校、社区的合作政策，使每所孔子学院充分发挥语言教学功能，不断扩大招生，努力成为所在国的汉语教学中心，努力促进孔子学院（孔子课堂）办学与所在国的国民教育体系相结合，与学生的未来发展相结合，最大限度地激发和满足当地的汉语学习需求，从而产生孔子学院倍增和辐射效应。

3、本文研究结果可为我国有关政府部门未来十年继续实施"文化走出去"战略提供理论参考依据，为中央和地方政府有关部门（教育、财政、外交、文化、新闻出版、广播电视）进一步扩大对外开放，以加快孔子学院建设为抓手、提高中国软实力提供决策支持。

概括本文所做的研究，主要有以下几方面的成果和结论：

一是关于孔子学院招生规模测算的基本方法研究和孔子学院全球招生规模以及区域布点测算框架的全面建立。

目前孔子学院不是传统意义上的学校教育，因此并没有针对学校招生规模测算的具体方法，但是可以借鉴相关人才需求的测算方法。从理论上讲，人才需求测算的基本方法包括两种，即定性预测和定量预测。其中，定量预测法中的生长曲线方法和时间序列方法是目前流行的两种人才需求测算方法。本文首先全面定量预测有关方法的基本内容，包括建立的基本步骤，计算方法，所需要的数据等。然后通过对2005 – 2011 年孔子学院全球招生人数以及分地区的招生规模等数据的分析，本文最终采用 Logistic 模型来描述汉语学习的总需求，采用成分数据模型来描述汉语学习的分地区需求，并以此来预测孔子学院未来十年的招生规模和区域结构的情况。通过这两部分的分析，可以看出孔子学院的建设规模是有上限的，不能无限扩展。首先，汉语国际推广给中国改革与发展带来了正效应，但是随着孔子学院规模的不断增长，基于中国政府财政支持的全球孔子学院所带来的边际正效应是边际递减的；其次，可以看到孔子学院每年全球入学人数以及各大洲的入学人数是逐年增加的，但是增加的速率在逐年递减。

二是关于汉语学习需求影响因素的政治维度测算方法及其应用研究。

人是一种语言的存在，人的很多社会性活动都是一种语言化活动。政治作为一种以意识形态为导向的社会性活动更是高度语言化的活动。语言不仅仅是思想意义的表达，语言本身更是人的权力意志的体现。语言问题之于政治具有极为特殊的意义，政治是一种语言的存在。在各种因素中，对语言影响最大的还是政治。

本文对影响汉语学习需求的政治维度进行了全面且深入的研究，构建了政治维度测度的指标体系。本文构建的政治维度有五层，分别是建交时间；签订友好条约；军事互信（联合军演的次数、来访次数以及出访次数）；边界纠纷或地缘关系；民间交往。其中，建交时间层次的具体指标为外国与中国建交的时长，通过上文分析可以看出朝鲜、蒙古、印度等国家与中国建交长达60多年，而南苏丹、马拉维、哥斯达黎加等国家与中国建交时长不超过5年，世界各国与中国建交时间存在显著差异，由此可以根据建交时间的先后来赋值；签订友好条约的方面可以由2007–2010年中国与外国签订的友好条约份数的指标来表示，如果近4年中国与某一国家签订了多份友好条约，则这一指标的赋值相对较高，反之，赋值相对较低；军事互信的层次可以由联合军演的次数、中国军方人员出访的次数、外国军方人员来华访问的次数三个指标反映；地缘与边界的方面可以由地缘关系和边界纠纷两个指标反映，给予接壤国、临海国以及无边界纠纷的国家相应较高的分数；民间交往的层次以外国留学生主要来自哪些国家、中国留学生主要去往哪些国家、入境的外国游客主要来自哪些国家这三个指标反映。

其次，本文根据政治维度的具体构成指标以及相应的取值方法，计算出各个国家政治维度的得分，在各大洲内将各国得分结果汇总并进行排名，同时也在全球范围内进行排名。在各大洲内的各国得分结果汇总和排名中，亚洲各国家政治维度的总分最高，分数高达646，其中日本、蒙古、印度、韩国、印度尼西亚、菲律宾、巴基斯坦、新加坡、朝鲜、泰国等10个国家的得分在20分以上（包含20分）；总分排名第二的是欧洲，政治维度总分为528，其中俄罗斯、法国、英国、德国等4个国家的得分在20分以上（包含20分）；总分排名第三的是非洲，政治维度总分为363；总分排名第四的是美洲，政治维度总分为233，其中美国和加拿大的得分在20分以上；总分排名第五的是大洋洲，政治维度总分仅为66。在全球范围内的排名中，排名在前六位的国家分别是俄罗斯，得分为26；并列第二位的有日本、蒙古、韩国，得分为24；第三位的国家是印度，得分为23；第四位的国家是美国，得分为22；并列第五位的有印度尼西亚、菲律宾、新加坡、法国、英国，得分为21；并列第六位的有巴基斯坦、朝鲜、泰国、德国、加拿大，得分为20。

三是关于汉语学习需求影响因素的经济维度测算方法及其应用。经济与文化相通，经济基础的发展必将带来文化的繁荣。随着中国经济的快速发展和国际地位的不断提高，以汉语为工作语言的经济活动日趋增多，能娴熟恰当地运用汉语进行商贸活动已成为众多国际人士的需求。首先，本文对影响汉语学习需求的经济维度进行了全面且深入的研究，构建了经济维度测度的指标体系。

首先，本文构建的经济维度有三层，分别是贸易额、企业对外经济行为和对外经济援助。其中，贸易额将以2008-2010年中国与其他国家（地区）的进出口总额的算术平均值进行衡量；企业对外经济行为用两个指标进行衡量：中国在其他国家的企业数量（分国别）和中国对外直接投资额（分国别）；对外经济援助：中国给予哪些国家经济支持（譬如非洲某些国家）等。其次，本文根据经济维度的具体构成指标以及相应的取值方法，计算出各个国家经济维度的得分，在各大洲内将各国得分结果汇总并进行排名，同时也在全球范围内进行排名。在各大洲内的各国得分结果汇总和排名中，非洲各国家经济维度的总分最高，分数高达702，其中刚果（金）、南非的得分在20分以上；总分排名第二的是亚洲，经济维度总分为692，其中泰国、马来西亚、印度尼西亚、老挝、缅甸、韩国、土耳其、土库曼斯坦、越南、伊拉克、日本、也门等12个国家的得分在20分以上（包含20分）；总分排名第三的是欧洲，经济维度总分为444，其中英国得分在20分以上（包含20分）；总分排名第四的是美洲，经济维度总分为231；总分排名第五的是大洋洲，经济维度总分仅为74。在全球范围内的排名中，排名在前七位的国家分别是泰国；并列第二的有：刚果（金）、南非、马来西亚；并列第三位的有：印度尼西亚、老挝、缅甸、韩国、土耳其、土库曼斯坦、越南；并列第四位的有：伊拉克、日本、也门、英国；并列第五位的有蒙古、菲律宾、巴基斯坦、德国、瑞典等11个国家；并列第六位的有印度、哈萨克斯坦、新加坡、意大利、加拿大、巴西等14个国家；并列第七位的有挪威、智利、沙特阿拉伯等9个国家。

四是关于汉语学习需求影响因素的文化维度测算方法及其应用研究。语言与文化的相互依存关系：文化对语言学习的影响重大；而语言是文化不可分割的一部分，是文化的载体。在汉语学习的过程中，应注意对中国文化渊源的了解，因为单纯掌握一种外国的语言并不能很好地与掌握目标语言的人进行交际。中国与其他国家尤其是西方文化存在着根源上的不同，因而了解影响汉语学习的文化因素是十分必要的。在进行文化维度测度时，需要采用具体指标量化以上文化影响因素。本文没有自行选取文化距离维度，而是基于前人的研究测算世界上主要国家与中国的文化距离指数，以此指数为基础进行文化维度赋值。Geert Hofstede 教授将一个国家的文化层面分解为五个方面，称为五维文化理论。那么评价一个国家的文化问题就按照这五个方面来进行定级、评分。可以将不同的国家拿来进行比较分析，得出文化差异。"文化距离"是 Hofstede 等提出的用以说明不同国家或者文化群体之间"文化相近"程度的概念，包括各国的权力距离指数、不确定性规避指数、个人主义指数、男权主义指数、长期取向和短期取向等5个维度的变量。其次，本文根据文化维度的具体构成指标以及相应的取值方法，将各国得分结果在全球范围内进行排名。结果显示,排名在前三位的国家分别是印度、巴西;并列第二位的有韩国、新加坡、泰国、日本;并列第三位的国家有菲律宾、**埃塞俄比亚、肯尼亚、坦桑尼亚、赞比亚、加纳、尼日利亚、塞拉利昂**。其中,非洲国家占了50%,亚洲国家占了42.86%,美洲国家占了7.14%。

五是关于孔子学院空间布局的研究。Theil – Tornqvist 指数(简称为TT指数)是产出、价格和生产率的国际比较中被广泛采用的方法,本研究拟将其应用到汉语学习需求的国际比较中。本文在建立TT指数模型之前,首先确定俄罗斯为研究基国,一是因为俄罗斯各个指标的分值没有空集和零值,二是基国的选择不会影响研究结果的判断。其次,本研究假设同一维度下不同指标的分值在标准化后是可以排序的,即在对分值进行标准化后,在同一国家同一维度下,不同指标的分值大小代表不同指标的重要性大小,即选择标准化后的分值作为权重。最后,本研究采用"零值缺失法"来处理零值:把零值都看成缺失值,不纳入汉语学习需求TT指数的计算,这样某个维度中会有几个指标值没有数据,但这个维度的TT指数存在,从而保证整个国家的汇总TT指数存在。其次,利用与中国建交的172个国家的政治、经济和文化三个维度17个指标的分值,根据TT指数的构建步骤,本研究构建了这些国家的汉语学习需求TT指数。通过一系列的计算,最终得到"零值缺失"法下的汉语学习需求TT指数结果。最后,根据计算得到的各国汉语学习需求的总体TT指数,对其进行升序排列,并以此确定在5大洲的孔子学院布点数量,计算差值。

为了推动全球孔子学院在新时期扩大建设规模,实现新的布局,进一步促进汉语国际教育的发展,笔者希望能有同行在以下两方面的制度建设进行深入研究,予以保障。

1. 加强政府的领导和统筹作用

孔子学院是中国对外合作与发展的需要、是引领中国国际教育发展的品牌项目，涉及社会各个领域和所有社会成员，迫切需要加强政府的统筹、协调作用。同时，网络及现代通讯技术手段的发展已经改变了世界，政府需要加强汉语国际教育的多媒体技术改造投入和汉语言文化知识的更新管理，促进网络孔子学院的健康、有序发展。

2. 推动汉语国际教育法制建设

在中国加快制定《孔子学院和汉语国际教育促进条例》，明确在孔子学院建设和汉语国际教育事业中政府、行业、企事业组织、教育机构与学习者的责任、权利与义务。设定孔子学院办学条件的国际标准，以及适应于外国民众学习需要的教育培训投入和学习资助体制。建立以政府公共财政拨款为主，多渠道吸纳社会资金为补充的经费保障体制。在汉语普及较好的国家，要推动政府部门将汉语纳入国民教育体系，并形成法案予以保障。在孔子学院布点较多的国家如美国，要推动州政府、学区、学校上下一体，对汉语教育政策、汉语教师评聘、汉语教材编写、经费负担等问题纳入区域立法和行政范畴。

当前，数百个孔子学院遍布全球，有力地扩大了中国文化的影响力。但也有人把这种国际文化交流看作一种侵略。虽然我们不能制止别人戴"有色眼镜"看人，但此种倾向应当引起我们重视。我们必须清醒地认识到，文明与文明的交流、接纳与融合，必须注意方式和方法，注重互利、互惠、共赢。来而不往非礼也，海纳百川有容乃大。坚定地扩大文化"走出去"战略的同时，我们也要让各个国家的先进文化和文明成果"走进来"。我们也应当看到，中国成功进军海外的民族优秀文化品牌还是凤毛麟角，中国文化"软实力"还有待进一步提升。

一个个孔子学院，让许多友好的外国人学习了汉语，了解到中国文化，但这远远不够，我们需要更多的各行各业的产品走出国门，让世界从不同的领域了解中国文化和华夏文明。

参 考 文 献

[1] Aitchison J. The Statistical Analysis of Composit ional Data [M]. London: Chapman andHall, 1986.

[2] Anderson, J. E. The gravity model. Annual Review of Economics, 2011 (3): 133 – 160.

[3] Anderson, J. E. , & van Wincoop, E. . Gravity with gravitas: A solution to the borderproblem. American Economic Review, 2003 (1), 170 – 192.

[4] Arellano, M. , & Bond, S. \\. Some tests of specification for panel data: Monet Carlo evidence and application to employment equations. Review of Economic Studies, 1991 (58): 277 – 297.

[5] Arellano, M. , & Bover, O. . Another look at the instrumental variable estimation of errorcomponents models. Journal of Econometrics, 1995 (68): 29 – 51.

[6] Bartholomew, David J. , Forbes, Andrew F. and McClean, Sally I. Statistical techniques for manpower planning [M]. Chichester and New York: Wiley PUBLISHER, 1991.

[7] Brendan McSweeney, Hofstede'S model of national cultural differences and consequences: A triumph of faith – a failure of analysis, Human Relations, Vol. 55 (1), 2002, PP. 89 – 118.

[8] China Institute, annual – reports, [EB/OL] http: // www. chinainstitute. org/about/annual – reports/, 2011.

[9] Corcoran, J. and M. E. J. O'Kelly. Manpower Planning, Manpower and Applied Psychology, 2007 (5): 3 – 10.

[10] Crystal, D. English as a Global Language [M]. Cambridge: Cambridge University Press. 1997.

[11] Ding, S., & Saunders, R. A. (2006). Talking Up China: An Analysis of China's Rising Cultural Power and Global Promotion of the Chinese Language. East Asia, 2006 (2): 3 – 33.

[12] Duff, P.. A critical analysis of the changing multilingual ecology of Canada within the Americas. Keynote presentation. Association for Canadian Studies in German – Speaking Countries Conference. Grainau, Germany, Feb. 17 – 19, 2006.

[13] Everson, M., & Xiao, Y. (2009a). Introduction. In M. Everson & Y. Xiao (Eds.), Teaching Chinese as a foreign language: Theories and applications (pp. ix – xiv). Boston: Cheng &Tsui.

[14] Ferrers N. M. An Elementary Treat ise on Tril inear Coordinates [M]. London: Macmillan, 1866.

[15] Freeman, R. B. An Empirical Analysis of the Fixed Coefficient " Manpower Requirements" Model, 1960 – 1970 [J], Journal of Human Resources, 1980, 15 (2): 176 – 199.

[16] Graddol, D. (2006). English next. London: British Council. Retrieved Jan. 8/08 from http://www.britishcouncil.org/learning – research – english – next. pdf.

[17] Haitao Zheng, Manying Bai, Ruoen Ren, Multilateral Comparison Of Chinese International Competitiveness In Manufacturing: 1980 – 2004 [A], Proceedings The Ninth International Conference on Industrial Management (ICIM' 2008) [C], 2008, Osaka JAPAN, 9: 910 – 919.

[18] Hartig, F.. Confusion about Confucius Institutes. Working Paper, Queensland University of Technology, Brisbane, Australia (2010).

[19] Heijke, J. A. M. Towards a Transparent Labour Market for Training Decisions: in Europe's Human Resources in the 1990's. Report from the 1993 Cumberland Lodge Conference, prepared by TARGET with support from the European Commission, Task Force Human Resources, Education, Training and Youth, 1993 (11): 60 - 75.

[20] Hughes, G., Manpower Forecasting. A Review of Methods & Practice in Some OECD Countries, Dublin, FS/ESRI, 1991.

[21] James Eales, et al, "Generalized Models of Japanese Demand for Fish", Amer. J. Agr. Econ, 79, November 1997, PP1153 -1163

[22] John B. Cu llen、K. Praveen Parboteeah. 孔雁译. 国际企业管理战略要经（M）. 清华大学出版社. 2007 - 06 P56.

[23] Kwak, N. K. Walter A. Garrett, Jr., Sam Barone. A Stochastic Model of Demand Forecasting for Technical Manpower Planning [J]. Management Science, 1977, 23 (10): 1089 - 1098.

[24] Lazear, E. P. Culture and language. Journal of Political Economy. 1999 (6): 95 - 126.

[25] LEAMER A. 2002. Determinants of bilateral trade: does gravity work in a neo - classical world [J]. Journal of Comparative E conom ics, 110: 281 - 312.

[26] LSE 2011, About us, [EB/OL] http://www2. lse. ac. uk/language/Projects/confuciusInstitute/aboutUs/home. aspx, U. K., 5 April, 2011

[27] Li, D., & Duff, P. (2008). Issues in Chinese heritage language education and research at the postsecondary level. In A. W. He & Y. Xiao (Eds.), Chinese as a heritage language: Fostering rooted world citizenry (pp. 13 - 36). Honolulu: National Foreign Language Resource Center.

[28] Mark F. Peterson, "The Heritage of Cross Culture blanagement Research Implication for the Hofstede Chair in Cultural Diversity", International Journal ofCross CulturalManagement, Vol. 7 (3), 2007, PP. 359 – 377.

[29] Melitz, J. Language and foreign trade. European Economic Review, 2008 (6): 667 – 699.

[30] Paradise, J. F.. China and international harmony: the role of Confucius Institutes in bolstering Beijing's soft power. Asian Survey, 2009 (4): 647 – 669.

[31] Psacharopoulos, G. From Manpower Planning to Labour Market Analysis', International Labour Review, 1991 (4): 459 – 474.

[32] Pearson. The Research Centre for Education and Labour Market, ROA – R – 1987/1E, Maastricht.

[33] Rosenthal, N. H. (1992), Evaluating the 1990 Projections of Occupational Employment', Monthly Labour Review, August, pp. 32 – 48.

[34] Schultz, T. W. Investment in Human Capital, American Economic Review, 1961 (3): 1 – 17.

[35] Sniezek, J. A. An Examination of Group Process in Judgemental Forecasting, International Journal of Forecasting, 1989 (5): 171 – 178.

[36] Ren, Zheng Haitao. Multilateral Comparison on Chinese Manufacturing's international competitiveness, Journal of System Science & System Engineering, 2005. 12: 400 – 416.

[37] Ren, Zheng Haitao, Multilateral Comparison on Chinese Manufacturing's international competitiveness: 1980 – 2004, Frontiers of Economics in China—Selected Publications of Chinese Universities, 2006 (4): 560 – 576.

[38] Selten, R., & Pool, J. The distribution of foreign language

skills as a game equilibrium. In: R. Selten (Ed.), Game Equilibrium Models IV: Social and Political Interaction, New York: SpringerVerlag, 1991 (2): 64 -87.

[39] Starr, D.. Chinese language education inEurope: the Confucius Institutes. European Journal of Education, 2009 (1), 65 -82.

[40] The Swedish National Council of Adult Education. Facts On L iberal Adult Education in Sweden [EB /OL]. http: // www. folkbildning. se /download /271 /x/FBR _ fickfakta2003 _ engelsk. pdf, 2007203210.

[41] Xu, L.. Report of the 2010 work and 2011 plan of the Confucius Institute Headquarters Confucius Institute, 2011 (12): 18 -21.

[42] Van Eijs, P. Manpower Forecasting in the Western World. The Current State of the Art, ROA - RM - 1994/1E, Maastricht. 1994.

[43] What is a study circle? [EB/OL]. http: //www. studycircles. net. au/ what_ is_ a_ study_ circle_ .

[44] Willems, E. J. T. A. and A. de Grip, 'Forecasting Replacement Demand by Occupation and Education' [J], International Journal of Forecasting, 1993, 9 (2): 173 -185.

[45] Wilson, R. Modelling and Forecasting the Structure of Employment in theUnited Kingdom, in: H. Heijke (ed.), 1994: 9 -35.

[46] Youdi, R. V. and K. Hinchcliffe (eds.). Forecasting Skilled Manpower Needs. The Experience of Eleven Countries [M], Paris, UNESCO International Institute for Educational Planning. 1985.

[47] Zheng Haitao, Ren ruoen, "A New Benchmark Comparison in Non - Manufacturing Sectors between China and US by ICOP Approach", International Comparison of the Productivity among Pan - Pacific Countries - ICPA Project no. 2 in Japan, 2003. 11

［48］Gary Sigley，李佳．开展海外汉语教学和文化交流的挑战与机遇——以西澳大学孔子学院为个案［J］．云南师范大学学报（对外汉语教学与研究版），2009（1）．

［49］保继刚．引力模型在游客预测中的应用［J］．中山大学学报：自然科学版 1992．（4）：133－135．

［50］曹希绅．中国地质人才需求预测及发展战略研究［D］．导师：雷涯邻．北京：中国地质大学（北京），2010

［51］陈刚华．从文化传播角度看孔子学院的意义［J］．学术论坛，2008（7）．

［52］陈建东．城市零售商业空间布局研究［D］．导师：葛金田．济南：济南大学，2010

［53］陈娟；李继平；最优加权组合预测法在护理人才需求预测中的应用［J］．中华护理杂志，2009，（10）：903－906．

［54］陈觉万．吴端阳．海外孔子学院发展历程、动因及特点评析［J］．国家教育行政学院学报 2009．（4）：26－28

［55］陈瑶；余信丰；黄宏；基于 ARIMA 模型的金融专业人才需求预测［J］．商场现代化，2009（14）：297－298．

［56］陈亚民．海外孔子学院发展战略的文化地理学分析［J］．山东师范大学学报（人文社会科学版），2010（4）．

［57］崔希亮．对外汉语教学与汉语国际教育的发展与展望［J］．语言文字与应用．2010（2）．P2－11

［58］代蕊华，沈玉顺高等学校的空间布局与教育的公平和效率［J］．高等教育研究，1998（04）：35－36．国家汉办．重要文件资料汇编（2005－2010）．（内部资料）

［59］邓聚龙．灰色控制系统．武汉：华中理工大学出版社，1985．

［60］邓石华．浅论现代远程教学中学生学习"地位"及"支助"问题［J］．湖南广播电视大学学报，2000，（1）：67－70．

[61] 邓炎昌，刘润清．语言与文化——英汉语言文化对比[M]．北京：外语教学与研究出版社，1989．

[62] 丁兴富．远程学习圈：构建远程教学与远程学习的基础理论[J]．中国远程教育，2001，(7)：10-14．

[63] 丁辉侠，董超，冯宗宪．2007．文化因素对流入中国的外商直接投资的影响：基于引力模型的实证分析[J]．郑州大学学报：哲学社会科学版（1）：79-82．

[64] 杜学增．中英文化习俗比较[M]．北京：外语教学与研究出版社，1998．

[65] 范维纲、何捷 主编：21世纪交通人才发展战略与政策研究，武汉理工大学出版社，2001年

[66] 符雪清．不同文化的差异干扰第二语言学习的问题[J]．海南大学学报（人文社会科学版），1999．

[67] 高书国，21世纪初北京教育层次结构与空间布局的战略思考[J]．教育科学研究，2001（06）：10-14．

[68] 高淑婷，托瑞·珀尔森．瑞典的"学习圈"[J]．中国远程教育，2005（2）．

[69] 高秀敏．英语学习的一个重要因——对社会文化背景的把握[J]．时代文学（理论学术版），2008，(9)．

[70] 桂明超．一种理想可行的"孔子学院"构架的模式[J]．云南师范大学学报（对外汉语教学与研究版），2008（5）．

[71] 贵阳市人事局，贵阳市人才资源需求预测研究（1996~2010），贵阳：贵州人民出版社，1999．

[72] 国家汉办暨孔子学院总部．国家汉办/孔子学院总部2009年度报告[M]北京：内部资料

[73] 国家汉办．孔子学院[EB/OL] http://www.hanban.org/kzxy.php，2007-12-16

[74] 国家汉办．孔子学院章程[EB/OL] http://

www.hanban.org/confuciousinstitutes/node_7537.htm, 2007 – 12 – 16

［75］郭宇路. 孔子学院的发展问题与管理创新［J］. 学术论坛, 2009（6）.

［76］郭为. 2007. 入境旅游：基于引力模型的实证研究［J］. 旅游学刊（3）：30 – 34.

［77］汉语教材编写与推广论坛. 第十届国际汉语教学研讨会论文摘要集. 内部资料. 沈阳. 2010 年 8 月 18 – 20 日

［78］韩映雄, 石梅. 论高等教育强国建设进程中的海外办学——以孔子学院为例［J］. 比较教育研究, 2010（10）.

［79］何龙娟, 吴殿廷. 2007. 中国繁荣与富裕的空间不对称问题［J］. 经济地理（2）：177 – 182.

［80］何懿, 赵双印, 杜莹. 通过尼泊尔孔子学院创办及发展探究中国孔子学院发展途径［J］. 中国成人教育, 2009（5）.

［81］胡文仲：跨文化交际学概论, 外语教学与研究出版社 1999 年版, 第 175 页.

［82］胡文仲. 文化与交际［M］. 北京：外语教学与研究出版社, 1994.

［83］胡志金. 论远程学习者的交互学习策略［J］. 中国远程教育, 2010,（5）：35 – 40.

［84］胡志毅, 张兆干, 城市饭店的空间布局分析——以南京市为例［J］. 经济地理, 2002,（01）：106 – 110.

［85］黄富顺. 成人教育比较研究［M］. 台北：五南图书出版公司, 1988.

［86］黄日强, 黄宣文. 瑞典成人学习圈的产生与发展［J］. 成人教育, 2008（1）.

［87］贾明辉, 华志强. 主成分分析数据处理方法探讨［J］. 内蒙古民族大学学报：自然科学版, 2008（4）：379 – 381.

［88］交通部科技教育司《2015 年交通专门人才需求预测及

交通教育发展战略研究》课题组,《2015年交通专门人才需求预测及交通教育发展战略研究》[R],北京:人民交通出版社,2000.

[89] 教育部.2005年全国来华留学统计年鉴[EB/OL]. http://www.moe.gov.cn/publicfiles/business/htmlfiles/moe/moe_850/201001/xxgk_77808.html,2006-02-06

[90] 教育部.2006年全国来华留学统计年鉴[EB/OL]. http://www.moe.gov.cn/publicfiles/business/htmlfiles/moe/moe_850/201001/xxgk_77799.html,2007-02-06

[91] 教育部.汉语桥工程简介[EB/OL] http://www.edu.cn/20050721/3144302.shtml.2005-07-21

[92] 雷大川.政治:一种语言的存在——兼论政治语言学的建构[J].文史哲,2009(3).

[93] 李乐毅."孔子学院"离不开汉语拼音[J].语言文字应用,2008(3).

[94] 李明.德国杜塞尔多夫孔子学院的汉语教学[J].云南师范大学学报(对外汉语教学与研究版),2009(5).

[95] 李新晖,陈梅兰,蒋家傅.教育信息化自组织现象分析[J].中国电化教育,2010,(4):16-20.

[96] 李瑛.境外孔子学院的创建与发展:基于文化视角[J].探索,2010(5).

[97] 李志刚,苏衍慧.2006.亲景度指标在引力模型中的运用:以美国旅桂(林)市场为例[J].桂林旅游高等专科学校学报(6):665-667.

[98] 林美琴.读册做伙行——读书会完全手册[M].台北:洪建全基金会,1998.

[99] 联合国教科文组织国际教育发展委员会编著.学会生存——教育世界的今天和明天[M].北京:教育科学出版社,1996.

[100] 刘伟.孔子学院的文化软实力作用[J].云南师范大

学学报（对外汉语教学与研究版），2010（4）．

［101］刘小和，"北京市牛奶需求预测及改善奶牛业生产状况的分析与对策"，北京农业大学硕士学位论文，1987

［102］刘英林．"汉语国际教育用口语教学音节和汉字词汇等级划分．第十届国际汉语教学研讨会论文摘要集．内部资料．沈阳．2010年8月18－20日．

［103］罗明东，建立教育地理学刍议［J］．高等师范教育研究，1997，（05）．

［104］罗铸泉．社会文化背景与英语学习［J］．成都教育学院学报，2003，（17）．

［105］马振华；刘春生；中国"十一五"时期高技能人才需求预测与人才积累对策研究［J］．科技进步与对策，2007（05）：161－164．

［106］马洁；王永伟；基于经济增长研究的新疆人才需求预测［J］．新疆社会科学，2009（01）：27－31．

［107］麻学锋；基于旅游地生命周期视角的旅游人才需求预测模型建构［J］．经济师，2008（06）：242－243．

［108］莫嘉琳．孔子学院与世界主要语言文化推广机构的比较研究［J］．云南师范大学学报（对外汉语教学与研究版），2009（5）．

［109］倪守建．成人网络教学时空的局限及后现代时空观的启示［J］．河北大学成人教育学院学报，2009（1）．

［110］宁继鸣．汉语国际推广：关于孔子学院的经济学分析与建议，山东大学博士论文，导师：黄少安，2006年5月13日．

［111］全国化工高教学会 编著，《未来化工高级专门人才需求与培养目标及规格研究》，北京：化学工业出版社，1997.12．

［112］施久玉，柴艳有．灰色成分数据模型在中国产业结构分析预测中的应用［J］．统计与信息论坛，2007（1）：32－35．

[113] 孙林岩. 组合预测方法及应用,预测,1990 年第 9 卷第 4 期.

[114] 孙瑞娟,任黎秀,王焕等. 2007. 区域旅游贸易引力模型的构建及实证分析:以南京市国内客源市场为例 [J]. 世界科技研究与发展(6):61-64.

[115] 山东大学孔子学院工作办公室. 孔院介绍 [EB/OL] http://www.cie.sdu.edu.cn/information/ShowArticle.asp?ArticleID =67.2009-201.

[116] 山西省人才需求预测和教育结构调整研究,山西省人才需求预测和教育结构调整研究研究课题报告,1995.1

[117] 申小龙. 语言与文化的现代思考 [M]. 郑州:河南人民出版社,2000.

[118] 苏静. 基于前移回归分析的科技人才需求预测模型 [J]. 湖南文理学院学报(自然科学版),2008,(01):24-26.

[119] 苏珊 C. 施奈德,简-路易斯巴尔索克斯. 石永恒主译. 跨文化管理(M). 经济管理出版社. 2002-01:17.

[120] 孙继湖,王立杰. "基于灰色系统理论的煤炭需求预测模型". 煤炭学报,Vol.27 No.3. 2002

[121] 孙晋众,林健. 人才需求预测指标体系及其实证分析 [J]. 沈阳航空工业学院学报,2007,(01):92-94.

[122] 孙巍. "灰色控制论系统集成化与种植业机械需求研究",吉林工业大学农业机械设计与制造专业博士论文,1996.10

[123] 汤伟伟,况敏. 江苏省技能人才需求预测 [J]. 职业教育研究,2010,(08):5-7.

[124] 宛新政. 孔子学院与海外汉语师资的本土化建设 [J]. 云南师范大学学报(对外汉语教学与研究版),2009(1).

[125] 王惠文,刘强. 成分数据预测模型及其在中国产业结构趋势分析中的应用 [J]. 中外管理导报,2002,(5):27-29.

[126] 王惠文, 张志慧. 成分数据的多元回归建模方法研究 [J]. 管理科学学报, 2006 (4): 27-32.

[127] 王俊. 2007. 文化差异与跨国公司在华投资的独资化倾向 [J]. 国际贸易问题 (12): 99-105.

[128] 网络孔子学院. 全球孔院 [EB/OL] http://college.chinese.cn/node_1941.htm.

[129] 王庆存. 欧洲汉学家 感知中国的桥梁 [J]. 对外大传播 2006 (Z1).

[130] 王秋玲, 关于创建教育地理学理论体系的几点思考 [J]. 河南教育学院学报 (哲学社会科学版), 1995, (01):

[131] 王薇. 黑龙江省普通高等学校空间布局研究 [D]. (导师: 刘惠林): 黑龙江大学, 2008.

[132] 王砚羽, 邹仁余. 基于灰色系统理论的江苏省文化产业人才需求预测 [J]. 经济师, 2009, (02): 192-193.

[133] 王永德. 试论新形势下我省对外汉语人才的需求 [J]. 安徽警官职业学院学报, 2003, (1): 58-60.

[134] 王子先. 2006. 世界各国消费率演变的趋势、比较及启示 [J]. 求是 (4): 56-58.

[135] 吴萌. 科学发展观视角下的孔子学院建设. [J]. 沈阳师范大学学报 (社会科学版), 2009年第4期, 第33卷, 总第154期, P161-163.

[136] 吴瑛. 对孔子学院中国文化传播战略的反思 [J]. 学术论坛, 2009 (7).

[137] 吴瑛, 提文静. 孔子学院的发展现状与问题分析 [J]. 云南师范大学学报 (对外汉语教学与研究版), 2009 (5)

[138] 吴瑛, 阮桂君. 中国文化在美国青少年中的传播效果调查——以匹兹堡地区孔子学院为例 [J]. 学术交流, 2010 (10).

[139] 吴应辉. 关于孔子学院整体可持续发展的一个战略设想 [J]. 云南师范大学学报（对外汉语教学与研究版）, 2009 年 1 月, 第 7 卷第 1 期, P23 - 26.

[140] 厦门大学国际合作交流处. 厦门大学与孔子学院 [EB/OL] http://ice.xmu.edu.cn/confucius.aspx. 2007 - 03 - 26

[141] 晓虹. 区域高等教育空间布局与教育均衡发展 [D]. (导师：罗明东)：云南师范大学, 2005

[142] 肖健华；人才需求预测的支持向量回归模型 [J]. 统计与决策, 2007, (11): 31 - 32. 谢安邦, 赵文华, 高等教育空间布局的系统观 [J]. 上海高教研究, 1998, (02).

[143] 谢绵绵. 北美地区中小学汉语教学概况. 第十届国际汉语教学研讨会论文摘要集. 内部资料. 沈阳. 2010 年 8 月 18 - 20 日

[144] 徐坚. 构建和谐世界的理论与实践 [J]. 国际问题研究. 2006 (6), P5 - 7

[145] 许琳. 汉语国际推广的形势和任务 [J]. 世界汉语教学, 2007 (2) 总第 80 期. P106 - 110.

[146] 许士荣. 中国高等教育空间布局的现实选择 [J]. 煤炭高等教育, 2002, (04): 17 - 19. 姚道中. 大学先修课程（AP）中文教学模式. 第十届国际汉语教学研讨会论文摘要集. 内部资料. 沈阳. 2010 年 8 月 18 - 20 日.

[147] 姚继德. 伊朗的汉语教学与德黑兰大学孔子学院 [J]. 云南师范大学学报（对外汉语教学与研究版）, 2009 (6).

[148] 杨桂桦, 蒋南平. 音乐人才的需求预测方法浅析 [J], 四川工业学院学报, Vol. 21 No. 3. 2002

[149] 杨军. 2005. 旅游强国与旅游国际竞争力 [N]. 中国旅游报：8 - 17.

[150] 央视网. 全国人大"孔子学院的发展情况"专题采访（实

录)[EB/OL] http://news.cctv.com/china/20090312/102649.shtml, 2009年03月12日.

[151] 叶家康, 岳家俊. 人才预测学. 北京: 北京航空航天大学出版社, 1989.

[152] 于淼. 从孔子学院看汉语言文化推广的模式与效果[J]. 武汉大学学报（哲学社会科学版）, 2010 (6).

[153] 于艳红. 企业物流人才需求预测及人力资源开发研究[D].（导师：樊雪梅）: 吉林大学, 2009.

[154] 袁嘉祖, 灰色系统理论及其应用. 北京: 科学出版社, 1991.

[155] 袁礼. 试论孔子学院和国际汉语教育的制度化建构. 华侨大学学报（哲学社会科学版）. 2011 年第 1 期: 76-81.

[156] 袁礼, 柏满迎. 中国空间科技与专门人才的需求量预测分析, 哈尔滨工业大学学报（自然科学版 10 (2004) 1335-1337).

[157] 曾萍. 文化的障碍——跨文化交际实例分析[J]. 外语教学, 1999.

[158] 张海涛. 英汉思维差异对翻译的影响[J]. 中国翻译, 1999 (1).

[159] 张建伟. 网络协作探究学习的设计[J]. 中国电化教育, 2003 (9): 87-91.

[160] 张建勇, 赵涛. 基于 BP 神经网络的科技人才需求预测[J]. 科技管理研究, 2009 (08): 501-502.

[161] 张凌云. 1989. 旅游地引力模型的回顾与前瞻[J]. 地理研究 (1): 76-77.

[162] 张满才. 人本主义思想与远程学习支持服务体系构建[J]. 开放教育研究, 2009 (6): 38-41.

[163] 张西平. 简论孔子学院的软实力功能[J]. 世界汉语

教学，2007（3）：25 - P27..

[164] 张学增．纽伦堡—埃尔兰根孔子学院基本特点及其面临的主要问题探析 [J]．云南师范大学学报（对外汉语教学与研究版），2008（1）．

[165] 张尧庭．成分数据统计分析引论 [M]．北京：科学出版社，2000．任若恩，王惠文．多元统计数据分析 [M]．北京：国防工业出版社，1997．

[166] 张彦通．市场经济条件下专门人才需求预测研究及工程人才素质培养和教育改革研究．北京航空航天大学管理科学与工程专业博士后论文．1997 年

[167] 张智光．季节性时间序列预测方法的评述与改进思想，预测．No. 2，1993．

[168] 赵小仕．产业结构调整下的广州市技能人才需求预测分析 [J]．华东经济管理，2010，(03)：144 - 148．

[169] 郑海涛，任若恩．中国制造业国际竞争力的比较研究．中国软科学．2004（10）：59 - 64．

[170] 郑海涛，任若恩．TT 指数的进一步研究及其实证分析．统计研究．2005（1）：46 - 50

[171] 郑海涛，任若恩．多边比较下的中国制造业国际竞争力研究：1980 - 2004，经济研究，2005（12）：77 - 89．

[172] 周俊玲，中国奶类市场研究，中国农业大学农业经济管理专业博士论文，2001.5．

[173] 周倩．中国与非洲的教育交流与合作——以孔子学院为例 [J]．云南师范大学学报（对外汉语教学与研第 1 期）

[174] 周庆安，胡显章．[J]．中国公共外交的模式变革 [EB/OL] http：//myy. cass. cn/file/2009081134470. html. 2009 - 08 - 11．

[175] 周小凤．文化差异对英语学习的影响 [J]．现代教育

教学探索, 2009, (5): 23-25.

[176] 周志刚, 乔章凤. 海外孔子学院合作办学模式探析 [J]. 江苏高教, 2008 (5): 34-37.

[177] 周跃良, 曾苗苗. 生态取向下促进教师专业发展的新途径 [J]. 教育信息化, 2006, (9): 54-56.

[178] 中国农机院北京农机化所,《2000年中国农村主要机电产品技术发展和需求量预测》, 中国农业机械出版社, 1987.

[179] 中国网. 法拟在全球建143所"法兰西学院"提升文化传播力 [EB/OL] http://www.china.com.cn/international/txt/2010-08/20/content_20752116.htm.

[180] 衷克定, 冯菲. 远程学习者外在动机内化的探索研究 [J]. 开放教育研究, 2009 (6): 87-90.

[181] 钟英华. 非洲孔子学院建设中的几个基本问题 [J]. 云南师范大学学报 (对外汉语教学与研究版), 2009 (1): 31-34

[182] 朱晓林. 动态生产函数与经济预测, 1990 (9): 21-25.

[183] 宗焕平. 孔子学院的独特影响力. 瞭望新闻周刊. 2007 (11): 96-97.

附录一 孔子学院开设的国家基本情况

语言地理圈	国家（地区）	2010年底 孔子学院（课堂）数	2008年的数据 人口数（万人）	2008年的数据 人口占比	2008年的数据 国土面积（万平方公里）	2009年 国内生产总值（现价亿国际元）	2009年 人均国内生产总值（现价国际元）	2009年 国民总收入（现价亿国际元）	2009年 人均国民总收入（现价国际元）
世界总计			669 725		13 409.7	725 370	10 706	720 387	10 633
阿拉伯语国家群	土耳其	3	7 391	1.10%	78.4	10 403	13 905	10 273	13 730
阿拉伯语国家群	埃及	2	8 153	1.22%	100.1	4 715	5 680	4 719	5 690
阿拉伯语国家群	苏丹	1		0.00%					
阿拉伯语国家群	伊朗	1	7 196	1.07%	174.5	8 439	11 575	8 377	11 490
阿拉伯语国家群	以色列	1	731	0.11%	2.2	2 059	27 674	2 012	27 040
阿拉伯语国家群	摩洛哥	1		0.00%					
阿拉伯语国家群	突尼斯	1		0.00%					
阿拉伯语国家群	阿富汗	1		0.00%					

续表

语言地理圈	国家(地区)	2010年底 孔子学院(课堂)数	2008年的数据 人口数(万人)	2008年的数据 人口占比	2008年的数据 国土面积(万平方公里)	2009年 国内生产总值(现价亿国际元)	2009年 人均国内生产总值(现价国际元)	2009年 国民总收入(现价亿国际元)	2009年 人均国民总收入(现价国际元)
阿拉伯语国家群	亚美尼亚	1		0.00%					
阿拉伯语国家群	阿塞拜疆	1		0.00%					
阿拉伯语国家群	格鲁吉亚	1		0.00%					
阿拉伯语国家群	约旦	1		0.00%					
阿拉伯语国家群	吉尔吉斯斯坦	2		0.00%					
阿拉伯语国家群	黎巴嫩	1		0.00%					
阿拉伯语国家群	塔吉克斯坦	1		0.00%					
阿拉伯语国家群	阿联酋	2		0.00%					
北欧日耳曼语国家群	芬兰	1		0.00%					
北欧日耳曼语国家群	奥地利	3		0.00%					
北欧日耳曼语国家群	丹麦	4		0.00%					

续表

语言地理圈	国家（地区）	2010年底孔子学院(课堂)数	2008年的数据 人口数（万人）	2008年的数据 人口占比	2008年的数据 国土面积(万平方公里)	2009年国内生产总值（现价亿国际元）	2009年人均国内生产总值（现价国际元）	2009年国民总收入（现价亿国际元）	2009年人均国民总收入（现价国际元）
北欧日耳曼语国家群	德国	13	8 211	1.23%	35.7	29 844	36 449	30 267	36 960
北欧日耳曼语国家群	荷兰	1	1 645	0.25%	4.2	6 731	40 715	6 696	40 510
北欧日耳曼语国家群	挪威	0		0.00%					
北欧日耳曼语国家群	瑞典	0		0.00%					
北欧日耳曼语国家群	爱沙尼亚	1		0.00%					
北欧日耳曼语国家群	立陶宛	1		0.00%					
北欧日耳曼语国家群	挪威	1		0.00%					
北欧日耳曼语国家群	瑞典	1		0.00%					

续表

语言地理圈	国家（地区）	2010年底孔子学院（课堂）数	2008年的数据 人口数（万人）	2008年的数据 人口占比	2008年的数据 国土面积（万平方公里）	2009年 国内生产总值（现价亿国际元）	2009年 人均国内生产总值（现价国际元）	2009年 国民总收入（现价亿国际元）	2009年 人均国民总收入（现价国际元）
东亚（汉藏—日本、朝鲜—马来语）国家群	朝鲜	0	2 382	0.36%	12.1				
东亚（汉藏—日本、朝鲜—马来语）国家群	菲律宾	3	9 035	1.35%	30	3 262	3 546	3 261	3 540
东亚（汉藏—日本、朝鲜—马来语）国家群	韩国	21	4 861	0.73%	10	13 244	27 169	13 314	27 310
东亚（汉藏—日本、朝鲜—马来语）国家群	柬埔寨	1		0.00%		283	1 913	274	1 850
东亚（汉藏—日本、朝鲜—马来语）国家群	老挝	1		0.00%		143	2 259	139	2 210
东亚（汉藏—日本、朝鲜—马来语）国家群	马来西亚	2	2 701	0.40%	33	3 840	13 982	3 718	13 530

续表

语言地理圈	国家（地区）	2010年底 孔子学院（课堂）数	2008年的数据 人口数（万人）	2008年的数据 人口占比	2008年的数据 国土面积（万平方公里）	2009年 国内生产总值（现价亿国际元）	2009年 人均国内生产总值（现价国际元）	2009年 国民总收入（现价亿国际元）	2009年 人均国民总收入（现价国际元）
东亚（汉藏—日本、朝鲜—马来语）国家群	蒙古	3	264	0.04%	156.4	94	3 527	89	3 330
东亚（汉藏—日本、朝鲜—马来语）国家群	缅甸	2	4 956	0.74%	67.7				
东亚（汉藏—日本、朝鲜—马来语）国家群	日本	18	12 770	1.91%	37.8	41 385	32 443	42 457	33 280
东亚（汉藏—日本、朝鲜—马来语）国家群	泰国	23	6 739	1.01%	51.3	5 424	8 004	5 180	7 640
东亚（汉藏—日本、朝鲜—马来语）国家群	新加坡	2	484	0.07%	0.1	2 529	50 705	2 487	49 850
东亚（汉藏—日本、朝鲜—马来语）国家群	印度尼西亚	7	22 735	3.39%	190.5	9 670	4 205	9 332	4 060

续表

语言地理圈	国家（地区）	2010年底 孔子学院（课堂）数	2008年的数据 人口数（万人）	2008年的数据 人口占比	2008年的数据 国土面积（万平方公里）	2009年 国内生产总值（现价亿国际元）	2009年 人均国内生产总值（现价国际元）	2009年 国民总收入（现价亿国际元）	2009年 人均国民总收入（现价国际元）
东亚（汉藏—日本、朝鲜—马来语）国家群	越南	0	8621	1.29%	33.1	2 581	2 957	2 491	2 850
东亚（汉藏—日本、朝鲜—马来语）国家群	（中国）香港	1		0.00%					
拉丁国家群	希腊	1		0.00%					
拉丁语国家群	阿根廷	2	3 988	0.60%	278	5 864	14 559	5 688	14 120
拉丁语国家群	巴西	4	19 197	2.87%	851.5	20 201	10 427	19 881	10 260
拉丁语国家群	法国	16	6 228	0.93%	54.9	21 721	33 656	21 929	33 980
拉丁语国家群	罗马尼亚	2	2 151	0.32%	23.8	15 402	14 337	15 155	14 110
拉丁语国家群	墨西哥	5	10 635	1.59%	196.4				
拉丁语国家群	葡萄牙	2		0.00%					
拉丁语国家群	委内瑞拉	0	2 794	0.42%	91.2	3 503	12 341	3 511	12 370
拉丁语国家群	西班牙	4	4 556	0.68%	50.5	14 957	32 545	14 536	31 630

附录一 孔子学院开设的国家基本情况

续表

语言地理圈	国家（地区）	2010年底孔子学院（课堂）数	2008年的数据 人口数（万人）	2008年的数据 人口占比	2008年的数据 国土面积（万平方公里）	2009年国内生产总值（现价亿国际元）	2009年人均国内生产总值（现价国际元）	2009年国民总收入（现价亿国际元）	2009年人均国民总收入（现价国际元）
拉丁语国家群	意大利	16	5 983	0.89%	30.1	19 216	31 909	18 866	31 330
拉丁语国家群	巴哈马	1		0.00%					
拉丁语国家群	比利时	3		0.00%					
拉丁语国家群	厄瓜多尔	1		0.00%					
拉丁语国家群	哥伦比亚	3		0.00%					
拉丁语国家群	哥斯达黎加	1		0.00%					
拉丁语国家群	古巴	1		0.00%					
拉丁语国家群	马耳他	1		0.00%					
拉丁语国家群	秘鲁	4		0.00%					
拉丁语国家群	匈牙利	2		0.00%					
拉丁语国家群	牙买加	1		0.00%					
拉丁语国家群	智利	8		0.00%					
南亚（梵语）国家群	巴基斯坦	2	16 611	2.48%	79.6	4 456	2 625	4 594	2 710

续表

语言地理圈	国家（地区）	2010年底孔子学院（课堂）数	2008年的数据 人口数（万人）	2008年的数据 人口占比	2008年的数据 国土面积（万平方公里）	2009年国内生产总值（现价亿国际元）	2009年人均国内生产总值（现价国际元）	2009年国民总收入（现价亿国际元）	2009年人均国民总收入（现价国际元）
南亚（梵语）国家群	孟加拉国	2	16 000	2.39%	14.4	2 304	1 420	2 562	1 580
南亚（梵语）国家群	尼泊尔	2		0.00%					
南亚（梵语）国家群	斯里兰卡	2	2 016	0.30%	6.6	970	4 778	959	4 720
南亚（梵语）国家群	印度	1	113 996	17.02%	328.7	37 836	3 275	37 681	3 260
撒哈拉以南非洲（苏丹—班图语）国家群	津巴布韦	1		0.00%					
撒哈拉以南非洲（苏丹—班图语）国家群	南非	4	4 869	0.73%	121.9	5 076	10 291	4 964	10 060
撒哈拉以南非洲（苏丹—班图语）国家群	尼日利亚	2	15 121	2.26%	92.4	3 327	2 150	3 057	1 980

续表

语言地理圈	国家（地区）	2010年底 孔子学院(课堂)数	2008年的数据 人口数（万人）	2008年的数据 人口占比	2008年的数据 国土面积(万平方公里)	2009年 国内生产总值（现价亿国际元）	2009年 人均国内生产总值（现价国际元）	2009年 国民总收入（现价亿国际元）	2009年 人均国民总收入（现价国际元）
撒哈拉以南非洲（苏丹—班图语）国家群	坦桑尼亚	1		0.00%					
撒哈拉以南非洲（苏丹—班图语）国家群	埃塞俄比亚	1		0.00%					
撒哈拉以南非洲（苏丹—班图语）国家群	贝宁	1		0.00%					
撒哈拉以南非洲（苏丹—班图语）国家群	博茨瓦纳	1		0.00%					
撒哈拉以南非洲（苏丹—班图语）国家群	多哥	1		0.00%					
撒哈拉以南非洲（苏丹—班图语）国家群	喀麦隆	1		0.00%					

续表

语言地理圈	国家（地区）	2010年底 孔子学院（课堂）数	2008年的数据 人口数（万人）	2008年的数据 人口占比	2008年的数据 国土面积（万平方公里）	2009年 国内生产总值（现价亿国际元）	2009年 人均国内生产总值（现价国际元）	2009年 国民总收入（现价亿国际元）	2009年 人均国民总收入（现价国际元）
撒哈拉以南非洲（苏丹—班图语）国家群	肯利亚	3		0.00%					
撒哈拉以南非洲（苏丹—班图语）国家群	利比里亚	1		0.00%					
撒哈拉以南非洲（苏丹—班图语）国家群	卢旺达	1		0.00%					
撒哈拉以南非洲（苏丹—班图语）国家群	马达加斯加	1		0.00%					
撒哈拉以南非洲（苏丹—班图语）国家群	马里	1		0.00%					
撒哈拉以南非洲（苏丹—班图语）国家群	赞比亚	1		0.00%					

续表

语言地理圈	国家（地区）	2010年底 孔子学院（课堂）数	2008年的数据 人口数（万人）	2008年的数据 人口占比	2008年的数据 国土面积（万平方公里）	2009年 国内生产总值（现价亿国际元）	2009年 人均国内生产总值（现价国际元）	2009年 国民总收入（现价亿国际元）	2009年 人均国民总收入（现价国际元）
斯拉夫语国家群	白俄罗斯	1	968	0.14%	20.8				
斯拉夫语国家群	保加利亚	1	762	0.11%	11.1				
斯拉夫语国家群	波兰	4	3 813	0.57%	31.3	7 271	19 059	7 035	18 440
斯拉夫语国家群	俄罗斯联邦	20	14 195	2.12%	1 709.8	26 873	18 945	26 090	18 390
斯拉夫语国家群	哈萨克斯坦	2	1 567	0.23%	272.5	1 831	11 526	1 632	10 270
斯拉夫语国家群	捷克	2	1 042	0.16%	7.9	2 647	25 232	2 477	23 610
斯拉夫语国家群	南斯拉夫	0		0.00%					
斯拉夫语国家群	乌克兰	3	4 626	0.69%	60.4	2 911	6 327	2 848	6 190
斯拉夫语国家群	摩尔多瓦	1		0.00%					
斯拉夫语国家群	塞尔维亚	1		0.00%					
斯拉夫语国家群	斯洛伐克	1		0.00%					
斯拉夫语国家群	斯洛文尼亚	1		0.00%					
斯拉夫语国家群	乌兹别克斯坦	1		0.00%					

续表

语言地理圈	国家（地区）	2010年底孔子学院（课堂）数	2008年的数据 人口数（万人）	2008年的数据 人口占比	2008年的数据 国土面积（万平方公里）	2009年国内生产总值（现价亿国际元）	2009年人均国内生产总值（现价国际元）	2009年国民总收入（现价亿国际元）	2009年人均国民总收入（现价国际元）
英语国家群	澳大利亚	14	2 143	0.32%	774.1	8 582	39 231	8 357	38 210
英语国家群	加拿大	25	3 331	0.50%	998.5	12 803	37 946	12 682	37 590
英语国家群	美国	287	30 406	4.54%	963.2	142 563	46 436	143 453	46 730
英语国家群	新西兰	9	427	0.06%	26.8	1 240	28 723		
英语国家群	英国	70	6 141	0.92%	24.4	22 568	36 496	23 105	37 360
英语国家群	爱尔兰	6		0.00%					
英语国家群	冰岛	1		0.00%					

附录二 与中国建交的国家以及建交时间

国名	建交日	时长（年）
亚洲		
阿富汗	1955.1.20	57
亚美尼亚	1992.4.6	20
阿塞拜疆	1992.4.2	20
巴林	1989.4.18	23
孟加拉国	1975.10.4	37
文莱	1991.9.30	21
柬埔寨	1958.7.19	54
朝鲜	1949.10.6	63
东帝汶	2002.5.20	10
格鲁吉亚	1992.6.9	20
印度	1950.4.1	62
印度尼西亚	1950.4.13	62
伊朗	1971.8.16	41
伊拉克	1958.8.25	54
以色列	1992.1.24	20
日本	1972.9.29	40
约旦	1977.4.7	35
哈萨克斯坦	1992.1.3	20
科威特	1971.3.22	41
吉尔吉斯斯坦	1992.1.5	20
老挝	1961.4.25	51
黎巴嫩	1971.11.9	41
马来西亚	1974.5.31	38

续表

国名	建交日	时长（年）
马尔代夫	1972.10.14	40
蒙古	1949.10.16	63
缅甸	1950.6.8	62
尼泊尔	1955.8.1	57
阿曼	1978.5.25	34
巴基斯坦	1951.5.21	61
巴勒斯坦	1988.11.20	24
菲律宾	1975.6.9	37
卡塔尔	1988.7.9	24
韩国	1992.8.24	20
沙特阿拉伯	1990.7.21	22
新加坡	1990.10.3	22
斯里兰卡	1957.2.7	55
叙利亚	1956.8.1	56
塔吉克斯坦	1992.1.4	20
泰国	1975.7.1	37
土耳其	1971.8.4	41
土库曼斯坦	1992.1.6	20
阿拉伯联合酋长国	1984.11.1	28
乌兹别克斯坦	1992.1.2	20
越南	1950.1.18	62
也门	1956.9.24	56
非洲		
阿尔及利亚	1958.12.20	54
安哥拉	1983.1.12	29
贝宁	1964.11.12	48
博茨瓦纳	1975.1.6	37
布隆迪	1963.12.21	49

续表

国名	建交日	时长（年）
喀麦隆	1971.3.26	41
佛得角	1976.4.25	36
中非	1964.9.29	48
乍得	1972.11.28	40
科摩罗	1975.11.13	37
刚果（金）	1961.2.20	51
刚果（布）	1964.2.22	48
科特迪瓦	1983.3.2	29
吉布提	1979.1.8	33
埃及	1956.5.30	56
赤道几内亚	1970.10.15	42
厄立特里亚	1993.5.24	19
埃塞俄比亚	1970.11.24	42
加蓬	1974.4.20	38
加纳	1960.7.5	52
几内亚	1959.10.4	53
几内亚比绍	1974.3.15	38
肯尼亚	1963.12.14	49
莱索托	1983.4.30	29
利比里亚	1977.2.17	35
利比亚	1978.8.9	34
马达加斯加	1972.11.6	40
马拉维	2007.12.28	5
马里	1960.10.25	52
毛里塔尼亚	1965.7.19	47
毛里求斯	1972.4.15	40
摩洛哥	1958.11.1	54
莫桑比克	1975.6.25	37

续表

国名	建交日	时长（年）
纳米比亚	1990.3.22	22
尼日尔	1974.7.20	38
尼日利亚	1971.2.10	41
卢旺达	1971.11.12	41
塞内加尔	1971.12.7	41
塞舌尔	1976.6.30	36
塞拉利昂	1971.7.29	41
索马里	1960.12.14	52
南非	1998.1.1	14
南苏丹	2011.7.9	1
苏丹	1959.2.4	53
坦桑尼亚	1964.4.26	48
多哥	1972.9.19	40
突尼斯	1964.1.10	48
乌干达	1962.10.18	50
赞比亚	1964.10.29	48
津巴布韦	1980.4.18	32
欧洲		
阿尔巴尼亚	1949.11.23	63
安道尔	1994.6.29	18
奥地利	1971.5.28	41
白俄罗斯	1992.1.20	20
比利时	1971.10.25	41
波斯尼亚和黑塞哥维那	1995.4.3	17
保加利亚	1949.10.4	63
克罗地亚	1992.5.13	20
塞浦路斯	1971.12.14	41
捷克	1949.10.6	63

续表

国名	建交日	时长（年）
丹麦	1950.5.11	62
爱沙尼亚	1991.9.11	21
芬兰	1950.10.28	62
法国	1964.1.27	48
德国	1972.10.11	40
希腊	1972.6.5	40
匈牙利	1949.10.6	63
冰岛	1971.12.8	41
爱尔兰	1979.6.22	33
意大利	1970.11.6	42
拉脱维亚	1991.9.12	21
列支敦士登	1950.9.14	62
立陶宛	1991.9.14	21
卢森堡	1972.11.16	40
马其顿	1993.10.12	19
马耳他	1972.1.31	40
摩尔多瓦	1992.1.30	20
摩纳哥	1995.1.16	17
黑山	2006.7.6	6
荷兰	1972.5.18	40
挪威	1954.10.5	58
波兰	1949.10.7	63
葡萄牙	1979.2.8	63
罗马尼亚	1949.10.5	63
俄罗斯	1949.10.2	63
圣马力诺	1971.5.6	41
斯洛伐克	1949.10.6	63
斯洛文尼亚	1992.5.12	20

续表

国名	建交日	时长（年）
西班牙	1973.3.9	39
瑞典	1950.5.9	62
瑞士	1950.9.14	62
乌克兰	1992.1.4	20
英国	1972.3.13	40
美洲		
安提瓜和巴布达	1983.1.1	29
阿根廷	1972.2.19	40
巴哈马	1997.5.23	15
巴巴多斯	1977.5.30	35
玻利维亚	1985.7.9	27
巴西	1974.8.15	38
加拿大	1970.10.13	42
智利	1970.12.15	42
哥伦比亚	1980.2.7	32
哥斯达黎加	2007.6.1	5
古巴	1960.9.28	52
多米尼克	2004.3.23	8
厄瓜多尔	1980.1.2	32
格林纳达	1985.10.1	27
圭亚那	1972.6.27	40
牙买加	1972.11.21	40
墨西哥	1972.2.14	40
秘鲁	1971.11.2	41
苏里南	1976.5.28	36
特立尼达和多巴哥	1974.6.20	38
美国	1979.1.1	33
乌拉圭	1988.2.3	24

续表

国名	建交日	时长（年）
委内瑞拉	1974.6.28	38
大洋洲		
澳大利亚	1972.12.21	40
库克群岛	1997.7.25	15
斐济	1975.11.5	37
密克罗尼西亚	1989.9.11	23
新西兰	1972.12.22	40
纽埃	2007.12.12	5
巴布亚新几内亚	1976.10.12	36
萨摩亚	1975.11.6	37
汤加	1998.11.2	14

附录三 2007-2010 年与中国签订主要双边条约的国家以及条约份数

国家	份数
奥地利	1
科威特	1
索马里	1
保加利亚	1
孟加拉	1
阿拉伯联合酋长国	1
马其顿	1
布隆迪	1
摩纳哥公国	1
贝宁	1
利比里亚	1
厄立特里亚	1
阿尔及利亚	1
厄瓜多尔	1
乌拉圭	1
阿尔巴尼亚	1
格林纳达	1
卢森堡	1
塞浦路斯	1
阿曼苏丹	1
津巴布韦	1
卢旺达	1

续表

国家	份数
马拉维	1
立陶宛	1
瑞典	1
卢旺达	1
圣马力诺	1
黎巴嫩	1
斯洛文尼亚	1
摩洛哥	1
阿根廷	1
乌克兰	1
博茨瓦纳	1
东帝汶	1
秘鲁	1
卡塔尔	1
喀麦隆	1
几内亚比绍	1
特立尼达和多巴哥	1
汤加	1
巴布亚新几内亚	1
哥伦比亚	1
安哥拉	1
尼日尔	2
塞拉利昂	2
阿富汗	2
吉布提	2
多哥	2
莫桑比克	2
德意志联邦	2

续表

国家	份数
尼日利亚	2
中非	2
马达加斯加	2
约旦哈希姆王国	2
欧洲共同体	2
巴哈马	2
委内瑞拉	2
马耳他	2
乌干达	2
马尔代夫	2
佛得角	2
东盟	2
坦桑尼亚	2
莱索托	2
冰岛	2
毛里求斯	2
荷兰	2
柬埔寨	2
白俄罗斯	2
芬兰	2
哥斯达黎加	2
瑞士	2
乍得	2
以色列	2
刚果	2
挪威	2
突尼斯	2
加纳	2

续表

国家	份数
利比亚	2
爱沙尼亚	2
伊朗	2
塞舌尔	2
西班牙	3
比利时	3
几内亚	3
沙特阿拉伯王国	3
塞内加尔	3
澳大利亚	3
老挝	3
斯里兰卡	3
吉尔吉斯	3
泰王国	3
匈牙利	3
印度尼西亚	3
赞比亚	3
智利	3
塔吉克斯坦	3
罗马尼亚	3
乌兹别克斯坦	3
法兰西	4
墨西哥	4
马里	4
巴西	4
巴基斯坦	4
苏丹共和国	4
哈萨克斯坦	4

续表

国家	份数
新加坡	4
朝鲜	4
加拿大	4
美利坚	4
塞尔维亚	4
南非	5
越南	5
埃塞俄比亚	5
印度	5
土耳其	5
菲律宾	6
新西兰	6
大韩民国	7
俄罗斯	7
英国（大不列颠及北爱尔兰联合王国）	7
蒙古	8
日本	8

附录四 各大洲内各国政治维度得分排名结果

洲别　　国家	政治维度总分
亚洲	646
日本	24
蒙古	24
韩国	24
印度	23
印度尼西亚	21
菲律宾	21
新加坡	21
巴基斯坦	20
朝鲜	20
泰国	20
越南	19
土耳其	18
马来西亚	17
老挝	16
斯里兰卡	16
哈萨克斯坦	15
柬埔寨	15
缅甸	14
阿富汗	14
塔吉克斯坦	13
约旦	13
吉尔吉斯斯坦	13
马尔代夫	13

续表

洲别 国家	政治维度总分
尼泊尔	12
孟加拉国	12
伊朗	12
以色列	12
科威特	12
黎巴嫩	12
沙特阿拉伯	12
叙利亚	12
乌兹别克斯坦	12
文莱	11
伊拉克	11
阿曼	11
也门	11
卡塔尔	10
亚美尼亚	9
阿塞拜疆	9
巴林	9
东帝汶	9
土库曼斯坦	9
阿拉伯联合酋长国	9
格鲁吉亚	8
巴勒斯坦	8
欧洲	528
俄罗斯	26
法国	21
英国	21
德国	20
荷兰	16

续表

洲别　　国家	政治维度总分
瑞典	16
匈牙利	15
意大利	15
瑞士	15
比利时	14
挪威	14
罗马尼亚	14
奥地利	13
保加利亚	13
芬兰	13
西班牙	13
白俄罗斯	12
塞浦路斯	12
马耳他	12
波兰	12
葡萄牙	12
阿尔巴尼亚	11
捷克	11
丹麦	11
希腊	11
冰岛	11
斯洛伐克	11
爱沙尼亚	10
列支敦士登	10
卢森堡	10
圣马力诺	10
塞尔维亚	10
乌克兰	10

续表

洲别　　国家	政治维度总分
爱尔兰	9
斯洛文尼亚	9
克罗地亚	8
拉脱维亚	8
立陶宛	8
马其顿	8
摩纳哥	8
摩尔多瓦	7
安道尔	6
波斯尼亚和黑塞哥维那	6
黑山	6
非洲	363
埃塞俄比亚	11
马里	11
苏丹	11
刚果（金）	10
几内亚	10
赞比亚	10
加纳	9
尼日利亚	9
塞内加尔	9
南非	9
坦桑尼亚	9
乌干达	9
阿尔及利亚	8
中非	8
乍得	8
埃及	8

续表

洲别　国家	政治维度总分
马达加斯加	8
摩洛哥	8
莫桑比克	8
塞拉利昂	8
多哥	8
突尼斯	8
贝宁	7
博茨瓦纳	7
布隆迪	7
喀麦隆	7
佛得角	7
刚果（布）	7
吉布提	7
肯尼亚	7
毛里求斯	7
卢旺达	7
塞舌尔	7
索马里	7
津巴布韦	7
赤道几内亚	6
几内亚比绍	6
莱索托	6
利比里亚	6
利比亚	6
毛里塔尼亚	6
尼日尔	6
安哥拉	5
科摩罗	5

续表

洲别　国家	政治维度总分
加蓬	5
纳米比亚	5
科特迪瓦	4
厄立特里亚	4
马拉维	4
南苏丹	1
美洲	233
美国	22
加拿大	20
巴西	13
智利	13
墨西哥	13
古巴	11
秘鲁	11
阿根廷	10
乌拉圭	10
委内瑞拉	10
哥伦比亚	9
厄瓜多尔	9
圭亚那	9
牙买加	9
特立尼达和多巴哥	9
玻利维亚	8
格林纳达	8
苏里南	8
安提瓜和巴布达	7
巴哈马	7
巴巴多斯	7

续表

洲别　国家	政治维度总分
哥斯达黎加	6
多米尼克	4
大洋洲	66
澳大利亚	17
新西兰	17
巴布亚新几内亚	7
斐济	6
萨摩亚	5
汤加	5
密克罗尼西亚	4
库克群岛	3
纽埃	2

附录五　全球范围内各国政治维度得分排名结果

国家	政治维度总分
俄罗斯	26
日本	24
蒙古	24
韩国	24
印度	23
美国	22
印度尼西亚	21
菲律宾	21
新加坡	21
法国	21
英国	21
巴基斯坦	20
朝鲜	20
泰国	20
德国	20
加拿大	20
越南	19
土耳其	18
马来西亚	17
澳大利亚	17
新西兰	17
老挝	16

续表

国家	政治维度总分
斯里兰卡	16
荷兰	16
瑞典	16
哈萨克斯坦	15
柬埔寨	15
匈牙利	15
意大利	15
瑞士	15
缅甸	14
阿富汗	14
比利时	14
挪威	14
罗马尼亚	14
塔吉克斯坦	13
约旦	13
吉尔吉斯斯坦	13
马尔代夫	13
奥地利	13
保加利亚	13
芬兰	13
西班牙	13
巴西	13
智利	13
墨西哥	13
尼泊尔	12
孟加拉国	12
伊朗	12
以色列	12

续表

国家	政治维度总分
科威特	12
黎巴嫩	12
沙特阿拉伯	12
叙利亚	12
乌兹别克斯坦	12
白俄罗斯	12
塞浦路斯	12
马耳他	12
波兰	12
葡萄牙	12
文莱	11
伊拉克	11
阿曼	11
也门	11
阿尔巴尼亚	11
捷克	11
丹麦	11
希腊	11
冰岛	11
斯洛伐克	11
埃塞俄比亚	11
马里	11
苏丹	11
古巴	11
秘鲁	11
卡塔尔	10
爱沙尼亚	10
列支敦士登	10

续表

国家	政治维度总分
卢森堡	10
圣马力诺	10
塞尔维亚	10
乌克兰	10
刚果（金）	10
几内亚	10
赞比亚	10
阿根廷	10
乌拉圭	10
委内瑞拉	10
亚美尼亚	9
阿塞拜疆	9
巴林	9
东帝汶	9
土库曼斯坦	9
阿拉伯联合酋长国	9
爱尔兰	9
斯洛文尼亚	9
加纳	9
尼日利亚	9
塞内加尔	9
南非	9
坦桑尼亚	9
乌干达	9
哥伦比亚	9
厄瓜多尔	9
圭亚那	9
牙买加	9

续表

国家	政治维度总分
特立尼达和多巴哥	9
格鲁吉亚	8
巴勒斯坦	8
克罗地亚	8
拉脱维亚	8
立陶宛	8
马其顿	8
摩纳哥	8
阿尔及利亚	8
中非	8
乍得	8
埃及	8
马达加斯加	8
摩洛哥	8
莫桑比克	8
塞拉利昂	8
多哥	8
突尼斯	8
玻利维亚	8
格林纳达	8
苏里南	8
摩尔多瓦	7
贝宁	7
博茨瓦纳	7
布隆迪	7
喀麦隆	7
佛得角	7
刚果（布）	7

续表

国家	政治维度总分
吉布提	7
肯尼亚	7
毛里求斯	7
卢旺达	7
塞舌尔	7
索马里	7
津巴布韦	7
安提瓜和巴布达	7
巴哈马	7
巴巴多斯	7
巴布亚新几内亚	7
安道尔	6
波斯尼亚和黑塞哥维那	6
黑山	6
赤道几内亚	6
几内亚比绍	6
莱索托	6
利比里亚	6
利比亚	6
毛里塔尼亚	6
尼日尔	6
哥斯达黎加	6
斐济	6
安哥拉	5
科摩罗	5
加蓬	5
纳米比亚	5
萨摩亚	5

续表

国家	政治维度总分
汤加	5
科特迪瓦	4
厄立特里亚	4
马拉维	4
多米尼克	4
密克罗尼西亚	4
库克群岛	3
纽埃	2
南苏丹	1

附录六 2003-2010 各年中国对外直接投资流量情况表（分国家地区）

单位：万美元

国家（地区）	2003年	2004年	2005年	2006年	2007年	2008年	2009年	2010年
合计	285 465	549 799	1 226 117	1 763 397	2 650 609	5 590 717	5 652 899	6 881 131
亚洲	150 503	301 399	448 417	766 325	1 659 315	4 354 750	4 040 759	4 489 046
阿富汗	30	—	—	25	10	11391	1639	191
巴林	5	—	7	-192	—	12	—	—
孟加拉国	141	76	18	531	364	450	1075	724
文莱	—	—	150	—	118	182	581	1653
塞浦路斯	—	—	—	—	30	—	—	—
柬埔寨	2 195	2 952	515	981	6 445	20 464	21 583	46 651
东帝汶	—	10	—	—	—	—	—	—
中国香港	114 898	262 839	341 970	693 096	1 373 235	3 864 030	3 560 057	3 850 521
印度	15	35	1 116	561	2 202	10 188	-2 488	4 761
印度尼西亚	2 680	6 196	1 184	5 694	9 909	17 398	22 609	20 131
伊朗	782	1 755	1 160	6 578	1 142	-3 453	12 483	51 100
伊拉克	—	—	—	35	36	-166	179	4 814
以色列	32	—	600	100	222	-100	—	1 050
日本	737	1 530	1 717	3 949	3 903	5 862	8 410	33 799
约旦	—	—	101	-618	60	-163	11	7
哈萨克斯坦	294	231	9 493	4 600	27 992	49 643	6 681	3 606
吉尔吉斯斯坦	244	533	1 374	2 764	1 499	706	13 691	8 247
朝鲜	112	1 413	650	1 106	1 840	4 123	586	1 214
韩国	15 392	4 023	58 882	2 732	5 667	9 691	26 512	72 168

续表

国家（地区）	2003 年	2004 年	2005 年	2006 年	2007 年	2008 年	2009 年	2010 年
科威特	—	169	—	406	-625	244	292	2286
老挝	80	356	2 058	4 804	15 435	8 700	20 324	31 355
黎巴嫩	—	2	—	—	—	—	—	42
澳门	3 171	2 658	834	-4 251	4 731	64 338	45 634	9 604
马来西亚	197	812	5 672	751	-3 282	3 443	5 378	16 354
蒙古	443	4 016	5 234	8 239	19 627	23 861	27 654	19 386
缅甸	—	409	1 154	1 264	9 231	23 253	37 670	87 561
尼泊尔	—	168	135	32	99	1	118	86
阿曼	—	—	522	2 668	259	-2 295	-624	1 103
巴基斯坦	963	142	434	-6 201	91 063	26 537	7 675	33 135
菲律宾	95	5	451	930	450	3 369	4 024	24 409
卡塔尔	100	80	—	352	981	1 000	-374	1 114
沙特阿拉伯	24	199	2 145	11 720	11 796	8 839	9 023	3 648
新加坡	-321	4 798	2 033	13 215	39 773	155 095	141 425	111 850
斯里兰卡	23	25	3	25	-152	904	-140	2 821
叙利亚	—	—	20	13	-1 126	-117	343	812
塔吉克斯坦	—	499	77	698	6 793	2 658	1 667	1 542
台湾省	—	—	—	-3	-5	-6	4	1 735
泰国	5 731	2 343	477	1 584	7 641	4 547	4 977	69 987
土库曼斯坦				-4	126	8 671	11 968	45 051
土耳其	153	158	24	115	161	910	29 326	782
阿拉伯联合酋长国	937	831	2 605	2 812	4 915	12 738	8 890	34 883
乌兹别克斯坦	72	108	9	107	1 315	3 937	493	-463
越南	1 275	1 685	2 077	4 352	11 088	11 984	11 239	30 513
也门共和国	3	343	3 516	761	4 347	1 881	164	3 149
非洲	7 481	31 743	39 168	51 986	157 431	549 055	143 887	211 199
阿尔及利亚	247	1 121	8 487	9 893	14 592	4 225	22 876	18 600

续表

国家（地区）	2003年	2004年	2005年	2006年	2007年	2008年	2009年	2010年
安哥拉	19	18	47	2 239	4 119	-957	831	10 111
贝宁	209	1 377	131	—	632	1 456	9	176
博茨瓦纳	80	27	369	276	187	1 406	1 844	4 385
布隆迪	—	—	—	—	—	—	69	—
喀麦隆	28	37	19	73	205	169	82	1 488
佛得角	—	—	32	23	9	48	—	-46
中非	—	—	—	—	—	—	—	2 581
乍得	—	—	271	161	75	947	5 121	213
科摩罗	—	—	—	—	—	—	—	-1
刚果（金）	6	1 191	507	3 673	5 727	2 399	22 716	23 619
刚果（布）	—	51	811	1 324	250	979	2 807	3 438
科特迪瓦	62	675	874	-291	174	-102	151	-502
吉布提	—	—	—	—	100	—	340	423
埃及	210	572	1 331	885	2 498	1 457	13 386	5 165
赤道几内亚	48	169	635	1 019	1 282	-486	2 088	2 208
厄立特里亚	—	—	—	1	45	-49	23	294
埃塞俄比亚	98	43	493	2 395	1 328	971	7 429	5 853
加蓬	—	560	208	553	331	3 205	1 188	2 344
冈比亚	4	—	—	—	—	—	—	—
加纳	289	34	257	50	185	1 099	4 935	5 598
几内亚	120	1 444	1 634	75	1 320	832	2 698	974
肯尼亚	74	268	205	18	890	2 323	2 812	10 122
莱索托	—	3	60	—	—	62	10	56
利比里亚	40	58	865	-703	—	256	112	2 989
利比亚	10	6	25	-851	4 226	1 054	-3 855	-1 050
马达加斯加	68	1 364	14	117	1 324	6 116	4 256	3 358
马拉维	—	—	—	—	20	544	—	986
马里	541	—	—	260	672	-128	799	305

续表

国家（地区）	2003 年	2004 年	2005 年	2006 年	2007 年	2008 年	2009 年	2010 年
毛里塔尼亚	170	9	36	478	-498	-65	653	577
毛里求斯	1 027	44	204	1 659	1 558	3 444	1 412	2 201
摩洛哥	19	180	85	178	264	688	1 642	175
莫桑比克	—	66	288	—	1 003	585	1 585	28
纳米比亚	62	—	18	85	91	759	1 162	551
尼日尔	—	153	576	794	10 083	-1	3 987	19 625
尼日利亚	2 440	4 552	5 330	6 779	39 035	16 256	17 186	18 489
卢旺达	—	—	142	299	-41	1 288	862	1 272
塞内加尔	65	—	—	—	24	360	1 104	1 896
塞舌尔	—	—	5	6	9	5	36	1 228
塞拉利昂	—	592	49	371	285	1 142	90	—
南非	886	1 781	4 747	4 074	45 441	480 786	4 159	41 117
苏丹	—	14 670	9 113	5 079	6 540	-6 314	1 930	3 096
坦桑尼亚	—	162	96	1 254	-382	1 822	2 158	2 572
多哥	3	185	31	458	270	420	891	1 177
突尼斯	—	22	—	173	-34	—	-130	-29
乌干达	100	15	17	23	401	-670	129	2 650
赞比亚	553	223	1 009	8 744	11 934	21 397	11 180	7 505
津巴布韦	3	71	147	342	1 257	-12	1 124	3 380
圣多美和普林西比	—	—	—	—	—	—	—	2
欧洲	214 803	216 121	240 049	597 71	154 043	87 579	335 272	676 019
阿尔巴尼亚	—	—	—	1	—	—	—	8
奥地利	40	—	—	4	8	—	—	46
阿塞拜疆	35	20	—	394	-115	-66	173	37
比利时	30	5	—	13	491	—	2 362	4 533
波斯尼亚和黑塞哥维纳	146	—	—	—	—	—	151	6
保加利亚	35	35	172	—	—	—	-243	1 629

续表

国家（地区）	2003年	2004年	2005年	2006年	2007年	2008年	2009年	2010年
白俄罗斯	—	—	—	—	—	210	210	1 922
克罗地亚	—	—	—	—	120	—	26	3
捷克	—	46	—	910	497	1 279	1 560	211
丹麦	7 388	-778	1 079	-5 891	27	133	264	161
芬兰	—	—	—	—	1	266	111	1 804
法国	45	1 031	609	560	962	3 105	4 519	2 641
格鲁吉亚	—	484	—	994	821	1 000	778	4 057
德国	2 506	2 750	12 874	7 672	23 866	18 341	17 921	41 235
希腊	—	20	—	—	3	12	—	—
匈牙利	118	10	65	37	863	215	821	37 010
冰岛	—	—	—	—	—	—	—	-5
爱尔兰	14	—	—	2 529	20	4 233	-95	3 288
意大利	29	310	746	763	810	500	4 605	1 327
拉脱维亚	158	—	—	—	-174	—	-3	—
列支敦士登	—	—	—	—	28	—	7	355
卢森堡	—	—	—	—	419	4 213	227 049	320 719
马耳他	—	37	—	10	-10	47	22	-237
荷兰	447	191	384	531	10 675	9 197	10 145	6 453
挪威	—	—	—	14	360	9	360	13 473
波兰	155	10	13	—	1 175	1 070	1 037	1 674
罗马尼亚	61	268	287	963	680	1 198	529	1 084
俄罗斯联邦	3 062	7 731	20 333	45 211	47 761	39 523	34 822	56 772
塞尔维亚	—	—	—	—	—	—	—	210
斯洛伐克	—	—	—	—	—	—	26	46
西班牙	—	170	147	730	609	116	5 986	2 926
瑞典	17	264	100	530	6 806	1 066	810	136 723
瑞士	—	58	59	101	121	1	2 099	2 725
乌克兰	6	120	203	183	565	241	3	150

续表

国家（地区）	2003 年	2004 年	2005 年	2006 年	2007 年	2008 年	2009 年	2010 年
英国	211	2 939	2 478	3 512	56 654	1 671	19 217	33 033
拉丁美洲	103 815	176 272	646 616	846 874	490 241	367 725	732 790	1 053 827
阿根廷	100	112	35	622	13 669	1 082	-2 282	2 723
巴哈马	-103	4 356	2 295	272	3 899	-5 591	100	—
巴巴多斯	—	—	—	185	41	82	87	-211
伯利兹	—	—	—	—	—	6	—	-8
玻利维亚	—	—	8	1 800	197	414	1 801	306
巴西	667	643	1 509	1 009	5 113	2 238	11 627	48 746
开曼群岛	80 661	128 613	516 275	783 272	260 159	152 401	536 630	349 613
智利	20	55	180	658	383	93	778	3 371
哥伦比亚	—	453	96	-336	22	676	574	694
哥斯达黎加	—	—	—	—	—	—	—	8
古巴	143	—	158	3 037	658	556	1 293	-1 635
多米尼加共和国	—	—	—	—	—	6	6	—
厄瓜多尔	27	30	907	246	358	-942	1790	2 206
格林纳达	—	—	—	—	—	12	—	—
圭亚那	—	—	—	—	6 000	—	—	2 837
洪都拉斯	13	138	—	—	—	-438	-90	—
牙买加	—	—	—	—	—	214	—	221
墨西哥	3	2 710	355	-369	1 716	563	82	2 673
巴拿马	1	10	836	—	833	652	1 369	2 606
巴拉圭	—	—	—	—	—	300	647	2 783
秘鲁	12	22	55	540	671	2 455	5 849	13 903
英属维尔京群岛	20 968	38 552	122 608	53 811	187 614	210 433	161 205	611 976
委内瑞拉	622	466	740	1 836	6 953	978	11 572	9 439
乌拉圭	55	—	—	—	48	—	498	36
圣文森特和格林纳丁斯	560	—	282	291	588	946	-946	905

续表

国家（地区）	2003 年	2004 年	2005 年	2006 年	2007 年	2008 年	2009 年	2010 年
苏里南	65	113	277	—	1 757	242	110	635
北美洲	5 775	12 649	32 084	25 805	112 571	36 421	152 193	262 144
加拿大	-730	512	3 244	3 477	103 257	703	61 313	114 229
美国	6 505	11 993	23 182	19 834	19 573	46 203	90 874	130 829
百慕大群岛	—	145	5 658	2 494	-10 259	-10 484	6	17 086
大洋洲	3 388	12 015	20 283	12 636	77 008	195 187	247 998	188 896
澳大利亚	3 039	12 495	19 307	8 760	53 159	189 215	243 643	170 170
斐济	—	—	25	465	249	797	240	557
新西兰	307	-490	347	349	-160	646	902	6 375
巴布亚新几内亚	—	10	588	2 862	19 681	2 992	480	533
西萨摩亚	42	—	—	—	-12	—	63	9 893
密克罗尼西亚联邦	—	—	16	—	625	-16	—	—
马绍尔群岛共和国	—	—	—	200	3 416	800	2 670	1 318
帕劳共和国	—	—	—	—	50	752	—	50

注：2003-2006 各年流量为非金融类直接投资流量

附录七 2003–2010 各年中国对外直接投资流量情况表（分国家地区）

单位：万美元

国别（地区）	2008年	2009年	2010年
亚洲			
阿富汗	15 432	21 489	17 895
巴林	78 639	68 650	105 142
孟加拉国	468 798	458 166	705 770
不丹	846	417	160
文莱	21 943	42 244	103 194
缅甸	262 532	290 012	444 207
柬埔寨	113 437	94 415	144 097
塞浦路斯	113 546	121 917	136 500
朝鲜	279 284	267 946	347 182
印度	5 184 427	4 338 332	6 176 120
印度尼西亚	3 151 605	2 838 876	4 275 028
伊朗	2 775 762	2 121 909	2 939 108
伊拉克	265 283	514 795	986 496
以色列	604 982	517 807	764 444
日本	26 673 250	22 878 256	29 777 959
约旦	194 931	207 065	205 361
科威特	679 012	504 354	855 695
老挝	40 237	75 180	108 512
黎巴嫩	109 672	106 584	134 673
马来西亚	5 355 657	5 196 769	7 424 884
马尔代夫	3 297	4 079	6 352

续表

国别（地区）	2008 年	2009 年	2010 年
蒙古	243 343	242 900	400 183
尼泊尔	38 159	41 416	74 267
阿曼	1 242 136	615 873	1 072 372
巴基斯坦	705 787	678 834	866 862
巴勒斯坦	4 103	2 432	2 637
菲律宾	2 863 698	2 053 900	2 776 223
卡塔尔	238 579	225 387	331 128
沙特阿拉伯	4 184 617	3 254 839	4 319 549
新加坡	5 247 707	4 785 587	5 707 598
韩国	18 606 991	15 621 479	20 711 512
斯里兰卡	169 063	163 931	209 712
叙利亚	230 322	222 059	248 326
泰国	4 129 309	3 819 082	5 293 702
土耳其	1 256 925	1 009 475	1 511 058
阿联酋	2 825 694	2 122 688	2 568 689
也门共和国	439 446	240 595	400 294
越南	1 945 845	2 104 518	3 008 608
东帝汶	953	2 328	4 308
哈萨克斯坦	1 755 234	1 412 913	2 044 852
吉尔吉斯斯坦	933 338	533 028	419 964
塔吉克斯坦	149 993	140 669	143 256
土库曼斯坦	83 038	95 744	156 964
乌兹别克斯坦	160 670	192 087	248 327
非洲			
阿尔及利亚	460 113	512 746	517 732
安哥拉	2 532 499	1 706 238	2 481 941
贝宁	242 428	204 648	239 933
博茨瓦纳	35 307	22 964	42 287

续表

国别（地区）	2008 年	2009 年	2010 年
布隆迪	1 780	3 496	3 682
喀麦隆	85 847	81 352	100 170
加那利群岛	1 971	591	295
佛得角	1 495	3 541	3 435
中非	3 273	2 738	4 802
塞卜泰（休达）	63	19	18
乍得	12 153	21 408	80 429
科摩罗	2 544	1 117	1 337
刚果（布）	434 598	210 286	347 609
吉布提	25 406	29 464	44 475
埃及	630 320	584 502	695 890
赤道几内亚	254 526	141 349	105 490
埃塞俄比亚	131 238	146 720	148 359
加蓬	193 222	87 309	117 557
冈比亚	17 889	17 416	20 178
加纳	184 129	161 335	205 626
几内亚	35 976	28 753	47 635
几内亚比绍	739	2 481	1 330
科特迪瓦共和国	60 208	56 761	65 905
肯尼亚	128 406	130 605	182 551
利比里亚	114 299	188 551	441 937
利比亚	422 944	517 866	657 692
马达加斯加	66 776	45 021	50 228
马拉维	8 916	8 194	11 155
马里	23 068	20 454	30 010
毛里塔尼亚	123 323	109 416	125 710
毛里求斯	32 579	29 799	40 339
摩洛哥	280 998	250 484	293 750

续表

国别（地区）	2008 年	2009 年	2010 年
莫桑比克	42 188	51 657	69 749
纳米比亚	52 534	54 357	71 104
尼日尔	16 688	28 396	27 232
尼日利亚	727 543	637 133	776 847
留尼汪	11 562	8 401	12 874
卢旺达	8 895	8 374	8 867
圣多美和普林西比	190	220	206
塞内加尔	40 652	44 131	54 948
塞舌尔	1 781	1 527	1 487
塞拉利昂	8 409	6 520	10 912
索马里	4 053	6 787	7 393
南非	1 785 259	1 607 750	2 570 310
西撒哈拉	6	7	3
苏丹	820 022	638 829	862 670
坦桑尼亚	108 203	111 018	166 017
多哥	124 914	116 611	139 481
突尼斯	78 717	81 866	111 980
乌干达	24 716	25 128	28 409
布基纳法索	10 868	15 886	16 905
刚果（金）	181 844	147 485	298 233
赞比亚	78 685	143 761	288 552
津巴布韦	28 131	29 713	56 156
莱索托	8 134	5 208	6 389
梅利利亚	282	215	376
斯威士兰	3 188	3 316	3 148
厄立特里亚	3 145	3 992	3 985
马约特岛	583	518	682

续表

国别（地区）	2008 年	2009 年	2010 年
欧洲			
比利时	2 020 827	1 671 959	2 214 185
丹麦	816 545	651 425	783 046
英国	4 561 452	3 915 512	5 007 223
德国	11 499 888	10 563 581	14 230 840
法国	3 893 844	3 445 624	4 475 684
爱尔兰	707 055	521 754	540 468
意大利	3 826 782	3 125 481	4 514 624
卢森堡	384 848	325 472	124 533
荷兰	5 121 800	4 180 605	5 618 320
希腊	426 007	367 384	434 968
葡萄牙	270 459	240 438	326 776
西班牙	2 622 267	1 835 537	2 441 210
阿尔巴尼亚	28 436	27 148	34 705
安道尔	121	268	341
奥地利	489 077	483 207	608 394
保加利亚	134 163	73 715	98 391
芬兰	1 088 284	779 810	951 843
直布罗陀	2 329	14 099	585
匈牙利	747 906	680 967	871 601
冰岛	12 824	8 747	11 241
列支敦士登	4 030	5 718	7 667
马耳他	151 636	166 281	241 425
摩纳哥	2 675	2 014	2 539
挪威	470 912	573 505	606 692
波兰	1 043 480	899 290	1 113 491
罗马尼亚	324 982	281 056	376 059
圣马力诺	249	101	570

续表

国别（地区）	2008 年	2009 年	2010 年
瑞典	1 015 443	961 589	1 161 672
瑞士	1 126 239	954 390	2 007 039
爱沙尼亚	67 682	44 187	85 865
拉脱维亚	86 699	47 832	83 305
立陶宛	108 911	69 381	102 449
格鲁吉亚	29 641	20 980	32 018
亚美尼亚	8 072	11 138	16 389
阿塞拜疆	80 096	68 174	93 270
白俄罗斯	85 919	80 997	127 171
摩尔多瓦	7 388	7 583	8 724
俄罗斯	5 690 861	3 875 155	5 553 311
乌克兰	876 030	577 969	772 703
斯洛文尼亚	109 576	89 649	156 213
克罗地亚	180 982	119 350	139 462
捷克	650 019	615 551	884 953
斯洛伐克	294 977	229 651	374 904
马其顿	8 400	8 019	14 454
波黑	7 944	4 986	5 519
梵蒂冈城国	42	0	2
法罗群岛	955	697	1 540
塞尔维亚	50 480	33 758	40 013
黑山	8 872		7 415
拉丁美洲			
安提瓜和巴布达	52 955	49 379	80 621
阿根廷	1 441 608	780 066	1 291 990
阿鲁巴岛	1 121	1 185	1 176
巴哈马	38 595	42 269	62 796
巴巴多斯	2 936	9 379	7 517

续表

国别（地区）	2008 年	2009 年	2010 年
伯利兹	4 249	3 304	4 057
玻利维亚	32 916	7	36 207
巴西	4 867 090	4 239 579	6 258 587
开曼群岛	3 567	1 799	1 392
智利	1 735 962	1 783 880	2 597 771
哥伦比亚	411 334	337 535	592 332
多米尼加	7 791	2 348	4 342
哥斯达黎加	288 968	318 410	379 488
古巴	225 785	154 731	183 151
库腊索岛	3 675	1 582	1 563
多米尼加共和国	80 418	69 263	103 508
厄瓜多尔	239 603	176 672	200 277
法属圭亚那	346	487	679
格林纳达	382	398	512
瓜德罗普岛	2 867	3 006	3 091
危地马拉	94 592	68 216	105 453
圭亚那	8 834	6 983	10 075
海地	13 338	15 037	26 171
洪都拉斯	33 975	26 571	41 597
牙买加	29 427	21 855	23 933
马提尼克岛	2 721	2 217	2 384
墨西哥	1 755 674	1 619 488	2 476 012
蒙特塞拉特	7	17	4
尼加拉瓜	25 908	19 649	30 667
巴拿马	794 365	655 180	1 198 357
巴拉圭	78 883	54 131	109 647
秘鲁	726 648	655 025	993 457
波多黎各	68 561	79 123	114 266

续表

国别（地区）	2008 年	2009 年	2010 年
萨巴	0	13	0
圣卢西亚	674	697	824
圣马丁岛	262	161	280
圣文森特和格林纳丁斯	8 479	8 179	7 374
	0	0	0
萨尔瓦多	38 042	26 016	37 268
苏里南	10 639	10 809	12 718
特立尼达和多巴哥	37 376	34 752	39 913
特克斯和凯科斯群岛	138	39	42
	0	0	0
乌拉圭	165 164	155 320	262 942
委内瑞拉	993 304	719 386	1 036 147
英属维尔京群岛	5 783	1 588	14 183
圣其茨－尼维斯	279	127	297
荷属安地列斯群岛	5 180	4 672	8 844
北美洲			
加拿大	3 446 923	2 972 784	3 713 988
美国	33 374 348	29 826 260	38 538 529
格陵兰	3 787	4 460	5 506
百慕大群岛	9 154	7 643	33 937
大洋洲及太平洋群岛	1	1	1
澳大利亚	5 968 240	6 012 997	8 834 232
库克群岛	267	730	490
斐济	9 201	9 713	12 859
盖比群岛	38	17	35
瑙鲁	0	2	2
新喀里多尼亚	16 420	18 883	46 388
瓦努阿图	3 508	4 881	2 326

续表

国别（地区）	2008 年	2009 年	2010 年
新西兰	440 188	456 352	652 741
诺福克岛	100	40	23
巴布亚新几内亚	85 927	88 528	112 965
社会群岛	392	323	329
所罗门群岛	22 689	19 424	31 547
汤加	798	805	976
萨摩亚	2 787	4 487	7 008
基里巴斯	246	394	1 139
图瓦卢	4 625	607	842
密克罗尼西亚联邦	425	860	668
马绍尔群岛共和国	45 696	136 613	195 127
帕劳共和国	312	130	200

附录八 各大洲内各国经济维度得分排名结果

国名	经济维度总分
亚洲	276
泰国	9
马来西亚	9
印度尼西亚	9
韩国	8
土库曼斯坦	8
老挝	8
缅甸	8
越南	8
伊拉克	8
土耳其	8
日本	8
印度	8
蒙古	8
文莱	8
伊朗	8
尼泊尔	8
新加坡	8
也门	7
巴基斯坦	7
菲律宾	7
柬埔寨	7
哈萨克斯坦	7
科威特	7

续表

国名	经济维度总分
沙特阿拉伯	7
阿联酋	7
孟加拉国	6
朝鲜	6
乌兹别克斯坦	6
吉尔吉斯斯坦	6
阿富汗	6
卡塔尔	6
阿曼	5
斯里兰卡	5
黎巴嫩	5
以色列	5
马尔代夫	4
阿塞拜疆	4
塔吉克斯坦	4
巴林	4
格鲁吉亚	4
约旦	4
叙利亚	4
巴勒斯坦	1
亚美尼亚	0
东帝汶	0
非洲	246
南非	8
刚果（金）	8
利比里亚	7
肯尼亚	7
乍得	7

续表

国名	经济维度总分
赞比亚	7
安哥拉	7
尼日尔	6
博茨瓦纳	6
阿尔及利亚	6
津巴布韦	6
埃及	6
吉布提	6
厄立特里亚	6
埃塞俄比亚	6
坦桑尼亚	6
乌干达	5
塞内加尔	5
莫桑比克	5
喀麦隆	5
加纳	5
刚果（布）	5
佛得角	5
中非	5
塞拉利昂	5
毛里求斯	5
几内亚	5
突尼斯	5
苏丹	5
尼日利亚	5
纳米比亚	5
利比亚	5
贝宁	5

续表

国名	经济维度总分
索马里	4
马里	4
马拉维	4
布隆迪	4
多哥	4
塞舌尔	4
科特迪瓦	4
加蓬	4
几内亚比绍	4
摩洛哥	3
卢旺达	3
毛里塔尼亚	3
马达加斯加	3
莱索托	3
赤道几内亚	3
南苏丹	3
科摩罗	2
欧洲	191
德国	8
瑞士	8
英国	8
意大利	8
俄罗斯	7
瑞典	7
挪威	7
西班牙	7
匈牙利	6
法国	6

续表

国名	经济维度总分
白俄罗斯	6
荷兰	6
列支敦士登	5
卢森堡	5
波兰	5
罗马尼亚	5
比利时	5
捷克	5
马耳他	5
圣马力诺	5
斯洛伐克	5
阿尔巴尼亚	4
奥地利	4
芬兰	4
马其顿	4
乌克兰	4
安道尔	4
斯洛文尼亚	4
爱尔兰	3
丹麦	3
爱沙尼亚	3
葡萄牙	3
保加利亚	3
克罗地亚	2
塞浦路斯	2
拉脱维亚	2
摩尔多瓦	2
希腊	2

续表

国名	经济维度总分
立陶宛	2
摩纳哥	2
波黑	1
冰岛	1
黑山	1
塞尔维亚	1
美洲	179
美国	9
巴西	8
智利	8
加拿大	8
墨西哥	7
秘鲁	6
委内瑞拉	6
巴巴多斯	5
哥伦比亚	5
乌拉圭	5
阿根廷	5
圭亚那	5
苏里南	5
巴哈马	4
哥斯达黎加	4
安提瓜和巴布达	4
多米尼克	3
古巴	2
厄瓜多尔	2
格林纳达	2
特立尼达和多巴哥	2

续表

国名	经济维度总分
玻利维亚	2
牙买加	2
大洋洲	36
澳大利亚	7
新西兰	6
萨摩亚	5
巴布亚新几内亚	4
斐济	4
库克群岛	4
密克罗尼西亚	4
汤加	2
纽埃	0

附录九 全球范围内各国经济维度得分排名结果

国名	经济维度总分
美国	9
泰国	9
马来西亚	9
印度尼西亚	9
韩国	8
土库曼斯坦	8
老挝	8
缅甸	8
越南	8
伊拉克	8
土耳其	8
德国	8
瑞士	8
南非	8
刚果（金）	8
日本	8
英国	8
印度	8
蒙古	8
文莱	8
伊朗	8
尼泊尔	8

续表

国名	经济维度总分
新加坡	8
意大利	8
巴西	8
智利	8
加拿大	8
也门	7
俄罗斯	7
巴基斯坦	7
菲律宾	7
瑞典	7
澳大利亚	7
柬埔寨	7
利比里亚	7
肯尼亚	7
哈萨克斯坦	7
墨西哥	7
科威特	7
沙特阿拉伯	7
乍得	7
赞比亚	7
安哥拉	7
阿联酋	7
挪威	7
西班牙	7
尼日尔	6
匈牙利	6
孟加拉国	6
朝鲜	6

续表

国名	经济维度总分
博茨瓦纳	6
阿尔及利亚	6
乌兹别克斯坦	6
法国	6
秘鲁	6
新西兰	6
吉尔吉斯斯坦	6
津巴布韦	6
埃及	6
委内瑞拉	6
阿富汗	6
卡塔尔	6
白俄罗斯	6
荷兰	6
吉布提	6
厄立特里亚	6
埃塞俄比亚	6
坦桑尼亚	6
列支敦士登	5
卢森堡	5
萨摩亚	5
乌干达	5
塞内加尔	5
莫桑比克	5
喀麦隆	5
加纳	5
刚果（布）	5
佛得角	5

续表

国名	经济维度总分
阿曼	5
斯里兰卡	5
波兰	5
罗马尼亚	5
中非	5
塞拉利昂	5
毛里求斯	5
几内亚	5
黎巴嫩	5
比利时	5
捷克	5
马耳他	5
圣马力诺	5
斯洛伐克	5
巴巴多斯	5
哥伦比亚	5
乌拉圭	5
突尼斯	5
苏丹	5
尼日利亚	5
纳米比亚	5
利比亚	5
贝宁	5
以色列	5
阿根廷	5
圭亚那	5
苏里南	5
索马里	4

续表

国名	经济维度总分
马里	4
马拉维	4
布隆迪	4
阿尔巴尼亚	4
巴布亚新几内亚	4
多哥	4
马尔代夫	4
奥地利	4
芬兰	4
马其顿	4
乌克兰	4
阿塞拜疆	4
巴哈马	4
塔吉克斯坦	4
塞舌尔	4
斐济	4
科特迪瓦	4
加蓬	4
几内亚比绍	4
哥斯达黎加	4
巴林	4
格鲁吉亚	4
约旦	4
叙利亚	4
安道尔	4
斯洛文尼亚	4
安提瓜和巴布达	4
库克群岛	4

续表

国名	经济维度总分
密克罗尼西亚	4
摩洛哥	3
卢旺达	3
爱尔兰	3
毛里塔尼亚	3
马达加斯加	3
莱索托	3
丹麦	3
爱沙尼亚	3
葡萄牙	3
多米尼克	3
赤道几内亚	3
保加利亚	3
南苏丹	3
克罗地亚	2
塞浦路斯	2
拉脱维亚	2
摩尔多瓦	2
古巴	2
厄瓜多尔	2
格林纳达	2
特立尼达和多巴哥	2
汤加	2
科摩罗	2
玻利维亚	2
希腊	2
立陶宛	2
摩纳哥	2

续表

国名	经济维度总分
牙买加	2
巴勒斯坦	1
波黑	1
冰岛	1
黑山	1
塞尔维亚	1
亚美尼亚	0
东帝汶	0
纽埃	0

附录十 全球范围内各国文化维度得分排名结果

国家	文化维度总分
印度	5
巴西	5
韩国	4
新加坡	4
泰国	4
日本	4
菲律宾	3
埃塞俄比亚	3
肯尼亚	3
坦桑尼亚	3
赞比亚	3
加纳	3
尼日利亚	3
塞拉利昂	3
德国	2
印度尼西亚	2
厄瓜多尔	2
马来西亚	2
埃及	2
伊拉克	2
科威特	2
黎巴嫩	2

续表

国家	文化维度总分
利比亚	2
沙特阿拉伯	2
阿联酋	2
委内瑞拉	2
哥伦比亚	2
墨西哥	2
美国	1
澳大利亚	1
巴基斯坦	1
伊朗	1
牙买加	1
新西兰	1
英国	1
南非	1
捷克斯洛	1
土耳其	1
巴拿马	1
秘鲁	1
荷兰	1
阿根廷	1
萨尔瓦多	1
波兰	0
西班牙	0
瑞士	0
智利	0
匈牙利	0
意大利	0
爱尔兰	0

续表

国家	文化维度总分
乌拉圭	0
法国	0
瓜地马拉	0
希腊	0
比利时	0
瑞典	0
葡萄牙	0
芬兰	0
挪威	0
奥地利	0
哥斯达黎加	0
以色列	0
丹麦	0

附录十一　各国总体 TT 指数以及孔子学院的全球布点

国名	总体 TT 指数	倍数	预期开设孔子学院（课堂/汉语教学点）数量	已有孔子学院（课堂）数量	差值
摩纳哥	0.7123		232	0	232
立陶宛	0.714	1.002	167	1	166
斐济	0.7376	1.036	134	0	134
保加利亚	0.7484	1.051	256	1	255
波黑	0.7486	1.051	162	0	162
巴布亚新几内亚	0.7507	1.054	116	0	116
巴哈马	0.7575	1.063	170	1	169
卢旺达	0.7631	1.071	35	1	34
汤加	0.7648	1.074	160	0	160
葡萄牙	0.7665	1.076	962	2	960
古巴	0.7682	1.078	775	1	774
摩洛哥	0.7699	1.081	410	1	409
巴勒斯坦	0.7716	1.083	120	0	120
加纳	0.7733	1.086	172	0	172
赞比亚	0.775	1.088	45	1	44
埃塞俄比亚	0.7767	1.090	15	1	14
肯尼亚	0.7784	1.093	33	3	30
伊拉克	0.7801	1.095	133	0	133
塞拉利昂	0.7818	1.098	119	0	119
坦桑尼亚	0.7835	1.100	121	1	120
尼日尔	0.7852	1.102	122	0	122

续表

国名	总体 TT 指数	倍数	预期开设孔子学院（课堂/汉语教学点）数量	已有孔子学院（课堂）数量	差值
塞尔维亚	0.7869	1.105	113	1	112
哥斯达黎加	0.7886	1.107	123	1	122
格林纳达	0.7903	1.110	200	0	200
特立尼达和多巴哥	0.792	1.112	119	0	119
黑山	0.7937	1.114	197	0	197
以色列	0.7954	1.117	99	1	98
阿曼	0.7971	1.119	116	0	116
希腊	0.7988	1.121	133	1	132
丹麦	0.8005	1.124	171	4	167
萨摩亚	0.8022	1.126	119	0	119
科特迪瓦	0.8049	1.130	159	0	159
多哥	0.8076	1.134	116	1	115
卡塔尔	0.8103	1.138	140	0	140
中非	0.813	1.141	118	0	118
阿根廷	0.8157	1.145	167	2	165
塞浦路斯	0.8184	1.149	143	0	143
马拉维	0.8211	1.153	111	0	111
牙买加	0.8238	1.157	133	1	132
吉布提	0.8265	1.160	166	0	166
圭亚那	0.8292	1.164	124	0	124
比利时	0.8319	1.168	176	3	173
马达加斯加	0.8346	1.172	21	1	20
罗马尼亚	0.8373	1.175	143	2	141
毛里求斯	0.84	1.179	112	0	112
毛里塔尼亚	0.8427	1.183	127	0	127
爱尔兰	0.8454	1.187	314	6	308
莫桑比克	0.8481	1.191	114	0	114

续表

国名	总体TT指数	倍数	预期开设孔子学院（课堂/汉语教学点）数量	已有孔子学院（课堂）数量	差值
克罗地亚	0.8508	1.194	119	0	119
摩尔多瓦	0.8535	1.198	213	1	212
马里	0.8562	1.202	88	1	87
纳米比亚	0.8589	1.206	125	0	125
斯里兰卡	0.8616	1.210	171	2	169
朝鲜	0.8643	1.213	431	0	431
捷克	0.867	1.217	134	2	132
拉脱维亚	0.8697	1.221	129	0	129
赤道几内亚	0.8724	1.225	119	0	119
波兰	0.8751	1.229	139	4	135
乌兹别克斯坦	0.8778	1.232	330	1	329
阿尔巴尼亚	0.8805	1.236	119	0	119
津巴布韦	0.8832	1.240	104	1	103
多米尼克	0.8859	1.244	150	0	150
塞内加尔	0.8886	1.248	133	0	133
爱沙尼亚	0.8913	1.251	157	1	156
约旦	0.894	1.255	181	1	180
几内亚比绍	0.8967	1.259	135	0	135
阿富汗	0.8994	1.263	160	1	159
苏里南	0.9021	1.266	122	0	122
孟加拉国	0.9048	1.270	302	2	300
尼日利亚	0.9075	1.274	28	2	26
斯洛文尼亚	0.9102	1.278	163	1	162
塔吉克斯坦	0.9129	1.282	41	1	40
贝宁	0.9156	1.285	134	1	133
奥地利	0.9183	1.289	203	3	200
荷兰	0.921	1.293	144	2	142

续表

国名	总体 TT 指数	倍数	预期开设孔子学院（课堂/汉语教学点）数量	已有孔子学院（课堂）数量	差值
几内亚	0.9237	1.297	125	0	125
喀麦隆	0.9264	1.301	25	1	24
加蓬	0.9291	1.304	125	0	125
圣马力诺	0.9318	1.308	158	0	158
苏丹	0.9345	1.312	156	1	155
博茨瓦纳	0.9372	1.316	239	1	238
科摩罗	0.9399	1.320	141	0	141
法国	0.9426	1.323	982	16	966
密克罗尼西亚	0.9453	1.327	178	0	178
巴巴多斯	0.948	1.331	142	0	142
冰岛	0.9507	1.335	208	1	207
突尼斯	0.9534	1.338	144	1	143
塞舌尔	0.9561	1.342	129	0	129
南苏丹	0.9588	1.346	167	0	167
安提瓜和巴布达	0.9615	1.350	145	0	145
乍得	0.9642	1.354	132	0	132
索马里	0.9669	1.357	149	0	149
布隆迪	0.9696	1.361	200	0	200
马耳他	0.9723	1.365	265	1	264
白俄罗斯	0.975	1.369	187	1	186
乌干达	0.9777	1.373	132	0	132
乌拉圭	0.9804	1.376	146	0	146
叙利亚	0.9831	1.380	140	0	140
秘鲁	0.9858	1.384	255	4	251
利比里亚	0.9885	1.388	176	1	175
佛得角	0.9912	1.392	170	0	170
阿塞拜疆	0.9939	1.395	184	1	183

续表

国名	总体TT指数	倍数	预期开设孔子学院（课堂/汉语教学点）数量	已有孔子学院（课堂）数量	差值
莱索托	0.9966	1.399	154	0	154
安哥拉	0.9993	1.403	135	0	135
马其顿	1.002	1.407	132	0	132
亚美尼亚	1.0047	1.411	212	1	211
巴林	1.0074	1.414	154	0	154
刚果（布）	1.0101	1.418	150	0	150
安道尔	1.0128	1.422	137	0	137
玻利维亚	1.0155	1.426	134	0	134
乌克兰	1.0182	1.429	167	3	164
伊朗	1.0209	1.433	151	1	150
新西兰	1.0236	1.437	197	9	188
柬埔寨	1.0263	1.441	87	1	86
斯洛伐克	1.029	1.445	274	1	273
芬兰	1.0317	1.448	210	1	209
阿尔及利亚	1.0344	1.452	210	0	210
马尔代夫	1.0371	1.456	271	0	271
哈萨克斯坦	1.0398	1.460	177	4	173
澳大利亚	1.0425	1.464	212	16	196
蒙古	1.0452	1.467	210	3	207
俄罗斯	1.0479	1.471	304	21	283
列支敦士登	1.0506	1.475	219	0	219
厄立特里亚	1.0533	1.479	267	0	267
卢森堡	1.056	1.483	258	0	258
文莱	1.0587	1.486	261	0	261
老挝	1.0614	1.490	168	1	167
挪威	1.0641	1.494	144	1	143
瑞士	1.0668	1.498	219	0	219

附录十一　各国总体 TT 指数以及孔子学院的全球布点

续表

国名	总体TT指数	倍数	预期开设孔子学院（课堂/汉语教学点）数量	已有孔子学院（课堂）数量	差值
意大利	1.0695	1.501	147	19	128
西班牙	1.0722	1.505	213	5	208
智利	1.0749	1.509	163	2	161
缅甸	1.0776	1.513	153	2	151
巴基斯坦	1.0803	1.517	74	2	72
吉尔吉斯斯坦	1.083	1.520	80	2	78
匈牙利	1.0857	1.524	159	2	157
越南	1.0884	1.528	223	0	223
格鲁吉亚	1.0911	1.532	164	1	163
刚果（金）	1.0938	1.536	192	0	192
南非	1.0965	1.539	768	5	763
瑞典	1.0992	1.543	237	2	235
也门	1.1019	1.547	206	0	206
土库曼斯坦	1.1046	1.551	211	0	211
厄瓜多尔	1.1073	1.555	365	1	364
英国	1.11	1.558	552	68	484
土耳其	1.1127	1.562	343	3	340
加拿大	1.1154	1.566	436	25	411
哥伦比亚	1.1181	1.570	383	3	380
尼泊尔	1.1208	1.573	336	2	334
利比亚	1.1235	1.577	426	0	426
黎巴嫩	1.1262	1.581	321	1	320
沙特阿拉伯	1.1289	1.585	231	0	231
科威特	1.1316	1.589	366	0	366
委内瑞拉	1.1343	1.592	176	0	176
印度尼西亚	1.137	1.596	343	8	335
墨西哥	1.1397	1.600	248	5	243

续表

国名	总体TT指数	倍数	预期开设孔子学院（课堂/汉语教学点）数量	已有孔子学院（课堂）数量	差值
埃及	1.1464	1.609	239	2	237
德国	1.1531	1.619	212	13	199
阿联酋	1.1598	1.628	181	2	179
马来西亚	1.20001	1.685	111	2	109
菲律宾	1.24022	1.741	52	3	49
新加坡	1.28043	1.798	227	2	225
泰国	1.32064	1.854	251	23	228
日本	1.36085	1.911	240	18	222
韩国	1.40106	1.967	263	21	242
印度	1.44127	2.023	318	1	317
巴西	1.48148	2.080	239	4	235
美国	1.52169	2.136	310	216	94

附录十二　孔子学院章程

第一章　总则

第一条　孔子学院致力于适应世界各国（地区）人民对汉语学习的需要，增进世界各国（地区）人民对中国语言文化的了解，加强中国与世界各国教育文化交流合作，发展中国与外国的友好关系，促进世界多元文化发展，构建和谐世界。

第二条　本章程适用于世界各地的孔子学院。

第三条　孔子学院的外文名称应与中文名称相符合。

第四条　孔子学院为非营利性教育机构。

第五条　孔子学院本着相互尊重、友好协商、平等互利的原则，在海外开展汉语教学和中外教育、文化等方面的交流与合作。

第六条　孔子学院应当遵守注册地法律法规，尊重当地文化教育传统与社会习俗，并且不得与中国有关法律相抵触。

第七条　孔子学院不参与同孔子学院设立宗旨不相符的活动。

第八条　根据各国（地区）特点和需要，孔子学院的设置模式可以灵活多样。

第九条　中国境外具有从事语言教学和教育文化交流活动能力且符合本章程规定申办者条件的法人机构，可以向孔子学院总部申办孔子学院。

第十条　孔子学院的汉语教学采用普通话和规范汉字。

第二章　业务范围

第十一条　孔子学院提供下列服务：

（一）开展汉语教学；

（二）培训汉语教师，提供汉语教学资源；

（三）开展汉语考试和汉语教师资格认证；

（四）提供中国教育、文化等信息咨询；

（五）开展中外语言文化交流活动。

第三章　总部

第十二条　孔子学院总部是具有独立法人资格的非营利机构，拥有孔子学院名称、标识、品牌的所有权，负责管理和指导全球孔子学院。孔子学院总部设在中国北京。

第十三条　孔子学院总部设立理事会，由主席、副主席、常务理事和理事组成。其中，主席1名，副主席和常务理事若干名，具体人选由中国国务院教育行政部门提出建议，报国务院批准。理事15名，其中10名由海外孔子学院的理事长担任，第一届理事由总部聘任，以后选举产生或按孔子学院成立时间顺序轮流担任；其余5名由中方合作机构代表担任，由总部直接聘任。理事任期为两年，可连任一次。理事会成员任职期间不从孔子学院总部获取任何报酬。理事会设立总干事、副总干事。总干事为总部法人代表，由常务理事担任。

第十四条　理事会的职责是：制定、修改孔子学院章程，审议全球孔子学院的发展战略和规划，审议总部年度工作报告和工作计划，研究孔子学院建设的重大事项。

第十五条　理事会每年召开一次全体会议，由主席召集。必要时可由主席决定召开临时理事会或常务理事会议。

第十六条　孔子学院总部在理事会领导下履行日常事务，其职责是：

（一）制订孔子学院建设规划和设置、评估标准；

（二）审批设置孔子学院；

（三）审批各地孔子学院的年度项目实施方案和预决算；

（四）指导、评估孔子学院办学活动，对孔子学院运行进行监督和质量管理；

（五）为各地孔子学院提供教学资源支持与服务；

（六）选派中方院长和教学人员，培训孔子学院管理人员和教师；

（七）每年组织召开孔子学院大会；

（八）制定中方资金资产管理制度。

第十七条　总部设专项工作委员会，为总部提供咨询意见。委员由总部聘任。

第十八条　总部聘请中外知名人士担任高级顾问。

第四章　设置

第十九条　孔子学院的申办者须符合下列条件：

（一）申办机构是所在地合法注册的法人机构，有从事教学和教育文化交流并提供公共服务的资源；

（二）申办机构所在地有学习中国语言和文化的需求；

（三）有符合办学需要的人员、场所、设施和设备；

（四）有必备的办学资金和稳定的经费来源。

第二十条　孔子学院的申办者须向孔子学院总部提交申请，其中应包括下列内容：

（一）申办机构负责人签发的申请函；

（二）申办机构简介、注册证书、申办机构负责人介绍；

（三）用于孔子学院的教学场所、设施和设备；

（四）市场需求预测、管理机制及运营计划；

（五）经费筹措及管理；

（六）孔子学院总部要求提供的其他材料。

第二十一条　孔子学院总部对申办者提交的申请材料进行审查，审查方式包括文件资料审查、当面听取报告、实地考察、专家咨询等。

第二十二条　孔子学院总部批准申办后，与申办者签订协议并颁授孔子学院铭牌。

第五章　经费

第二十三条　对新开办的中外合作设置孔子学院，中方投入一定数额的启动经费。年度项目经费由外方承办单位和中方共同筹措，双方承担比例一般为1：1左右。

第二十四条　孔子学院中方所提供经费实行项目管理，遵照《孔子学院中方资金管理办法》执行。

第六章　管理

第二十五条　孔子学院设立理事会。中外合作设置的孔子学院，理事会成员由双方共同组成，其人数及构成比例由双方协商确定。

第二十六条　孔子学院理事会负责审议孔子学院发展规划、年度工作计划、年终总结报告、项目实施方案及其预决算，聘任、解聘院长、副院长。

聘任、解聘院长、副院长须报总部备案；中外合作设置的孔子学院院长、副院长的聘任由双方协商确定。

第二十七条　孔子学院实行理事会领导下的院长负责制。院长负责孔子学院的日常运营和管理。

第二十八条　孔子学院院长应当了解和熟悉中国国情，熟练掌握所在国语言，具有与本岗位工作相称的管理工作经验，具有较强的公共关系和市场开拓能力。

第二十九条　孔子学院所聘教师应具备岗位所需的专业水平和教学能力。

第三十条孔　子学院须按规定期限编制项目实施方案及预算、

项目执行情况及决算，并报经总部审批。中方资产变更、处置须报总部审批。同时，须将年度工作计划和总结报总部备案。

第三十一条　孔子学院不以营利为目的，其收益用于教学活动和改善教学服务条件，其积累用于孔子学院持续发展，不得挪作他用。

第三十二条　孔子学院总部负责组织对各地孔子学院的评估，对违背办学宗旨或达不到办学质量标准的，孔子学院总部有权终止协议。

第三十三条　孔子学院总部每年召开孔子学院大会，交流办学经验，研究孔子学院的建设和发展。

第七章　权利与义务

第三十四条　孔子学院的权利：

（一）享有本章程及协议规定的权利；

（二）有权使用孔子学院的名称和统一标识；

（三）优先获取孔子学院总部提供的教学和文化资源。

第三十五条　孔子学院的义务：

（一）遵守本章程及协议的规定；

（二）维护孔子学院的声誉、形象；

（三）接受孔子学院总部的指导和评估。

第三十六条　孔子学院总部有权依法追究任何下列行为的责任：

（一）未经孔子学院总部许可，擅自设立孔子学院；

（二）盗用孔子学院名义开展活动；

（三）违反本章程和协议规定，造成资金资产损失，破坏或严重影响孔子学院声誉。

第八章 附则

第三十七条 各地孔子学院可根据本章程制定本院的规章制度，并报总部备案。

第三十八条 孔子课堂的设置和管理参照本章程执行。

第三十九条 本章程由孔子学院总部负责解释。

第四十条 本章程自孔子学院总部理事会批准之日起生效。

（本文摘自孔子学院总部网站 http://www.hanban.org/confuciousinstitutes/node_7537.htm）

附录十三　孔子学院发展规划
（2012 – 2020 年）

为进一步加强孔子学院建设，促进中外教育交流与合作，充分发挥孔子学院综合文化交流平台作用，推动中华文化走向世界，制定本规划。

一、规划背景

随着我国经济社会快速发展、国际地位大幅提升，世界各国更加重视发展与中国的友好合作关系，汉语在国际交流中的作用日益凸显。孔子学院主动适应这一形势需要，以加快汉语走向世界为使命，努力构建汉语言文化传播网络，办学规模迅速扩大，办学质量日益提高，品牌项目广受欢迎，创造了中外合作开展语言文化交流的新模式，走出了一条中华文化走向世界的新途径，实现了跨越式发展，成为我国对外教育文化交流与合作的典范，为推动汉语走向世界、促进中外文化交流、增进我国与各国人民之间的友谊作出了重要贡献。截至 2011 年底，已在 105 个国家建立了 358 所孔子学院和 500 个中小学孔子课堂，注册学员达到 50 万人。同时，目前孔子学院的发展还不能完全适应全球汉语学习需求，高素质的专业教师数量不足，适用教材短缺，办学质量有待提高，资源整合亟待加强。

在全球化环境下，文明多样性成为共识，加强不同文化之间的了解和理解成为各国谋求发展的共同需求。中国的发展成就引起世界的广泛重视，丰富多彩的中华文化越来越受到各国人民的欢迎和喜爱，越来越多的国家将汉语教学纳入本国国民教育体系，华人华侨把学习祖（籍）国语言文化作为维系民族情感的纽带，全球要求学习汉语人数大幅增加。进一步加强孔子学院建设，有助于推动中外教育交流与合作，提高我国教育国际化水平，为中外在多领域合作共赢提供人才支撑；有助于展现我国文明、民主、开放、进步的形象，增进国际社会对我国的理解和认同。必须进一步提高认识，充分利用各种有利条件，切实加强孔子学院建设，努力开创孔子学院发展新局面。

二、总体要求

（一）指导思想。

适应我国公共外交和人文交流需要，抓住机遇，合理布局，以汉语教学为主体，以提高质量为核心，力求开办一所就办好一所，充分发挥孔子学院综合文化交流平台作用，为推动中国语言文化走向世界，促进中外友好关系发展作出应有贡献。

（二）基本原则。

坚持科学定位、突出特色。汉语教学和文化交流有机结合，根据不同国家的情况和当地实际需要开设相关课程，开展特色文化交流活动，努力适应各国汉语学习者多样化、多层次的需求。

坚持政府支持、民间运作。制定总体规划，完善政策措施，突出公益性、民间性，充分调动社会力量办学的积极性。

坚持中外合作、内生发展。采取中外学校、企业及社团合作办学模式，统一名称、统一章程，积极发挥中外各方面作用，遵守孔子学院所在地的法律法规，尊重当地文化传统和习俗，共建共管。

坚持服务当地、互利共赢。充分发挥综合文化交流平台作用，促进各国人民和不同文明之间的交流互鉴，努力为当地经济、教育、文化发展提供服务。

（三）发展目标。

到 2015 年，全球孔子学院达到 500 所，中小学孔子课堂达到 1 000 个，学员达到 150 万人，其中孔子学院（课堂）面授学员

100万人，网络孔子学院注册学员50万人。专兼职合格教师达到5万人，其中，中方派出2万人，各国本土聘用3万人。大力发展网络、广播、电视孔子学院。

到2020年，基本完成孔子学院全球布局，做到统一质量标准、统一考试认证、统一选派和培训教师。基本建成一支质量合格、适应需要的中外专兼职教师队伍。基本实现国际汉语教材多语种、广覆盖。基本建成功能较全、覆盖广泛的中国语言文化全球传播体系。国内国际、政府民间共同推动的体制机制进一步完善，汉语成为外国人广泛学习使用的语言之一。

三、主要任务

（一）突出发展重点，提高办学质量和水平。

统筹规划、合理布局，进一步形成多层次、多样化、广覆盖的孔子学院发展格局。因地制宜、分类指导，多数孔子学院以汉语教学为主要任务，努力成为所在国的汉语教学中心、本土汉语师资培训中心和汉语水平考试认证中心；支持有条件的孔子学院开展高级汉语教学和当代中国研究，成为深入理解中国的重要学术平台；适应学员多样化需求，鼓励兴办以商务、中医、武术、烹饪、艺术、旅游等教学为主要特色的孔子学院；一些国家的孔子学院，实行汉语教学、文化交流和职业培训并举，帮助学生既学习汉语言文化又提高职业技能。

促进孔子学院（课堂）办学与所在国的国民教育体系相结合，与学生未来职业发展相结合，与帮助各国学生来华留学相结合，切实提高孔子学院的办学实效，增强吸引力。建立健全质量评估体系，完善孔子学院退出机制。

（二）建立健全教学和管理人力资源体系。

加快高素质管理队伍建设。完善孔子学院院长选拔办法，选拔一批懂教育、素质高、善协调管理、爱岗敬业的专职院长。中方院长主要从中方合作院校的中层以上优秀干部中选派。强化院长岗前和在职培训。

　　加强专业化师资队伍建设。制定发布国际汉语教师标准，实行国际汉语教师资格认证，制定符合国际汉语教育特点的教师职务（职称）评聘办法。完善国际汉语教育学科体系，培养适应不同层次教学需要的合格师资，注重培养高层次国际汉语教育人才。以孔子学院中外合作院校选派教师为主体，以选派国内高校毕业生做志愿者、吸收中国留学生和华侨华人做教师为补充，加快建设中方长期乃至终身从事孔子学院工作的高素质专兼职师资队伍。加大孔子学院所在国本土师资培养力度，扩大"孔子学院奖学金"规模，招收更多各国青年来华攻读国际汉语教育专业硕士学位。积极帮助海外华文学校培训师资，支持和鼓励华人华侨从事汉语教学工作。

　　扩大志愿者选派规模。志愿者主要从高校人文和社会科学专业的本科毕业生和硕士、博士研究生中选派。提高志愿者待遇。注重在优秀志愿者中选拔培养专职国际汉语教师和管理干部。

　　（三）建立健全国际汉语教材和教学资源体系。

　　制定国际汉语课程标准和国际汉语教材编写指南。发挥孔子学院和社会各方面积极性，改编和新编一批知识性、趣味性和通用性较强的汉语教学和中华文化精品教材，大力开发各种文化辅助读物、多媒体课件及实用教具和工具书，支持各国孔子学院编写本土教材，形成适应幼儿、中小学生到高校学生和社会人士等不同人群、不同层次汉语学习需求的教材和教学资源体系。加强各国本土师资使用教材的能力培训。加快教学方法改革创新，加强教学案例库建设，注重与本土文化相结合，克服话语体系和文化差异带来的障碍，探索出外国人易于接受的教授汉语和介绍中国的方式方法。办好《孔子学院院刊》，增加语种版本，丰富内容，提高品质，扩大各国读者群。

（四）建立健全汉语考试服务体系。

借鉴国外考试产品推广经验和成功模式，紧紧依靠孔子学院，积极进行市场策划和运作，研究提供多元化的考试种类。实行考教结合，纸考、机考、网考结合，以满足不同年龄、不同人群汉语学习者的多样化需求，形成世界公认的考试品牌。对国外规模大、质量好的汉语考试进行认证，建立全球汉语考试服务体系。

（五）积极开展中外文化交流活动。

深化中外人文交流与合作。支持孔子学院根据当地需要设立中华文化展示体验区和图书角，推广中华文化优秀产品，举办各具特色的文化活动，积极介绍中国历史、文化和发展实践。充分利用孔子学院平台，积极吸收借鉴国外优秀文化成果。

四、重点项目

——建设教师培养培训基地。依托国内高校继续加强国际汉语教育与推广基地建设，提升汉语教师培养培训能力和水平。与外国高校合作设立汉语师范专业，建设一批教师培训基地，重点培养培训各国本土汉语教师。

——建立志愿者人才库。扩大对外汉语专业和非英语语种专业招生规模，丰富对外汉语专业学生知识面，适当增加文史哲课程，鼓励人文和社会科学专业的在校学生选修对外汉语教学课程，拓展志愿者选拔范围。建立国际汉语教育专业硕士海外实习制度。

——实施国际汉语教材工程。成立国际汉语教材指导委员会和中外专家组成的工作组。依托国内外基础较好、积极性较高的高校，开展区域性多语种汉语教材研发。与国内外出版社密切合作，打造编写、出版和发行一体化的教材供应体系。建立国际汉语教材资源库，为教学法研究和教材编写提供信息服务。

——加强网络孔子学院建设。增加多语种频道和栏目，建立中国语言文化国际传播数字平台，帮助世界各国汉语学习者用母语上网学习，鼓励和支持各国孔子学院开展远程教学。

——开展"孔子新汉学计划"。通过资助课题研究、攻读学位等方式,吸引各国优秀青年来华考察访学。推动在世界著名高校设立中国学教席,资助国外介绍中国的优秀著作和译著出版,支持各国孔子学院举办中华文化研究学术会议等活动。

——建设示范孔子学院。重点建设一批示范孔子学院,在扩大学员规模、提高办学质量、增强社会影响力等方面发挥带动辐射作用。

——实施孔子学院品牌工程。积极开展专家学者巡讲、大学生小分队巡演、汉语教材巡展。办好"汉语桥"世界大、中学生中文比赛。扩大各国中小学校长访华和学生来华夏(冬)令营规模。

五、保障措施

(一)加大经费保障力度。

建立健全多渠道筹集资金的孔子学院经费投入机制。积极拓宽资金渠道,鼓励和吸引海内外企业、个人和其他社会力量对孔子学院给予资金支持。完善孔子学院资金管理制度,加强对孔子学院项目中方资金的检查、审计与绩效评估。

(二)加强统筹协作。

总部理事会是孔子学院的最高决策机构,负责制定、修改孔子学院章程,审议全球孔子学院的发展战略和规划,审议总部年度工作报告和工作计划,研究孔子学院建设的重大事项。各常务理事单位要结合部门职能,加强资源整合,认真履职尽责,大力支持孔子学院发展。孔子学院总部(国家汉办)作为总部理事会的日常办事机构,要加强对孔子学院的服务和管理。加强孔子学院可持续发展研究。制定国际汉语师资、教材、课程、考试等各项质量标准。加强对孔子学院的巡视和督查。试点建立孔子学院总部区域服务中心,实现靠前提供信息咨询和服务,促进区域内孔子学院的教学资源共享。

（三）充分发挥各方作用。

各有关地方要充分利用中外经贸合作、友好城市、友好学校等机制，支持高校和中小学积极参与孔子学院（课堂）建设。要根据本规划提出的目标任务，制定切实可行、操作性强的配套措施，分解落实任务。

各有关高等学校要充分发挥孔子学院建设主力军作用，将孔子学院建设纳入学校总体发展规划和重点工作，精心组织，周密安排，专人负责。

"走出去"企业要积极支持孔子学院建设。鼓励有条件的企业设立奖学金奖励孔子学院学员，优先聘用具有孔子学院学习经历的当地人员。对于聘用当地员工较多、具备办学条件的大型企业，支持其开办孔子学院。

充分发挥社会力量办学积极性，通过依法实施税收优惠、提供引导资金等政策，吸引国内外社会各界广泛参与和支持孔子学院建设。

（2013年2月28日，光明日报、中国教育报全文刊发了《孔子学院发展规划（2012－2020年）》）

附录十四　全球孔子学院名录

（截至 2012 年 12 月）

分布国家（地区）名称	国家（地区）	孔子学院数量	名称	建立时间
总计	105	400		
亚洲	30	87		
阿富汗		1	喀布尔大学孔子学院（中文系）	2008.01.09
阿联酋		2	扎伊德大学孔子学院	2010.07.04
			迪拜大学孔子学院	2010.06.23
亚美尼亚		1	"布留索夫"埃里温国立语言大学孔子学院	2008.03.07
阿塞拜疆		1	巴库国立大学孔子学院	2010.05.05
巴基斯坦		1	伊斯兰堡孔子学院	2005.04.04
菲律宾		3	雅典耀大学孔子学院	2005.04.02
			布拉卡国立大学孔子学院	2007.07.11
			红溪礼示大学孔子学院	2009.10.27
韩国		19	首尔孔子学院	2006.05.26
			忠北大学孔子学院	2006.09.18
			又松大学孔子学院	2006.11.02
			东亚大学孔子学院	2006.11.07
			东西大学孔子学院	2006.11.07
			湖南大学孔子学院	2006.11.15
			忠南大学孔子学院	2006.12.07
			江原大学孔子学院	2007.02.05
			启明大学孔子学院	2007.04.25

续表

分布		孔子学院数量	名称	建立时间
国家（地区）名称	国家（地区）			
			大佛大学孔子学院	2007.06.19
			顺天乡大学孔子学院	2007.07.12
			大真大学孔子学院	2007.07.20
			又石大学孔子学院	2009.01.17
			济州汉拿大学孔子学院	2009.04.13
			仁川大学孔子学院	2009.07.03
			韩国外国语大学孔子学院	2009.09.18
			庆熙大学孔子学院	2010.01.29
			安东国立大学孔子学院	2012.05.15
			延世大学孔子学院	2012.11.14
哈萨克斯坦		4	欧亚大学孔子学院	2006.12.20
			国立民族大学孔子学院	2007.12.11
			卡拉干达国立技术大学孔子学院	2010.11.05
			阿克纠宾国立师范学院孔子学院	2010.12.29
吉尔吉斯斯坦		2	比什凯克人文大学孔子学院	2007.10.26
			民族大学孔子学院	2007.10.26
塔吉克斯坦		1	国立民族大学孔子学院	2008.08.27
黎巴嫩		1	圣约瑟夫大学孔子学院	2006.11.10
马来西亚		2	马来西亚全球汉语中心	2006.10.30
			马来亚大学孔子汉语学院	2009.07.08
蒙古		1	蒙古国立大学孔子学院	2007.01.03
孟加拉国		1	南北大学孔子学院	2005.06.02
尼泊尔		1	加德满都大学孔子学院	2007.02.05
日本		13	立命馆孔子学院	2005.06.28
			樱美林大学孔子学院	2005.11.01
			北陆大学孔子学院	2005.12.15
			爱知大学孔子学院	2006.02.24

续表

分布		孔子学院数量	名称	建立时间
国家（地区）名称	国家（地区）			
			札幌大学孔子学院	2006.11.22
			立命馆亚洲太平洋大学孔子学院	2006.10.25
			早稻田大学孔子学院	2007.04.12
			冈山商科大学孔子学院	2007.06.12
			大阪产业大学孔子学院	2007.08.28
			福山大学孔子学院	2007.11.16
			工学院大学孔子学院	2008.01.22
			关西外国语大学孔子学院	2009.09.22
			兵库医科大学孔子学院	2012.03.01
斯里兰卡		1	凯拉尼亚大学孔子学院	2006.11.15
泰国		12	朱拉隆功大学孔子学院	2006.08.09
			农业大学孔子学院	2005.03.31
			孔敬大学孔子学院	2006.03.16
			皇太后大学孔子学院	2005.12.21
			清迈大学孔子学院	2005.07.11
			宋卡王子大学孔子学院	2006.02.23
			玛哈沙拉坎大学孔子学院	2006.02.20
			曼松德昭帕亚皇家师范大学孔子学院	2006.11.13
			川登喜皇家大学素攀孔子学院	2006.06.24
			宋卡王子大学普吉孔子学院	2006.03.01
			勿洞市孔子学院	2006.02.19
			东方大学孔子学院	2006.11.20
土耳其		3	中东技术大学孔子学院	2006.09.29
			海峡大学孔子学院	2008.03.18
			奥坎大学孔子学院	2012.06.19
乌兹别克斯坦		1	塔什干孔子学院	2004.06.15

续表

分布		孔子学院数量	名称	建立时间
国家（地区）名称	国家（地区）			
新加坡		1	南洋理工大学孔子学院	2005.06.27
伊朗		1	德黑兰大学孔子学院	2007.10.23
印度		1	韦洛尔科技大学孔子学院	2007.04.19
印度尼西亚		6	阿拉扎大学孔子学院	2010.06.28
			玛琅国立大学孔子学院	2010.06.28
			马达拉塔基督教大学孔子学院	2010.06.28
			哈山努丁大学孔子学院	2010.06.28
			丹戎布拉大学孔子学院	2010.06.28
			泗水国立大学孔子学院	2010.06.28
以色列		1	特拉维夫大学孔子学院	2007.05.28
约旦		2	安曼TAG孔子学院	2008.09.18
			费城大学孔子学院	2011.09.25
中国香港		1	香港孔子学院	2005.12.16
柬埔寨		1	柬埔寨王家学院孔子学院	2009.08.12
老挝		1	老挝国立大学孔子学院	2009.09.09
格鲁吉亚		1	第比利斯自由大学孔子学院	2010.06.08
非洲	24	31		
埃及		2	开罗大学孔子学院	2006.09.24
			苏伊士运河大学孔子学院	2007.03.03
博茨瓦纳		1	博茨瓦纳大学孔子学院	2007.10.23
津巴布韦		1	津巴布韦大学孔子学院	2006.08.30
喀麦隆		1	雅温得第二大学孔子学院	2007.08.09
肯尼亚		3	内罗毕大学孔子学院	2004.06.22
			肯雅塔大学孔子学院	2008.12.03
			埃格顿大学孔子学院	2012.07.25
卢旺达		1	基加利教育学院孔子学院	2005.11.31
利比里亚		1	利比里亚大学孔子学院	2007.12.21

续表

分布		孔子学院数量	名称	建立时间
国家（地区）名称	国家（地区）			
马达加斯加		1	塔那那利佛大学孔子学院	2006.12.14
摩洛哥		2	穆罕默德五世大学孔子学院	2008.03.27
			哈桑二世大学孔子学院	2012.05.24
南非		3	斯坦陵布什大学中国研究中心	2004.06.29
			开普敦大学孔子学院	2007.12.11
			罗德斯大学孔子学院	2007.12.11
尼日利亚		2	拉各斯大学孔子学院	2007.02.16
			纳姆迪·阿齐克韦大学孔子学院	2007.02.15
苏丹		1	喀土穆大学孔子学院	2007.10.25
多哥		1	洛美大学孔子学院	2008.06.17
贝宁		1	阿波美卡拉维大学孔子学院	2009.01.15
埃塞俄比亚		1	亚的斯亚贝巴孔子学院	2009.05.12
赞比亚		1	赞比亚大学孔子学院	2010.07.26
塞内加尔		1	达喀尔大学孔子学院	2011.03.24
莫桑比克		1	蒙德拉内大学孔子学院	2011.04.22
布隆迪		1	布隆迪大学孔子学院	2011.06.13
塞拉利昂		1	塞拉利昂大学孔子学院	2011.11.14
加纳		1	加纳大学孔子学院	2012.03.02
纳米比亚		1	纳米比亚大学孔子学院	2012.05.15
坦桑尼亚		1	多多马大学孔子学院	2012.05.31
刚果（布）		1	马利安·恩古瓦比大学孔子学院	2012.06.15
欧洲	34	134		
爱尔兰		2	都柏林大学孔子学院	2006.02.15
			科克大学孔子学院	2007.10.24
奥地利		2	维也纳大学孔子学院	2006.05.26
			格拉茨大学孔子学院	2010.06.08
白俄罗斯		2	白俄罗斯国立大学孔子学院	2006.07.05

续表

分布国家（地区）名称	国家（地区）	孔子学院数量	名称	建立时间
			明斯克国立语言大学孔子学院	2011.09.19
保加利亚		2	索非亚孔子学院	2005.12.01
			大特尔诺沃大学孔子学院	2012.03.28
比利时		4	布鲁塞尔孔子学院	2005.03.10
			列日孔子学院	2005.06.02
			比利时鲁汶工程联合大学孔子学院	2006.04.24
			西弗兰德大学孔子学院	2012.02.20
冰岛		1	冰岛北极光孔子学院	2007.10.19
波兰		4	克拉科夫孔子学院	2006.06.16
			奥波莱孔子学院	2007.12.11
			密茨凯维奇大学孔子学院	2007.12.11
			弗罗茨瓦夫大学孔子学院	2007.12.11
丹麦		3	哥本哈根商务孔子学院	2007.11.20
			奥尔堡大学"创新学习"孔子学院	2009.07.03
			丹麦皇家音乐学院孔子学院	2012.06.16
德国		13	柏林自由大学孔子学院	2005.07.01
			杜塞尔多夫大学孔子学院	2006.06.02
			法兰克福大学孔子学院	2006.05.12
			海德堡大学孔子学院	2006.06.16
			汉堡大学孔子学院	2006.06.07
			汉诺威孔子学院	2006.09.14
			莱比锡大学孔子学院	2006.06.14
			纽伦堡-埃尔兰根孔子学院	2005.08.31
			杜伊斯堡-埃森大学孔子学院	2007.05.18
			特里尔大学孔子学院	2008.07.07
			弗莱堡大学孔子学院	2008.09.01

续表

分布		孔子学院数量	名称	建立时间
国家（地区）名称	国家（地区）			
			埃尔福特应用科技大学孔子学院	2011.03.23
			慕尼黑孔子学院	2009.02.17
俄罗斯		17	远东国立大学孔子学院	2006.12.21
			俄罗斯国立人文大学孔子学院	2006.12.26
			莫斯科大学孔子学院	2007.09.06
			圣彼得堡大学孔子学院	2006.11.10
			伊尔库茨克国立大学孔子学院	2006.12.22
			新西伯利亚国立技术大学孔子学院	2007.04.08
			喀山国立大学孔子学院	2007.04.24
			布拉戈维申斯克国立师范大学孔子学院	2007.05.15
			布里亚特国立大学孔子学院	2007.07.06
			卡尔梅克国立大学孔子学院	2007.11.22
			托木斯克国立大学孔子学院	2007.11.29
			乌拉尔国立大学孔子学院	2007.12.28
			莫斯科国立语言大学孔子学院	2010.03.23
			梁赞国立大学孔子学院	2010.03.23
			下诺夫哥罗德国立语言大学孔子学院	2010.05.05
			伏尔加格勒国立师范大学孔子学院	2010.06.22
			阿穆尔国立人文师范大学孔子学院	2010.06.23
法国		15	巴黎七大孔子学院	2005.12.06
			布列塔尼孔子学院	2006.06.08
			普瓦提埃大学孔子学院	2005.07.31
			巴黎中国文化中心孔子学院	2005.12.29
			拉罗谢尔孔子学院	2006.05.12
			阿尔萨斯孔子学院	2007.01.23
			克莱蒙费朗孔子学院	2007.12.11

续表

分布		孔子学院数量	名称	建立时间
国家（地区）名称	国家（地区）			
			巴黎南戴尔大学孔子学院	2008.02.06
			阿尔多瓦孔子学院	2008.02.28
			图卢兹孔子学院	2008.02.08
			格勒诺布尔第二大学孔子学院	2009.03.19
			卢瓦尔孔子学院	2009.04.13
			里昂孔子学院	2009.10.10
			留尼旺孔子学院	2010.05.05
			洛林大学孔子学院	2011.05.16
芬兰		1	赫尔辛基大学孔子学院	2006.09.12
荷兰		2	莱顿大学孔子学院	2006.07.07
			格罗宁根孔子学院	2010.12.10
捷克		1	帕拉斯基大学孔子学院	2006.10.06
罗马尼亚		3	锡比乌大学孔子学院	2006.08.21
			克鲁日巴比什—波雅依大学孔子学院	2009.10.03
			特来西瓦尼亚大学孔子学院	2011.03.29
挪威		1	卑尔根孔子学院	2007.08.29
葡萄牙		2	里斯本大学孔子学院	2007.01.31
			米尼奥大学孔子学院	2005.12.09
瑞典		4	斯德哥尔摩孔子学院	2004.12.30
			卡尔斯塔德大学孔子学院	2011.02.07
			布莱金厄学院孔子学院	2011.05.16
			吕勒欧孔子学院	2012.03.08
塞尔维亚		1	贝尔格莱德孔子学院	2006.05.30
斯洛伐克		1	布拉提斯拉发孔子学院	2007.02.05
乌克兰		4	卢甘斯克师范大学孔子学院	2006.10.20
			基辅国立大学孔子学院	2007.11.22

续表

分布国家（地区）名称	国家（地区）	孔子学院数量	名称	建立时间
			哈尔科夫国立大学孔子学院	2008.05.16
			南方师范大学孔子学院	2011.09.28
西班牙		6	格拉纳达大学孔子学院	2006.07.05
			马德里孔子学院	2005.11.14
			瓦伦西亚大学孔子学院	2007.05.25
			巴塞罗那孔子学院	2008.06.03
			莱昂大学孔子学院	2011.05.20
			加纳利斯拉斯帕尔玛斯大学孔子学院	2010.11.08
匈牙利		2	罗兰大学孔子学院	2006.06.21
			赛格德大学孔子学院	2012.05.14
意大利		10	罗马大学孔子学院	2005.07.04
			那不勒斯东方大学孔子学院	2007.07.19
			比萨孔子学院	2007.12.11
			都灵孔子学院	2008.03.11
			博洛尼亚大学孔子学院	2008.07.18
			威尼斯大学孔子学院	2008.09.22
			帕多瓦大学孔子学院	2008.10.08
			米兰国立大学孔子学院	2009.07.23
			米兰天主教圣心大学孔子学院	2009.07.20
			马切拉塔大学孔子学院	2011.03.11
英国		22	爱丁堡大学苏格兰孔子学院	2005.12.15
			伦敦孔子学院	2005.06.14
			伦敦商务孔子学院	2006.04.06
			伦敦大学教育学院孔子学院	2012.06.07
			伦敦中医孔子学院（南岸大学）	2007.05.24
			曼彻斯特大学孔子学院	2005.07.15

续表

分布 国家（地区）名称	国家（地区）	孔子学院数量	名称	建立时间
			诺丁汉大学孔子学院	2007.09.12
			谢菲尔德大学孔子学院	2006.04.12
			威尔士三一圣大卫大学孔子学院	2007.03.12
			卡迪夫大学孔子学院	2007.04.02
			兰开夏中央大学孔子学院	2008.04.28
			利物浦大学孔子学院	2008.12.05
			苏格兰中小学孔子学院	2010.10.22
			兰卡斯特大学孔子学院	2011.03.23
			格拉斯哥大学孔子学院	2011.04.07
			南安普顿大学孔子学院	2011.05.25
			奥斯特大学孔子学院	2011.07.14
			伦敦大学金史密斯舞蹈与表演孔子学院	2011.12.28
			纽卡斯尔大学孔子学院	2012.02.17
			班戈大学孔子学院	2012.04.17
			阿伯丁大学孔子学院	2012.10.31
			利兹大学孔子学院	2012.08.10
希腊		1	雅典商务孔子学院	2008.06.23
马耳他		1	马耳他大学孔子学院	2009.02.22
摩尔多瓦		1	自由国际大学孔子学院	2009.04.10
斯洛文尼亚		1	卢布尔雅那大学孔子学院	2009.08.27
立陶宛		1	维尔纽斯大学孔子学院	2010.02.08
爱沙尼亚		1	塔林大学孔子学院	2010.02.16
瑞士		1	日内瓦孔子学院	2010.12.10
拉脱维亚		1	拉脱维亚大学孔子学院	2011.04.26
克罗地亚		1	萨格勒布大学孔子学院	2011.07.27
美洲	14	131		

续表

分布		孔子学院数量	名称	建立时间
国家（地区）名称	国家（地区）			
加拿大		14	滑铁卢大学孔子学院	2006.06.13
			魁北克省孔子学院	2006.09.06
			温哥华 BCIT 孔子学院	2005.06.30
			新布伦瑞克省孔子学院	2006.09.08
			埃德蒙顿市孔子学院	2007.12.11
			高贵林市孔子学院	2008.04.29
			麦克马斯特大学孔子学院	2008.11.03
			布鲁克大学孔子学院	2010.05.05
			圣玛丽大学孔子学院	2010.10.20
			卡尔顿大学孔子学院	2010.10.20
			里贾纳大学孔子学院	2011.03.07
			圣力嘉学院孔子学院	2011.05.06
			萨斯喀彻温大学孔子学院	2011.08.26
			多伦多孔子学院	2012.04.19
美国		90	马里兰大学孔子学院	2004.11.17
			芝加哥孔子学院	2004.10.18
			旧金山州立大学孔子学院	2005.04.15
			华美协进社孔子学院	2005.04.26
			堪萨斯大学孔子学院	2005.10.24
			夏威夷（玛诺亚）大学孔子学院	2005.10.31
			马萨诸塞州大学（波士顿）孔子学院	2006.03.10
			爱荷华大学孔子学院	2006.03.15
			密西根州立大学孔子学院	2006.05.01
			佩斯大学孔子学院	2006.06.02
			俄克拉荷马大学孔子学院	2006.08.23
			普渡大学孔子学院	2006.10.24

续表

分布		孔子学院数量	名称	建立时间
国家（地区）名称	国家（地区）			
			北卡罗莱纳州立大学孔子学院	2006.10.27
			布莱恩特大学孔子学院	2006.10.30
			加州大学洛杉矶分校孔子学院	2006.12.20
			波特兰州立大学孔子学院	2007.01.19
			罗德岛大学孔子学院	2007.04.29
			丹佛社区大学孔子学院	2007.03.13
			新墨西哥州立大学孔子学院	2007.03.13
			内不拉斯加林肯大学孔子学院	2007.03.29
			匹兹堡大学孔子学院	2007.04.27
			亚利桑那州立大学孔子学院	2007.05.22
			俄勒冈大学孔子学院	2007.05.23
			孟菲斯大学孔子学院	2007.06.11
			伟恩州立大学孔子学院	2007.06.27
			新泽西州立罗格斯大学孔子学院	2007.07.04
			中阿肯色大学孔子学院	2007.07.19
			瓦尔普莱索大学孔子学院	2007.07.23
			迈阿密大学孔子学院	2007.07.12
			印地安纳波利斯孔子学院	2007.08.02
			威斯康星大学普拉特维尔校区孔子学院	2007.11.17
			得克萨斯州A&M大学孔子学院	2007.09.29
			特洛伊大学孔子学院	2007.09.29
			犹他大学孔子学院	2007.10.24
			亚利桑那大学孔子学院	2007.11.01
			德克萨斯大学达拉斯分校孔子学院	2007.11.05
			韦伯斯特大学孔子学院	2007.11.11
			南佛罗里达大学孔子学院	2007.12.11

续表

分布 国家（地区）名称	国家（地区）	孔子学院数量	名称	建立时间
			明尼苏达大学孔子学院	2008.03.12
			亚特兰大孔子学院	2008.03.19
			阿克伦大学孔子学院	2008.04.18
			蒙大拿大学孔子学院	2008.07.07
			南卡罗莱纳大学孔子学院	2008.07.03
			克里夫兰州立大学孔子学院	2008.08.28
			肯尼索州立大学孔子学院	2008.09.19
			费佛尔大学孔子学院	2008.10.21
			圣地亚哥州立大学孔子学院	2008.09.26
			托列多大学孔子学院	2008.09.30
			阿尔佛莱德大学孔子学院	2008.10.22
			石溪大学孔子学院	2008.11.15
			乔治梅森大学孔子学院	2008.10.22
			长老会学院孔子学院	2008.11.12
			阿拉斯加大学安克雷奇分校孔子学院	2008.11.18
			密歇根大学孔子学院	2009.06.26
			西密歇根大学孔子学院	2009.07.07
			华盛顿州孔子学院	2009.09.12
			迈阿密达德学院孔子学院	2009.09.03
			中田纳西州立大学孔子学院	2009.09.04
			纽约州立大学眼视光学院孔子学院	2009.09.15
			哥伦比亚大学孔子学院	2009.09.16
			芝加哥大学孔子学院	2009.09.29
			纽约州立布法罗大学孔子学院	2009.10.22
			德克萨斯大学圣安东尼奥分校孔子学院	2009.11.12
			纽约州立宾汉顿大学戏曲孔子学院	2009.10.16

续表

分布 国家（地区）名称	国家（地区）	孔子学院数量	名称	建立时间
			斯坦福大学孔子学院	2009.12.15
			宾州州立大学孔子学院	2010.02.08
			西肯塔基大学孔子学院	2010.02.08
			肯塔基大学孔子学院	2010.03.30
			特拉华大学孔子学院	2010.04.22
			新罕布什尔大学孔子学院	2010.06.30
			佐治亚州立大学孔子学院	2010.07.15
			纽约州立大学商务孔子学院	2010.11.19
			密苏里大学孔子学院	2011.01.28
			威廉玛丽孔子学院	2011.03.23
			路易斯安那泽维尔大学孔子学院	2011.12.12
			休斯顿独立学区孔子学院	2012.03.02
			布劳沃德郡公立学区孔子学院	2012.03.02
			俄亥俄东部中央教育服务中心孔子学院	2012.03.02
			克拉克郡公立学区孔子学院	2012.08.30
			戴维斯学区孔子学院	2012.08.30
			科罗拉多州立大学孔子学院	2012.03.20
			蒙哥马利·奥本大学孔子学院	2012.03.23
			欧道明大学孔子学院	2012.04.19
			康涅狄格州中央州立大学孔子学院	2012.05.21
			德克萨斯州南方大学孔子学院	2012.05.21
			田纳西大学孔子学院	2012.05.29
			卫斯理学院孔子学院	2012.06.04
			加州大学戴维斯分校孔子学院	2012.09.21
			伊利诺伊大学香槟分校孔子学院	2012.10.11
			杜兰大学孔子学院	2012.10.26

续表

分布		孔子学院数量	名称	建立时间
国家（地区）名称	国家（地区）			
墨西哥		5	尤卡坦自治大学孔子学院	2006.11.25
			新莱昂州自治大学孔子学院	2006.10.16
			墨西哥城孔子学院	2006.11.22
			墨西哥国立自治大学孔子学院	2006.11.22
			奇瓦瓦自治大学孔子学院	2006.11.22
秘鲁		4	圣玛丽亚天主教大学孔子学院	2007.12.11
			皮乌拉大学孔子学院	2007.12.11
			秘鲁天主教大学孔子学院	2007.12.11
			里卡多帕尔玛大学孔子学院	2009.09.29
哥伦比亚		3	麦德林孔子学院	2007.04.27
			安第斯大学孔子学院	2007.11.02
			波哥大豪尔赫·塔德奥·洛萨诺大学孔子学院	2012.04.24
古巴		1	哈瓦那大学孔子学院	2007.10.15
智利		2	圣·托马斯大学孔子学院	2007.11.21
			智利天主教大学孔子学院	2008.08.19
巴西		5	圣保罗州立大学孔子学院	2008.07.24
			巴西利亚大学孔子学院	2008.09.26
			里约热内卢天主教大学孔子学院	2010.10.20
			南大河州联邦大学孔子学院	2011.04.12
			FAAP商务孔子学院	2012.07.19
阿根廷		2	布宜诺斯艾利斯大学孔子学院	2008.05.21
			拉普拉塔国立大学孔子学院	2009.04.06
哥斯达黎加		1	哥斯达黎加大学孔子学院	2008.11.17
牙买加		1	西印度大学莫纳分校孔子学院	2009.02.12
厄瓜多尔		1	基多圣弗朗西斯科大学孔子学院	2010.06.07
玻利维亚		1	圣西蒙大学孔子学院	2011.08.11

续表

分布		孔子学院数量	名称	建立时间
国家（地区）名称	国家（地区）			
巴哈马		1	巴哈马大学孔子学院	2009.09.09
大洋洲	3	17		
澳大利亚		13	西澳大学孔子学院	2005.03.15
			阿德莱德孔子学院	2006.11.10
			墨尔本大学孔子学院	2005.07.06
			昆士兰大学孔子学院	2007.08.09
			悉尼大学孔子学院	2007.10.19
			新南威尔士大学孔子学院	2007.12.11
			昆士兰科技大学孔子学院	2008.06.16
			皇家墨尔本理工大学中医孔子学院	2008.10.20
			纽卡斯尔大学孔子学院	2008.10.21
			查尔斯达尔文大学孔子学院	2011.03.08
			格里菲斯大学旅游孔子学院	2011.03.17
			拉筹伯大学孔子学院	2011.03.20
			新南威尔士州教育与社区部孔子学院	2012.10.26
新西兰		3	奥克兰大学孔子学院	2005.03.22
			坎特伯雷大学孔子学院	2009.10.10
			惠灵顿维多利亚大学孔子学院	2010.06.19
斐济		1	南太平洋大学孔子学院	2011.02.18

附录十五　全球孔子课堂名录

（截至2013年9月）

分布		孔子课堂数量	名称	建立时间
国家（地区）名称	国家（地区）			
总计	47	641		
亚洲	13	49		
巴基斯坦		1	穆扎法尔格尔短波收听俱乐部广播孔子课堂	2008.09.12
韩国		4	泰成中高等学校孔子课堂	2008.10.09
			华山中学孔子课堂	2009.07.14
			仁川国际高中孔子课堂	2010.01.14
			仁川新岘高中孔子课堂	2010.01.15
蒙古		2	CRI蒙古育才广播孔子课堂	2008.10.16
			蒙古国立教育大学孔子课堂	2009.12.20
缅甸		2	福庆语言电脑学校孔子课堂	2008.02.03
			福星语言与电脑学苑孔子课堂	2008.02.15
孟加拉国		1	CRI孟加拉国山度玛丽亚姆机构广播孔子课堂	2008.10.15
尼泊尔		2	尼泊尔—中国人民友好联络委员会广播孔子课堂	2008.10.31
			L.R.I国际学校孔子课堂	2013.03.05
日本		7	立命馆孔子学院东京学堂	2006.06.19
			樱美林大学孔子学院高岛学堂	2006.11.01
			神户东洋医疗学院孔子课堂	2007.10.25
			长野县日中友好协会广播孔子课堂	2007.11.07
			立命馆孔子学院大阪学堂	2008.03.03

续表

分布		孔子课堂数量	名称	建立时间
国家（地区）名称	国家（地区）			
			福山银河孔子课堂	2010.03.11
			早稻田大学附属高中孔子课堂	2011.09.23
斯里兰卡		1	CRI斯里兰卡兰比尼听众协会广播孔子课堂	2008.10.12
泰国		11	岱密中学孔子课堂	2006.03.10
			吉拉达学校孔子课堂	2008.11.21
			彭世洛醒民公立学校孔子课堂	2008.11.21
			合艾国光中学孔子课堂	2008.11.21
			易三仓商业学院孔子课堂	2008.11.21
			明满学校孔子课堂	2008.11.21
			南邦嘎拉尼亚学校孔子课堂	2008.11.21
			普吉中学孔子课堂	2008.11.21
			暖武里河王孔子课堂	2008.11.21
			玫瑰园中学孔子课堂	2008.11.21
			罗勇中学孔子课堂	2008.11.21
新加坡		2	新加坡孔子学校	2007.03.19
			新加坡科思达孔子课堂	2012.04.28
土耳其		1	佳蕾学校孔子课堂	2010.09.20
吉尔吉斯斯坦		12	比什凯克市第六十九中学孔子课堂	2011.03.13
			比什凯克市第二中学孔子课堂	2011.03.13
			卡拉布伦中学孔子课堂	2011.03.13
			塔拉斯市中学孔子课堂	2011.03.13
			托克玛克第五中学孔子课堂	2011.03.13
			伊塞克湖州国立大学孔子课堂	2011.03.13
			总统干部管理学院孔子课堂	2011.03.13
			纳伦国立大学孔子课堂	2011.03.13
			比什凯克第28中学孔子课堂	2012.10.26

续表

分布		孔子课堂数量	名称	建立时间
国家（地区）名称	国家（地区）			
			比什凯克第62中学孔子课堂	2012.10.26
			比什凯克外交学院孔子课堂	2012.10.26
			比什凯克法律学院孔子课堂	2012.10.26
柬埔寨		3	暹粒省吴哥高中孔子课堂	2013.03.13
			金边警备旅孔子课堂	2013.03.13
			警察学院孔子课堂	2013.03.13
非洲	8	10		
肯尼亚		1	内罗毕广播孔子课堂	2007.03.07
马里		1	阿斯基亚中学孔子课堂	2008.05.14
突尼斯		1	斯法克斯广播孔子课堂	2009.11.04
南非		1	开普敦数学科技学院孔子课堂	2009.11.11
坦桑尼亚		1	桑给巴尔广播孔子课堂	2010.07.05
科摩罗		1	科摩罗大学孔子课堂	2012.12.02
塞舌尔		1	塞舌尔大学孔子课堂	2012.12.26
埃塞俄比亚		3	亚的斯亚贝巴大学孔子课堂	2013.04.28
			马克雷大学孔子课堂	2013.04.28
			阿瓦萨大学孔子课堂	2013.04.28
欧洲	18	150		
丹麦		3	Stroving高中孔子课堂	2010.03.29
			尼尔斯.斯丁森中学孔子课堂	2010.03.29
			石斧中学孔子课堂	2011.03.31
俄罗斯		4	国立职业师范大学广播孔子课堂	2007.03.23
			圣彼得堡孔子课堂	2007.12.16
			新西伯利亚国立大学孔子课堂	2008.03.20
			莫斯科1948中学孔子课堂	2010.11.26
法国		3	欧洲时报文化中心孔子课堂	2008.06.17
			卡梅尔戈兰中学孔子课堂	2009.12.01

附录十五 全球孔子课堂名录 313

续表

分布		孔子课堂数量	名称	建立时间
国家（地区）名称	国家（地区）			
			圣.约瑟夫学校孔子课堂	2010.10.24
捷克		1	布拉格中华国际学校孔子课堂	2007.12.11
英国		92	布莱顿中学孔子课堂	2007.07.17
			卡尔地格兰芝文法学校孔子课堂	2007.07.06
			嘉诺格里城市学院孔子课堂	2007.07.06
			哈默斯诺特学校孔子课堂	2007.07.06
			凯瑟琳夫人伯克莱学校孔子课堂	2007.07.06
			金斯福德社区学校孔子课堂	2007.07.06
			圣玛丽女子中学孔子课堂	2008.10.6
			爱德华国王七世学校孔子课堂	2008.10.6
			埃塞克斯 孔子课堂	2008.10.6
			女王学校孔子课堂	2008.10.6
			威灵顿孔子课堂	2008.10.6
			半岛集团孔子课堂	2008.10.6
			万能中学孔子课堂	2009.11.30
			国王中学孔子课堂	2009.11.30
			圣查德中学孔子课堂	2009.11.30
			圣乔治学校孔子课堂	2007.10.24
			爱尔郡孔子课堂	2009.04.07
			西洛锡安孔子课堂	2009.04.07
			东邓巴顿郡孔子课堂	2009.04.07
			北兰纳克郡孔子课堂	2009.04.07
			格拉斯哥市孔子课堂	2009.04.07
			东北部孔子课堂	2009.04.07
			佩斯和金罗丝孔子课堂	2009.04.07
			圣保罗小学孔子课堂	2009.04.03
			威根雷学院孔子课堂	2009.06.01

续表

分布		孔子课堂数量	名称	建立时间
国家（地区）名称	国家（地区）			
			曼彻斯特切特汉姆社区小学孔子课堂	2009.09.21
			兰色瓦利学院孔子课堂	2009.09.19
			Ysgol Gyfun Emlyn 中学孔子课堂	2009.12.01
			圣十字小学孔子课堂	2009.12.01
			古德瑞奇社区小学孔子课堂	2009.12.01
			圣约瑟夫中学孔子课堂	2009.12.01
			Crawley 功夫学校	2009.12.08
			瑟必顿基督教小学	2009.12.08
			厄内斯特学院孔子课堂	2012.03.07
			圣约翰小学孔子课堂	2012.03.07
			奥克兰柏格丽中学孔子课堂	2012.03.07
			格莱顿小学孔子课堂	2010.03.29
			贝斯文法学校孔子课堂	2010.05.26
			布洛肯赫斯特学院孔子课堂	2010.05.26
			卡梅尔 RC 学校孔子课堂	2010.05.26
			达福特文法学校孔子课堂	2010.05.26
			约翰斯顿语言学院孔子课堂	2010.05.26
			格兰菲尔德技术学院孔子课堂	2010.05.26
			霍夫园学校孔子课堂	2010.05.26
			芬南园学校/斯图克园学校孔子课堂	2010.05.26
			林肯基督医学校孔子课堂	2010.05.26
			新线学校孔子课堂	2010.05.26
			波特兰德高中孔子课堂	2010.05.26
			萨德沃思学校孔子课堂	2010.05.26
			谢尔弗多学校孔子课堂	2010.05.26
			托贝男子文法学校孔子课堂	2010.05.26

续表

分布		孔子课堂数量	名称	建立时间
国家（地区）名称	国家（地区）			
			三一学校孔子课堂	2010.05.26
			阿普顿霍尔（女子）学校孔子课堂	2010.05.26
			韦德迪肯高中/费尔菲尔德高中孔子课堂	2010.05.26
			圣乔治学校孔子课堂	2010.05.26
			圣玛丽布莱顿广场小学孔子课堂	2010.10.11
			法芙区孔子课堂	2010.10.13
			东伦弗鲁区孔子课堂	2010.10.13
			艾伯康威中学孔子课堂	2011.10.13
			阿戈伊德中学孔子课堂	2011.10.13
			卡迪夫国泰中学孔子课堂	2011.10.13
			福尔科克郡孔子课堂	2012.05.31
			南拉那克郡孔子课堂	2012.05.31
			爱丁堡市孔子课堂	2012.05.31
			达利奇学院孔子课堂	2012.09.21
			埃金顿学校孔子课堂	2012.10.26
			伯克戴尔学校孔子课堂	2012.10.26
			弗斯帕克社区艺术学校孔子课堂	2012.10.26
			艾瑞斯中学孔子课堂	2012.12.02
			兰斯登小学孔子课堂	2012.12.02
			圣·凯丽斯社区学校孔子课堂	2012.12.02
			戴福伦·塔夫中学孔子课堂	2012.12.02
			吉范·吉姆莱格·布里恩·塔维中学孔子课堂	2012.12.02
			彭格勒斯中学孔子课堂	2012.12.02
			圣玛丽马格德林中学孔子课堂	2013.05.08
			兰伯斯中学孔子课堂	2013.05.08

续表

分布		孔子课堂数量	名称	建立时间
国家（地区）名称	国家（地区）			
			格里斯比小学孔子课堂	2013.05.08
			蓝森谷小学孔子课堂	2013.05.08
			罗宾汉小学孔子课堂	2013.05.08
			希斯菲尔德中学孔子课堂	2013.05.08
			贝特西中学孔子课堂	2013.05.08
			佩奇中学孔子课堂	2013.05.08
			复米斯尔中学孔子课堂	2013.05.08
			阿奎那教区文法学校孔子课堂	2013.07.08
			格罗夫诺文法学校孔子课堂	2013.07.08
			鲁门·克里斯蒂学院孔子课堂	2013.07.08
			圣哥伦布学院孔子课堂	2013.07.08
			班戈学院和预科书院孔子课堂	2013.07.08
			唐郡社区学校孔子课堂	2013.07.08
			米尔本小学孔子课堂	2013.07.08
			西南学院孔子课堂	2013.07.08
			博航特中学孔子课堂	2013.09.22
爱尔兰		8	Loreto Secondary School 孔子课堂	2009.12.01
			Christ King 女子中学孔子课堂	2010.05.12
			St. Aloysius 学校孔子课堂	2010.05.12
			国立梅努斯大学孔子课堂	2010.05.12
			克朗格斯伍德中学孔子课堂	2011.01.29
			贝弗德中学孔子课堂	2011.01.29
			黑石中学孔子课堂	2011.01.29
			罗莱托佛科斯洛克中学孔子课堂	2011.01.29
意大利		20	意大利教育中心广播孔子课堂	2010.12.17
			马可·福斯卡里尼中学孔子课堂	2009.07.03

续表

分布 国家（地区）名称	国家（地区）	孔子课堂数量	名称	建立时间
			维多利奥·埃曼努埃勒Ⅱ"罗马国立住读学校孔子课堂	2009.12.01
			Guido Dorso 国立工业技术专科学校孔子课堂	2009.12.01
			Fonseca 国立高中孔子课堂	2009.12.01
			Doria 国立小学孔子课堂	2009.12.01
			Carlo Santagata 国立初中孔子课堂	2009.12.01
			国立饭店旅游专科学校孔子课堂	2009.12.01
			Gorizia 省国立高等教育学院孔子课堂	2010.07.07
			恩里克·费拉米国立科技高中孔子课堂	2011.03.04
			彼格非特高中孔子课堂	2011.03.21
			乌切利斯市立学校孔子课堂	2013.03.24
			路易吉·伊诺第高中孔子课堂	2013.03.24
			阿莱阿尔迪高中孔子课堂	2013.03.24
			马基雅维利高中孔子课堂	2013.03.24
			博达语言社科高中孔子课堂	2013.03.24
			黛莱达语言高中孔子课堂	2013.03.24
			克雷莫纳高中孔子课堂	2013.03.24
			卢卡帕乔利国立技术学校孔子课堂	2013.03.24
			米兰比可卡大学孔子课堂	2013.07.08
德国		3	浮士德文理高级中学孔子课堂	2010.03.08
			G.E. 中学孔子课堂	2010.03.01
			图林根州外国语学校孔子课堂	2011.04.25
奥地利		1	维也纳中文学校孔子课堂	2010.02.04
匈牙利		2	博雅伊中学孔子课堂	2009.09.30
			中匈双语学校孔子课堂	2010.10.24
罗马尼亚		1	奥维第乌斯大学孔子课堂	2010.10.24

续表

分布 国家（地区）名称	国家（地区）	孔子课堂数量	名称	建立时间
瑞典		2	法尔肯贝里高中孔子课堂	2011.02.12
			博兰高中孔子课堂	2011.03.07
波兰		1	维斯瓦大学孔子课堂	2011.06.26
乌克兰		1	基辅第一东方语言中学孔子课堂	2012.10.08
芬兰		1	国际台北欧芬兰节目制作室广播孔子课堂	2012.11.12
斯洛文尼亚		2	马里博尔第二中学孔子课堂	2013.03.23
			卢布尔雅那孔子课堂	2013.07.08
拉脱维亚		1	里加文化中学孔子课堂	2013.06.18
白俄罗斯		4	明斯克23中学孔子课堂	2013.08.02
			白俄罗斯国际经济大学孔子课堂	2013.08.02
			哥罗德诺扬卡·库帕啦国立大学孔子课堂	2013.08.02
			弗朗西斯科·斯卡利纳戈梅利国立大学孔子课堂	2013.08.02
美洲	6	383		
加拿大		18	伊丽莎白女王高中孔子课堂	2009.11.04
			迈克娜莉高中孔子课堂	2009.11.04
			罗斯舍帕德高中孔子课堂	2009.11.04
			M.E.拉扎特高中孔子课堂	2009.11.04
			罗斯林学校孔子课堂	2009.11.04
			伦敦德里学校孔子课堂	2009.11.04
			奥特威尔学校孔子课堂	2009.11.04
			帕科威尔学校孔子课堂	2009.11.04
			卡娜丰学校孔子课堂	2009.11.04
			多佛考特学校孔子课堂	2009.11.04
			麦多拉克学校孔子课堂	2009.11.04
			麦九诺克学校孔子课堂	2009.11.04

续表

分布		孔子课堂数量	名称	建立时间
国家（地区）名称	国家（地区）			
			科尔戴尔学校孔子课堂	2009.11.04
			莉莲奥斯本高中孔子课堂	2010.05.05
			亚岗昆学院孔子课堂	2010.10.11
			布尔歇学院孔子课堂	2013.02.07
			黎姆瓦卢学院孔子课堂	2013.02.07
			素里教育局孔子课堂	2013.02.07
美国		355	丹佛孔子课堂	2007.01.25
			加州中国语言教学研究中心孔子课堂	2008.06.03
			亚洲文化中心孔子课堂	2008.06.03
			圣玛丽中学孔子课堂	2008.06.17
			中卡罗莱纳社区学院孔子课堂	2009.07.02
			威廉温莎小学孔子课堂	2009.07.02
			史密斯菲尔德高中孔子课堂	2009.07.02
			北阿特波罗高中孔子课堂	2009.07.02
			谢克海茨高中孔子课堂	2009.07.27
			弗格斯福尔斯高中孔子课堂	2009.08.16
			南华盛顿郡公立学区孔子课堂孔子课堂	2009.08.16
			伊代纳公立学区孔子课堂	2013.09.22
			贝塔湖公立学校孔子课堂	2009.08.16
			康克蒂亚语言社孔子课堂	2009.08.16
			新星学院孔子课堂	2009.08.16
			明尼阿波利斯公立学区孔子课堂	2009.08.16
			罗切斯特公立学校孔子课堂	2009.08.16
			圣约翰预备学校孔子课堂	2009.08.16
			威尔马高中孔子课堂	2009.08.16
			英华学院孔子课堂	2009.08.16

续表

分布国家（地区）名称	国家（地区）	孔子课堂数量	名称	建立时间
			明尼通卡公立学区孔子课堂	2009.08.16
			印第安纳国际学校孔子课堂	2009.09.01
			布朗士堡学区孔子课堂	2009.09.01
			凯威学府孔子课堂	2009.09.12
			西娅博曼领导学校孔子课堂	2009.09.12
			马瑞恩学区孔子课堂	2009.09.08
			捷门棠中学孔子课堂	2009.10.09
			费舍尔小学孔子课堂	2009.10.26
			斯卡勒中学孔子课堂	2009.10.27
			瓦戴尔语言学校孔子课堂	2009.10.27
			巴纳德汉语磁性项目小学孔子课堂	2009.11.05
			可立亚中学孔子课堂	2009.11.05
			洛马角高中孔子课堂	2009.11.05
			河景国际学校孔子课堂	2009.11.05
			湖滨中学孔子课堂	2009.11.05
			山顶高中孔子课堂	2009.11.05
			高科技国际高中孔子课堂	2009.11.05
			Centennial 高中孔子课堂	2009.12.08
			加里森佛利斯特学校孔子课堂	2009.12.08
			Paint Branch 小学孔子课堂	2009.12.08
			洛克维尔高中孔子课堂	2009.12.08
			华盛顿育英公立学校孔子课堂	2009.12.08
			波士顿学院附属高中孔子课堂	2009.12.01
			国王学校孔子课堂	2010.01.04
			罗斯蒙国际学校	2009.12.18
			印第安纳州拉法耶学区孔子课堂	2010.02.12
			林肯高中孔子课堂	2010.01.18

续表

分布 国家（地区）名称	国家（地区）	孔子课堂数量	名称	建立时间
			盛莱斯维尔小学孔子课堂	2010.01.18
			南罗德岛合作教育培训中心孔子课堂	2010.01.18
			格林威尔高中孔子课堂	2010.03.31
			佩丽西比州立社区学院孔子课堂	2010.03.31
			圣玛丽女子学校孔子课堂	2010.03.31
			洛桑学校孔子课堂	2010.03.31
			志愿者州立社区学院孔子课堂	2010.03.31
			西达连初中孔子课堂	2010.04.12
			圣路易斯大学高中孔子课堂	2010.03.29
			玛丽学院和圣路易斯郡学校	2011.08.04
			杰克森高中孔子课堂	2010.05.05
			三一高中孔子课堂	2010.05.05
			贝尔高中孔子课堂	2010.05.05
			科贝尔东方初中孔子课堂	2010.05.05
			西苑初中孔子课堂	2010.05.05
			北屯初中孔子课堂	2010.05.05
			丹顿溪小学孔子课堂	2010.05.05
			高地公园高中孔子课堂	2011.04.25
			优瑟琳学园孔子课堂	2011.04.26
			圣公会学校孔子课堂	2011.04.27
			科贝尔新科技高中孔子课堂	2011.04.28
			韦斯特伍德学校孔子课堂	2011.08.04
			道尔顿学校孔子课堂	2010.05.05
			钻石谷学校孔子课堂	2010.07.30
			加维兰峰学校孔子课堂	2010.07.30
			小石溪高中孔子课堂	2010.07.30

续表

分布		孔子课堂数量	名称	建立时间
国家（地区）名称	国家（地区）			
			马蹄径小学孔子课堂	2010.07.30
			独山小学孔子课堂	2010.07.30
			罗德中学孔子课堂	2010.07.30
			北卡州国际理解中心下设2个孔子课堂	2009.10.23
			阿什维尔高中孔子课堂	2010.11.03
			邦可姆郡高中孔子课堂	2010.11.03
			克斯米尔高中孔子课堂	2010.11.03
			哈里斯路中学孔子课堂	2010.11.03
			中央小学孔子课堂	2010.11.03
			东凯斯顿高中孔子课堂	2010.11.03
			南点高中孔子课堂	2010.11.03
			北木小学孔子课堂	2010.11.03
			丰戴中学孔子课堂	2010.11.03
			东小麦克戴尔高中孔子课堂	2010.11.03
			迪克斯中学孔子课堂	2010.11.03
			迪克斯高中孔子课堂	2010.11.03
			博克县中学孔子课堂	2010.11.03
			杰西卡森高中孔子课堂	2010.11.03
			斯旺中学孔子课堂	2010.11.03
			高点中央高中	2010.11.03
			布克华盛顿高中孔子课堂	2009.06.23
			文物馆学校孔子课堂	2009.06.23
			赫里克公立学校孔子课堂	2009.06.23
			梅德格埃弗斯学院预备学校孔子课堂	2009.06.23
			联盟郡公立学校孔子课堂	2009.06.23
			沙格林学校孔子课堂	2009.06.23

续表

分布		孔子课堂数量	名称	建立时间
国家（地区）名称	国家（地区）			
			歌汉纳-杰弗逊学区孔子课堂	2009.06.23
			美洲国际学校孔子课堂	2009.06.23
			费城女子高中孔子课堂	2009.06.23
			全球村学院孔子课堂	2009.06.23
			西部高中孔子课堂	2009.06.23
			高木高中孔子课堂	2009.06.23
			先锋山谷中文渗透特许学校孔子课堂	2009.06.23
			西橙公立学校孔子课堂	2009.06.23
			笔架山国际学校孔子课堂	2009.06.23
			泰伊中学孔子课堂	2009.06.23
			锡姆斯伯里公立学校孔子课堂	2009.06.23
			格拉斯顿伯里公立学校孔子课堂	2009.06.23
			华盛顿国际学校孔子课堂	2009.06.23
			布里奇波特高中孔子课堂	2009.06.23
			东西方国际学习学校孔子课堂	2010.10.13
			全球协同学习学校孔子课堂	2010.10.13
			亨利街国际研究学校孔子课堂	2010.10.13
			OHM教育合作中心孔子课堂	2010.10.13
			平原中央学区孔子课堂	2010.10.13
			WSWHE教育合作中心孔子课堂	2010.10.13
			色米拉斯社区学校孔子课堂	2010.10.13
			雷丁艺术学校孔子课堂	2010.10.13
			布鲁克林市学区（森库特山谷中学）孔子课堂	2010.10.13
			哥伦布女子学校孔子课堂	2010.10.13
			安德森高中孔子课堂	2010.10.13
			夏普斯镇国际高中孔子课堂	2010.10.13

续表

分布		孔子课堂数量	名称	建立时间
国家（地区）名称	国家（地区）			
			休斯敦国际学习学校孔子课堂	2010.10.13
			费城中央高中孔子课堂	2010.10.13
			山丘中学孔子课堂	2010.10.13
			土桑国际学校孔子课堂	2010.10.13
			斯拉丘兹初中孔子课堂	2010.10.13
			瀑布泉城市公立学区（乔治梅森高中）孔子课堂	2010.10.13
			安多福公立学区（安德森高中）孔子课堂	2010.10.13
			波士顿文艺复兴特许学校孔子课堂	2010.10.13
			吉拉斯克拉克中学孔子课堂	2010.10.13
			麦德菲尔德市公立学区（麦德菲尔德高中）孔子课堂	2010.10.13
			伊格伍德公立学区（卡洛斯早期儿童教育中心）孔子课堂	2010.10.13
			培德学校孔子课堂	2010.10.13
			普林斯顿学区（普林斯顿高中）孔子课堂	2010.10.13
			品格瑞学校孔子课堂	2010.10.13
			密尔沃基大学学校孔子课堂	2010.10.13
			半岛学区（小艇港高中）孔子课堂	2010.10.13
			塞马米奇高中孔子课堂	2010.10.13
			国际学习中心学校孔子课堂	2010.10.13
			东哈特福特公立学区（日落山学校）孔子课堂	2010.10.13
			格林威治高中孔子课堂	2010.10.13
			亚历山大道森中学孔子课堂	2010.10.13
			巴顿山谷联合学区（阿灵顿纪念高中）孔子课堂	2010.10.13

续表

分布		孔子课堂数量	名称	建立时间
国家（地区）名称	国家（地区）			
			格罗斯波因特公立学区（北岸高中）孔子课堂	2010.10.13
			肯尼迪高中孔子课堂	2010.10.13
			法亚特郡公立学校学区（迪克西小学）孔子课堂	2010.10.13
			新镇高中孔子课堂	2010.10.13
			西哈特福特学区（科纳德高中）孔子课堂	2010.10.13
			卡塔琳娜山麓高中孔子课堂	2011.09.09
			图桑磁铁高中孔子课堂	2011.09.09
			环球教育大使小学孔子课堂	2011.09.09
			夏洛特公立学区（柠檬湾高中）孔子课堂	2011.09.09
			安全港中学孔子课堂	2011.09.09
			湖边森林第67学区（湖边森林高中）孔子课堂	2011.09.09
			伯根菲尔德公立学区孔子课堂	2011.09.09
			158综合学区（亨特利高中）孔子课堂	2011.09.09
			路易斯维尔科力杰学校孔子课堂	2011.09.09
			圣法兰西斯高中孔子课堂	2011.09.09
			布鲁克学校孔子课堂	2011.09.09
			牛津山综合高中孔子课堂	2011.09.09
			森林山公立学区（梅多布鲁克小学）孔子课堂	2011.09.09
			牛津学区（克里尔湖小学）孔子课堂	2011.09.09
			洛玻学校孔子课堂	2011.09.09
			基恩高中孔子课堂	2011.09.09
			沃德劳—哈卓芝学校孔子课堂	2011.09.09
			皮思凯特维高中孔子课堂	2011.09.09

续表

分布		孔子课堂数量	名称	建立时间
国家（地区）名称	国家（地区）			
			罗伦斯高中孔子课堂	2011.09.09
			莱加西高中孔子课堂	2011.09.09
			拉玛珀中央学区（萨芬中学）孔子课堂	2011.09.09
			马萨佩奎学区（马萨佩奎高中）孔子课堂	2011.09.09
			耶利哥学区（耶利哥高中）孔子课堂	2011.09.09
			小红十字–伊利撒贝斯埃文高中孔子课堂	2011.09.09
			尼克斯学校孔子课堂	2011.09.09
			爱德华–布勒克185中学孔子课堂	2011.09.09
			威顿伍兹学区（威顿伍兹高中）孔子课堂	2011.09.09
			半空山中央学区孔子课堂	2011.09.09
			斯威克利学校孔子课堂	2011.09.09
			帕伦博高中孔子课堂	2011.09.09
			马西斯独立学区（马西斯国际高中）孔子课堂	2011.09.09
			艾丽西亚—查康国际学校孔子课堂	2011.09.09
			布恩橡树学校孔子课堂	2011.09.09
			科特小学孔子课堂	2011.09.09
			文艺复兴学院孔子课堂	2011.09.09
			科力杰学校孔子课堂	2011.09.09
			奥科诺默沃克学区（自然山中学）孔子课堂	2011.09.09
			詹尼斯威尔学区（哈里森小学）孔子课堂	2011.09.09
			凯特莫里恩高中孔子课堂	2011.09.09
			北方小学孔子课堂	2011.09.09
			纳特罗纳县高中孔子课堂	2011.09.09

续表

分布		孔子课堂数量	名称	建立时间
国家（地区）名称	国家（地区）			
			昊济思学校孔子课堂	2010.11.01
			瑟古德·马歇尔中学孔子课堂	2011.01.15
			博仁小学孔子课堂	2011.01.15
			林登高中孔子课堂	2011.01.15
			古桥高中孔子课堂	2011.01.15
			格兰瑞奇高中孔子课堂	2011.01.15
			詹尼斯中学孔子课堂	2011.01.15
			乔治高中孔子课堂	2011.01.15
			特克尼学院特许学校孔子课堂	2011.01.15
			安罗高中孔子课堂	2011.02.12
			圣奥古斯丁学院孔子课堂	2011.02.12
			西塞拉学院学校孔子课堂	2011.02.12
			基石学校孔子课堂	2011.02.12
			俄克拉荷马中部大学孔子课堂	2011.02.16
			俄克拉荷马东北大学孔子课堂	2011.02.16
			橡树山学校孔子课堂	2011.03.03
			伍德斯托克小学孔子课堂	2011.3.21
			阿特金森小学孔子课堂	2011.3.21
			霍斯福德中学孔子课堂	2011.3.21
			西斯文中学孔子课堂	2011.3.21
			克利夫兰高中孔子课堂	2011.3.21
			富兰克林高中孔子课堂	2011.3.21
			林肯高中孔子课堂	2011.3.21
			波特兰国际学校孔子课堂	2011.3.21
			西塞伦高中孔子课堂	2011.3.21
			比佛顿国际学校孔子课堂	2011.3.21

续表

分布		孔子课堂数量	名称	建立时间
国家（地区）名称	国家（地区）			
			凯斯科德—海茨特许公立学校孔子课堂	2011.3.21
			塞尔伍德中学孔子课堂	2012.05.21
			杜尼维小学孔子课堂	2012.05.21
			希望公立特许中文学校孔子课堂	2012.05.21
			西北中学孔子课堂	2012.05.21
			奥尔比那学前教育中心孔子课堂	2012.05.21
			雷克森特小学孔子课堂	2011.3.21
			安博里小学孔子课堂	2011.3.21
			波蒂奇中心高中孔子课堂	2011.3.21
			波蒂奇北方高中孔子课堂	2011.3.21
			圣文森大学孔子课堂	2011.03.31
			伯克士县教育资源中心孔子课堂	2011.03.31
			温彻斯特—瑟斯顿学校孔子课堂	2011.03.31
			碧雅迪教育中心孔子课堂	2011.03.31
			圣克莱尔学校孔子课堂	2011.03.31
			迪金森大学孔子课堂	2011.03.31
			约翰嘉路大学孔子课堂	2011.03.31
			百老汇小学孔子课堂	2011.04.25
			诺顿空间航天学校孔子课堂	2011.04.25
			洛杉矶艺术高中孔子课堂	2011.04.25
			山顶高中孔子课堂	2011.04.27
			开普敦高中孔子课堂	2011.04.27
			石山高中孔子课堂	2011.04.27
			嘉宏谷高中孔子课堂	2011.04.27
			蒙哥马利中学孔子课堂	2011.04.27
			汉密顿小学孔子课堂	2011.04.27

续表

分布 国家（地区）名称	国家（地区）	孔子课堂数量	名称	建立时间
			福布克联合学区孔子课堂	2011.04.27
			中心小学孔子课堂	2011.04.27
			曼哈顿海边中学孔子课堂	2011.04.27
			布里斯托城市学区孔子课堂	2011.05.03
			西尔波若高中孔子课堂	2011.05.03
			哈奇森学校孔子课堂	2011.05.03
			格林维尔初中孔子课堂	2011.05.03
			图斯库拉姆小学孔子课堂	2011.05.03
			戴尔斯堡高级小学孔子课堂	2011.05.03
			孟菲斯大学附属小学孔子课堂	2011.05.03
			探索学校孔子课堂	2011.05.30
			帕罗奥多社区学院孔子课堂	2011.05.30
			西北维斯塔社区学院孔子课堂	2011.05.30
			圣安东尼奥社区学院孔子课堂	2011.05.30
			洛夫莱斯磁性高中孔子课堂	2011.08.26
			高地学校孔子课堂	2011.08.26
			奥尔特蒙特学校孔子课堂	2011.08.26
			康拉德学校孔子课堂	2011.10.18
			杜邦高中孔子课堂	2011.10.18
			北线小学孔子课堂	2012.03.02
			法尔高中孔子课堂	2012.03.02
			拉玛尔高中孔子课堂	2012.03.02
			区域计算机联盟孔子课堂	2012.03.02
			北桥学区孔子课堂	2012.03.02
			福西特中心孔子课堂	2012.03.02
			瑞诺斯堡－艾斯坦学校孔子课堂	2012.03.02
			多佛城市学区孔子课堂	2012.03.02

续表

分布		孔子课堂数量	名称	建立时间
国家（地区）名称	国家（地区）			
			三角谷学区孔子课堂	2012.03.02
			珀金斯学区孔子课堂	2012.03.02
			巴伯郡学区孔子课堂	2012.03.02
			春田公立学区孔子课堂	2012.08.30
			白陵顿220学区孔子课堂	2012.08.30
			罗林斯公立学区孔子课堂	2012.08.30
			伊利诺伊州数理高中孔子课堂	2012.08.30
			西北拿撒勒大学孔子课堂	2012.03.16
			白原公立学区孔子课堂	2012.08.04
			三一学校孔子课堂	2012.08.04
			路易斯·雷丁中学孔子课堂	2012.08.09
			拉夫·麦基尔文早期教育中心孔子课堂	2012.08.09
			巴灵顿高中孔子课堂	2012.11.02
			查尔斯·希尔高中孔子课堂	2012.11.02
			柯蒂斯角中学孔子课堂	2012.11.02
			国际研究学习中心孔子课堂	2012.11.22
			大学高中孔子课堂	2012.11.22
			缅因州中国语言文化中心孔子课堂	2012.11.30

后 记

　　光阴似箭，往事如昨。在国际教育交流与合作这个领域，我工作已近10年，但依然觉得自己还是一名"新兵"，需要不断提升个人素质和能力，及时适应国内外环境变化和工作岗位转移。10年来，从北京航空航天大学的国际空间政策和空间科技教育研究以及联合国亚太经社会公益项目设计，到北京市的教育外事管理，乃至当前致力于孔子学院总部的汉语国际推广，我在尽职尽责完成岗位工作之余，一直坚持向领导和同事们请教学习，坚持对业务进行思考研究能力并积极投身实践。2004年以来，先后主持完成原国防科工委重点项目"联合国空间科技教育中心章程及可行性研究"、"中国空间科技人才需求预测研究"，牵头完成亚太空间合作组织（APSCO）"空间技术与应用9个月硕士学位研究生课程研究"；主持起草"首都教育扩大对外开放行动计划"，负责组织论证并首次实施"北京市外国学生与学者奖学金"和"北京市汉语国际推广项目基金"；应邀加入国际标准化组织ISO/TC232专家工作组研制国际标准"非正式语言培训提供者的基本要求"（ISO29992）；为培养各国本土汉语教师人才，组织实施"孔子学院奖学金"项目，等等。我在孔子学院总部工作已届6年，作为一名"新兵"，我立志为汉语国际推广事业尽绵薄之力。

　　拟定《基于空间布局的孔子学院发展定量研究》这个题目，始于提高业务学习能力的自身要求。出版本书，旨在以个人名义向孔子学院诞生10周年献礼，向奋战在孔子学院工作战线上的各位领导和老师们致以最崇高的敬意！同时，藉此抛砖引玉，希望引起中外专家、同行的注意，对孔子学院事业大发展广泛开展定量分析和应用研究。

  本书领会融入了很多领导、专家和同事们的智慧思想，其中包括国家汉办许琳主任、马箭飞书记，教育部发展研究中心马陆亭研究员，清华大学教育研究院袁本涛教授，北京航空航天大学人文社科学院院长郑晓齐教授、雷庆教授、马永红教授，经济管理学院郑海涛副教授，天津师范大学钟英华教授，各国孔子学院院长以及本书参考文献的作者们。在调查研究、撰写修改本书过程中，姜明宝教授、陈东校长、程缅老师、徐明慧博士、鄂文弟博士、陈强先生、李秀文先生、刘晨晖先生、穆智强先生、许文先生、刘继雄先生都给予了许多关心和支持，在此一并表示感谢。特别感谢中央民族大学吴应辉教授对修改出版本书提供悉心指导和帮助，得到中央高校基本科研业务费专项资金资助。

  本书研究基础较为薄弱，本人学术能力很浅，一定存在很多不当和偏误之处，敬请读者批评指正。

袁礼 于孔子学院总部
2013 年 10 月